U0153306

AI 時代的數位傳播素養教育

王維菁　林玉鵬　王俐容　主編

王維菁　林玉鵬　王俐容　劉慧雯　黃俊儒　曹家榮
林富美　戴　昀　胡元輝　鄭宇君　劉雅雯　葉子揚
傅思凱　周昆璋　傅文成　羅世宏　蔡蕙如　蔡柏宏
張玉佩　陳維平　陳順孝　蔣旭政　張季桓　謝宜樺
合著

五南圖書出版公司 印行

目　錄

Part 4 科技、社會與文化

導論

人工智慧與數位時代下的傳播問題與現象

王維菁、林玉鵬、王俐容

壹、前言

　　近年人工智慧對資訊與傳播的影響逐漸成為國際間矚目之議題，除了 AI 介入傳播生產帶來的勞工失業疑慮、傳播內容人工智慧化後的特色與改變、人工智慧與人傳播互動的社會影響或結果、人類對於傳播人工智慧程式的掌控能力，以及 AI 如何中介我們的傳播經驗、社會看法與行為，並進而影響人類的自主性與社會能動性等，都是未來重要與需要認真探討的議題。因此，AI 傳播科技與人的關係，究竟是夥伴、工具、被影響者或複合關係，人類的傳播社會生活與社會樣貌轉變需要有哪些規範與倫理原則作為保護，都在在挑戰我們既有的認知、知識與想像。

　　此外，先前社會關注，且已在真實世界發生的相關重要現象也包括虛假內容的生產與散布、演算法可能生產出毀謗與惡意內容，另如 chat bots 可針對網路使用者散播病毒、詐騙與惡意軟體，社群機器人藉由負面、仇恨內容進行煽動來加深社會衝突，在極化不同意見團體可能扮演促進分裂的角色，資訊管理平台（data management platform）可以蒐集如搜尋紀錄、城市安裝、社群網絡、交通軌跡等資訊，並藉由高維度的數據生成數以千計的標籤來推算使用者的屬性，人工智慧演算法進而對大眾接收之訊息進行篩選控制，藉由傳播資訊內容之控制來影響人的認知、態度與行為。也因此被視為當今最重要民意領域之網際網路，其輿論及傳播可能被人工智慧所影響，使得作為民主社會健全運作最重要基礎之公共資訊，其正確、透明與獨立性，出現了令人憂心的狀況。而部分與 AI 攸關的傳播議題，彼此間也有著相互連動的關係，例如假新聞的散布與社群媒體的大數據分析、機器學習演算法，以及網路社群機器人有相互關聯，而網路輿論操控重要的組成亦即假新聞的生產、散布、利用假新聞與使用者進行人工智慧互動，藉以生產使用者數據，進而運用個性互動演算法而更

緊密貼近控制使用者資訊喜好、認知與行動（孔德廉，2018；羅世宏，2018；Mishra & Neha, 2019）。另外，在數位網路、社群媒體及各式平台上的新興行銷、內容生產變化、新置入性行銷、網紅、直播主、網軍、帶風向等「新興產業」與現象，也都超越過往傳統傳播教育領域所能回應解釋，目前也都缺乏相關秩序規範。因此，人工智慧與新數位科技帶來的傳播發展其造成之相關社會影響爲何？如何學習判讀與分析相關現象？如何建立相關倫理、管制或規範？都是未來必須思考與因應的問題。因此，AI 時代的傳播議題爲本書的主軸，除了嚴重的資訊操控議題，亦提及文化、公民應用以及社群媒體等面向，兼具理論、實務、現象和實踐，希冀從媒體素養的概念和定義出發，先透過基礎性的理解，以進入深度主題式討論，最後回到閱聽人／公民，落實監督媒體和有效發揮傳播權的實踐。作爲本書導論，以下將就 AI 與新數位科技帶來的新傳播問題與解決網路輿論機器操控之方向進行分論，並在最後一節介紹本書所有章節的規劃與宗旨。

貳、AI與新數位科技帶來的新傳播問題

現今民眾對網路平台有極高的黏著度，獲得資訊的來源也不僅限於傳統媒體。當民眾接收資訊之來源更多源自於社群媒體，而這些資訊也在某種程度上形塑了人們的價值觀，以及對某一議題之看法與觀點，導致操控網絡輿論與人們認知走向之風氣日漸興起。網路輿論指的是人們對網路上各種事件的認知、態度、情緒與行爲傾向之集合（Cheng, Wen, & Zhou, 2017），簡單來說，就是透過網際網路平台展現的社會輿論。廣義上，它包含了所有的社會輿論形式，如傳統媒體發表的新聞輿論、未經過濾的公眾輿論、利益集團故意製造的輿論假象，以及草根階級的眞實民意。但狹義的網路輿論，特指「網民」爲以符號形式出現在網路上發表輿論的主體，其並不能與現實中實體的人完全對應。它可能是現實中的一名參與者，也可能是組織的「槍

手」，甚至是以不同身分出現並發表大相徑庭言論的同一人（鄒軍，2008）。

而網路輿論的發展，一般遵循兩種模式：一、積累爆發模式，它通常都是在無預警的狀況下發生，甚至就連輿論參與者也無法察覺到其存在與發展；二、逐漸發展模式，從社會矛盾的積累，到參與者的情緒、態度與其言論之形成，接著再由網路互動和意見領袖，將其引領至網路輿論之形成（Jia & Li, 2013）。當成為積極思考的一分子，網路輿論參與者更容易獲得勇氣，勇於挑戰和爭取某些有助於實踐自我目標之事件。網路輿論的影響，往往是出乎意料且廣泛的，它不僅吸引民眾在不論有無使用網路的情況下進行討論，也能讓原本公眾關注的話題，間接延伸為另一個共同話題。

然而，網路輿論的自主與自發性近年日益受到科技及權力的操控影響，包括許多國家政府即曾透過投放特定訊息影響輿論走向，而網路出現組織性地大量使用機器人假帳號重複推文、大量分享連結，以及大規模使用特定 hashtag 來削弱稀釋人類用戶之真實影響力，翻轉真實輿論討論狀況，以改變網路輿論風向往有利自己的方向。而強化相關操控狀況也起因自社群媒體演算法邏輯，社群媒體演算法即在計算同一類型議題之聲量，包含點擊瀏覽、回應、轉貼文人數等數據，來作為判斷熱門議題之基礎，以決定給閱聽眾閱覽資訊之優先順序。但在閱聽大眾瀏覽社群媒體時，被程式與機器帳戶灌水的議題成為全民關注熱點，並在演算法中優先成為推薦瀏覽資訊，而一般民眾對於相關操弄可能並無所覺也無所防，影響了人們對於社會輿論方向之感知，也建構了他們對於社會真實之認識。上述現象證明網路輿論自身極具敏感和活躍之特性，導致透過網路「帶風向」之操控遍布世界，輿論控制手法多元，速度、深度、廣度兼具，成為民主時代嚴肅的課題，也是新興的網路民主問題。總括而言，要帶動網路輿論，需要短期內大量且持續的網路參與及互動實踐，而運用人工智慧與機器程式，可有效率地做到人力無法達到之程度，機器能夠做到快速主動發

文、貼文、加入社團、開啓討論並回覆文章，形成非組織性人力較難達成之設定、形成與帶動網路議題輿論風向，進而影響大眾認知或意見（孔德廉，2018；Okoro et al., 2018）。

此外，隨著人工智慧在數位與網路傳播上之快速發展，AI 也被運用爲政治工具，藉由蒐集網民行爲資料數據、電腦數據心理學分析網民個性喜好、互動型 AI 與自然語意學習組織爲寫手與互動機器人進行與人之傳播、AI 帳號控制程式、微定向傳播、Facebook dark post 定向投放給特定用戶資訊，以及虛假訊息的生產和機器傳布等，目的在於操控社會大眾的認知、態度與行爲，影響公眾使其擁護某些價值或立場，進而推進特定的政治議程。過往的政治傳播形式，主要藉助新聞媒體，使用文字與內容進行議題攻防，而今人工智慧政治宣傳模式，採用因人而異、自我調整、致人依賴之宣傳形式，使網友對數位內容依賴甚至心理成癮，人工智慧與演算法營造的網路世界，持續印證強化讀者觀點，讓人認爲找到自己的歸屬組織，但也導致不同族群意見之極端化與不可融合性。也因此網友意識與網路輿情控制也正式成爲可供交易販售之項目，公共辯論遭到機器監控，演算法輿論及人工智慧網路輿論逐漸成形。

許多網路行銷或公關危機管理公司掌握大量假粉絲專頁及機器人社群帳號，並接受政治委託，提供機器人帳號管理、網路攻擊、產製假新聞網站、公關危機管理等服務。2017 年發表的《Computational Propaganda in Taiwan: Where Digital Democracy Meets Automated Autocracy》報告，也指陳 2014 年臺北市長柯文哲之首次競選，即已利用 AI 機器人進行文字探勘，從社群媒體大量擷取對粉絲專頁按讚、退讚之粉絲資訊，並透過語意分析找出受眾關心的議題與情緒，以製作客製化內容給予不同的支持者或族群，影響其投票行爲。初估政治網軍之經營，約起於 2015 年，而網路輿論交易的網路行銷公司在 2016 年後大量崛起，透過社群媒體，在公共政策及特定意識型態上，產製令人眞假難辨的輿論風向，藉此進行特定議題的網路輿論戰

爭，諸多重大社會議題之對抗，從課綱微調事件、總統大選、到反同婚等，均可觀察到組織性網路輿論動員的痕跡，而臺灣從事代客網路社群輿論操作的公司，已逐漸形成龐大、新型態、遊走法律灰色地帶的新網路地下經濟。

另外，網路輿論操控講求精準、有效，資訊正確性並非必須，因此，製作假新聞與假資訊來影響網路使用者是非常常見的手法，也致使假新聞與網路輿論操控間的密不可分。而自 2016 年美國總統大選以來，假新聞在政治輿論市場的傳播情形已備受國際關注，當代對於假新聞的探討大多與政治事件相連結，如影響政治人物形象、左右各國選舉結果，更有甚者亦能行分化政治之效，用以打擊異己或分裂族群，造成社會對立與混亂，發布者身分看似是透過一般社群媒體使用者所發表，實則是帶有影響或操弄特定主題之目的，亦即上述網路俗稱之「帶風向」手法，達成若干政治意圖目標。有鑑於網路操控與虛假訊息盛行，《經濟學人》（*The Economist*）在 2016 年 11 月於 Twitter 貼文中以「後真相政治」（post-truth politics）定義當代政治生態流動情形，2016 年牛津辭典年度代表字詞亦以「後真相」（post-truth）勝出，反映當代輿論環境受到假新聞背後隱藏的謊言、詐騙，以及具達成特定政治性導向之操作動機等內涵，因而一再失控、複雜化，更招致輿論市場當中之真、假資訊日漸難以辨識，新科技下資訊爆炸卻也導致信任危機，正如同歷史學家 Richard Hofstadter（1963）指出「理智沒有人氣」（unpopularity of Intellect），在新媒體技術不斷變革，傳統「真相」的定義日益遭受破壞與重組，當代新聞傳播的規則也被改寫，昭然實現在諸多政治實例中，真相的探求屢遭後置而難尋，取而代之是浮面、捏造及真實性堪慮的虛假新聞乘勢崛起，並在當代後真相政治中扮演舉足輕重的角色。

在臺灣，網路假新聞亦大肆崛起。2017 年「滅香封爐事件」為網路假新聞引發政治關注之始，近年不獨是未經證實的謠言快速流通，傳播所引發的效應令事實無力抗辯，網路假新聞承藉政治目的

性及社會動員之操作，使爭議上達至國家安全層級，並動搖執政正當性。2017 年臺灣政府年金改革爭議時，「蔡英文政府以退休金為質，威脅人民出國就要申報」假新聞，經過國安單位調查，發現資料來源以中國端所架設的微信、微博及「COCO01」等內容農場為產地，透過該類訊息的產製，廣為流傳及轉發，加上被主流媒體重複引用產生的外溢效應，藉以這類「政治宣傳」，達成干擾、阻擋政策議題理性討論之餘地，進而引發社會輿論對立更為極化之效（李問，2017），故原本僅出現在內容農場的文章，透過主流媒體放大傳布，這與當今媒體機構產製新聞內容時，新聞產製時間被嚴重的壓縮，即時網路新聞常常未經查證，以至於不實消息得以廣泛流傳頗有相關。

　　而社群媒體如 Facebook，其演算法也加深了假新聞的傳播。臉書演算法預測用戶最可能閱讀的新聞，然後推送這些報導，因此每個人均有自己的新聞版本，如此除加深人們既有的立場與看法，其他人亦無法監督臉書使用者看到了什麼內容，要檢查新聞的真實性也就更難，助長了假新聞傳播，使民主面臨危險（王若樸，2018）。人工智慧假帳號、社群機器人介入社群傳播等，對人的欺瞞、影響與控制等，某種程度均可能造成對現今民主與社會信任的傷害（Howard, Wolley, & Calo, 2018）。而近年 AI 也被運用在假新聞創造生產上，AI 已經開始可以針對新聞與時事，自動創建影片、貼文、新聞，並大量發布相關內容（Anderson & Horvath, 2017）。Deepfake 技術的日益精進與普及，使得數位性別暴力、網路霸凌、兒少人權侵害等問題更形惡化。

　　如前所述，當代社會的民主秩序正面臨嚴峻威脅，這個威脅與三項新資訊科技發展現象有關：(1) 網路上可獲取大量個人資訊；(2) 人工智慧與機器學習演算法可以利用這些資訊，來學習與建立複雜的人格資料檔案庫；(3) 社群平台能根據複雜的人格資料檔案來建立客製化的政治訊息，並藉由人工智慧程式與機器有效發送給對應之受眾，

而這些訊息能帶來不小的效用，因為訊息乃根據每個人的人格特質、偏好與價值觀所發送，訊息影響力的精準程度很高。此外，由於相關行為很難受到公開監督，因為訊息是直接發給個人，而非公開在平台上，因此若有不適之處，也無法讓第三方能進行監督，故相關發展使得個人成為資訊科技政治控制的俘虜，民意與輿論在網路平台上受到操縱，對民主制度的健康運作形成威脅。

而從資訊與新聞的角度來觀察，資訊，特別是新聞資訊之正確，一直以來都是民主社會的重要基石，雖然隨著社會文化與科技環境變遷，新聞正確性的內涵不斷改變面貌，但新聞與資訊正確原則仍具恆久性與重要性，因不論處在何種科技社會生態環境，媒介與傳播仍是大多數人瞭解外在世界與客觀真實的主要工具，訊息傳播的真實性和新聞報導的客觀性和正確性，亦仍舊影響人們對社會與世界之認知正確與否。新聞報導不正確或刻意虛假，使媒體無法將正確資訊傳播給閱聽眾，協助其瞭解所處環境，以做適當反應與正確決策，而提供扭曲的訊息與社會圖像，將影響媒介傳遞資訊、監督整合社會及社會化過程，威脅個人、國家與社會利益。另外，錯誤資訊不但影響閱聽人之認知、態度及行為判斷，也可能直接導致權益與國家社會受到損害。是故，真實正確是傳播發揮基本功能的先決條件，也是新聞報導的重要原則，新聞內容若正確性與真實性低，可能對社會造成無法估計之傷害，傳播亦失去其重要的存在價值。

此外，政治謠言或假事實、假新聞因社群媒體廣為傳散，對於形塑公共意見而言，客觀事實比充斥情緒、個人信念訴求的訊息來得影響力薄弱，致使全球政治生態與民主因而改變或受到挑戰，由於一旦社會對基本事實缺乏共識，民粹主義可較輕易藉由錯誤新聞或假事實影響大眾，將令民主難以合宜運作，全球政治生態與民主因此深受影響。政治領域中若假新聞事件過多，會令受眾能動性降低，由政治的「生產者」角色變成政治的「消費者」，因為政治假新聞往往會「由假轉真」，使得大眾只能見怪不怪地消極接受，對於事實真相的探討

也變得更為沉默。

　　而此一後真相時代的到來，也象徵著當代政治生態的若干解構，傳統被認為具權威的消息來源真實性一再被質疑，取而代之的是小道消息及未經專業守門資訊大量流竄，占據輿論市場上風。新聞的「真實」不再根據「事實」，反而受大眾的觀感影響。因此，從後真相時代的新聞產製角度，內容似乎只是意圖服務不同立場和群體之觀感，以提供符合群眾既定印象的報導為主，而非可信的真相。事實在西方自由民主國家曾經具有相當崇高的地位，然而當選民只能被當成傀儡操縱，政治人物也只願迴避而非解決問題時，民眾只能轉而投向相信如「救世主」般存在的真相（指稱與事實無關，卻與選民認知相近／相似的新聞內容），進以獲取情緒上的抒解，對民主社會形成嚴肅的挑戰。

　　最後，我們也看到人工智慧對傳播工作帶來的影響。在新聞工作上，目前有三方面相關發展：利用資料技術或人工智慧為輔助工具，協助新聞內容的產製；自動化的新聞生產，但會取代部分記者的工作；藉由人工智慧的輔助，協助內容的流通與傳播（Diakopoulos, 2019），三項相關發展都會對新聞、新聞生產以及新聞記者職業造成一定衝擊。也因此，未來在 AI 與傳播相關的人才培育上，新聞與傳播工作者的教育需要朝向人機合作的訓練，並在記者的分工上強化人工智慧所無法取代之能力，包括非資訊整合取向的社會認知能力、邏輯思考、創造力、美學、批判能力、人文社會素養、對情緒與情感的感知、對新聞與傳播內容重要性與意義的敏感度，以及溝通互動技能等。至於在一般學生對於 AI 帶來的傳播與社會影響，如假新聞、深假、人工智慧社交帳號、社交機器人、自然語言對話、演算法等現象與問題上，應可藉由與 AI 相關的數位傳播素養教育，培育學生能學習辨識虛假內容、認識網路輿論與內容操控之科技機制、瞭解相關科技控制技術的運作原理、學習探究對相關問題提出解決之道的能力等。

🏛 參、解決網路輿論機器操控之方向

由於一般人很難辨識出 AI 網路操控，因此，虛假評論已經能夠對人類造成影響。過往識別網路操控的方式如辨識帳號的可疑性，包括帳號往往無原創或原創率低、參與熱點討論只評論不轉發、短時間內出現大量口徑高度一致的評論、帳號頭像、粉絲量、關注等數據看起來可疑等。此外，使用人工智慧或數據分析，也可能可以破解網路輿論操控問題，藉由各類社群媒體數據的變動比對，來發覺是否有人為操作的痕跡。

其他防範辦法也包括在註冊登錄入口部署更安全的驗證措施、逐步落實手機帳號實名制、透過 IP、設備等網路特徵的分析，來發現一些異常進行鑑別，標記後列入黑名單，最後透過不斷累積的黑名單來鑑別網路機器人水軍。而網路機器人水軍的特點也在於有組織、有目的，因此，水軍帳號存在明顯的團伙攻擊模式，故從團伙角度或許能夠較有效地找到水軍。例如團伙攻擊時的數據即可進行觀察，利用圖數據庫構建網路機器操控的行為關聯，通過圖計算就能找到隱藏的詐欺模式。此外，結合卷積神經網絡能夠深層學習的特點，可以在團結構上運用圖卷積技術來對水軍的團伙模式自動學習識別，從而反制 AI 機器水軍。

而針對網路輿論的機器操控，印度安納大學推出 Hoaxy 及 Botometer 兩種程式。Hoaxy 是一個搜尋引擎，可以追蹤社群媒體上的即時熱點事件，並推測事件傳播中用戶「機器人」的比例。Botometer 是一評分軟體，根據社群媒體用戶帳號發布的訊息，觀察這些訊息在社群媒體上的傳播方式與路徑，結合機器學習和演算法，給每位用戶評分，以此判斷這些訊息是由真人分享或是由機器人所推動（賴燕芳，2018）。

目前很難禁止機器人網路操控的原因，包括法制不健全，如網路

安全法規範不足、產業有利可圖，以及購買者的需求，包括欲創造輿論公關效應、欲達到 KPI、想引導輿論，攻擊對手等，因此僅從機器技術著手可能仍有不足。黃俊儒（2018）指出，目前防範假新聞可以依賴 AI 或人工事實查核、立法遏止、生產者端需於文中附上第三方資料來源，以及推廣數位與資訊識讀教育，端賴單一方向的解決辦法可能並不切實際。

在假新聞與 AI 網路輿論操控之法規與規範面，以德國來說，規劃推動新法，若不及時刪除平台上的仇恨言論及迫害他人名譽的虛假新聞等非法內容，將處以最高達 5,000 萬歐元的罰款。埃及則是推動媒體監管法案，凡在社交媒體上擁有超過 5,000 名粉絲的帳戶都會受到埃及媒體管理最高委員會監督，若其發布假新聞，委員會有權暫停與屏蔽個人社交帳戶（賴燕芳，2018）。

但分辨假新聞的最佳做法，就是從觀眾自己的判斷能力著手，對新聞片段抱持懷疑，並多以不同平台進行消息比對，因為太過相信機器，可能導致人們放鬆警惕，更願意相信自己所讀的內容。且最終人自己才是問題所在，人為何選擇相信假新聞？偏見、立場、價值。即使告知事實，仍不願意改變原來的相信，無法說服那些已經相信虛假訊息的人。機器學習很難改變人根深柢固的偏見與選擇性理解，這必須從文化、社會與教育面向的解決著手。因此，我們能夠推理出數位與資訊數讀教育在面對網路輿論操控與假新聞時其重要性。當數位世代崛起，民眾被區分為數位移民及數位原住民時，相關學者強調，當人類邁進二十一世紀的新時代時，數位或資訊素養應為國家最優先的教育目標，以培養具備新的媒體素養能力的新世紀公民。

資訊素養之概念在 1974 年首度被提出，指「有效發現自己的資訊需求、尋求資訊、判斷和呈現資訊，以及使用資訊的能力」（吳美美，1996：34）。聯合國教科文組織定義資訊素養為「人們能瞭解自身資訊需求、尋求與評估資訊品質、儲存與取用資訊、有效率及符合倫理規範的使用資訊，將資訊用以創造與溝通知識等的能力」

（Catts & Lau, 2008）。McClure（1994）認為「資訊素養」可以含括四個素養，包括傳統素養、媒體素養、電腦素養及網路素養。而「數位素養」一詞出現於 1997 年 Paul Gilster 出版《數位素養》一書，指出數位素養是指「獲取網路電腦資源以及使用這些資源的能力」（吳美美，2004）。Buckingham（2006：267-268）以四個媒體素養的基本概念來作為轉化成數位素養的討論基礎，包括再現、語言、產製，以及閱聽眾，以便藉此能有新的探究方法，去思考新的議題，並產生新的理念架構，以達成媒體素養有新且適當的詞彙的目標。Gilster（1997）認為與數位科技有關的素養能力有很多，包括資訊蒐集、評估、處理能力，以及非線性搜尋資訊能力等。綜合而言，能否凸顯身處資訊社會的素養能力與技術的重要性（Bawden, 2001）。但數位世代的媒體素養能力要如何教育與培育，才能面對回應當今假新聞與網路輿論機器操控之環境，其所指涉的核心能力與能力建構指標為何，以及如何設計與其教育目標相符的課程內容等，都是需要探討的重要問題。

　　綜合言之，要因應或解決 AI、假新聞與網路輿論操控之複雜問題，僅依靠單一方向或單一力量的方案恐怕仍難以解決。一方面由於網路操控與網路假新聞之相關資訊量非常龐大，要依賴人工的力量來尋找、辨識與防堵，有相當的困難性，因此可能需要藉助程式與人工智慧，加快某些耗時的步驟，如檢查巨量的資訊，並標記可能虛假的內容。但也需認知到 AI 或技術可能也無法解決所有問題，或也未必能提供最好的解決方案，因此若僅是為了使用 AI 技術而使用 AI 技術，很可能會適得其反。因此，多方位的方案包括技術、法律、道德與教育等因應方式，可以協助技術無法完全解決的問題，例如搭配監管科技技術的法規、制度與規範，以及相關的資訊素養教育，特別是公司或組織在網路與社群媒體上對民眾個資取得之規範，以及對精準投放政治訊息管道之規範等。因人類社會的問題仍要回到人類身上來自己解決，AI 僅能視為工具或助手，而非人類政治社會問題的最終

解答。

🏛 肆、本書規劃與宗旨

　　本書內容分為五個部分，含括數位傳播生態、AI 時代下的民主議題，以及社會文化層面的影響，以及公民科技的實踐，同時提供相關範例說明，以達 AI 時代媒體識讀之目標。

　　第一部分為總論，主要討論媒體素養在數位時代／人工智慧時代的變化。劉慧雯老師的〈批判的媒體素養：數位在地人的世代〉文中認為，數位在地人世代已不需要數位工具式的能力素養，而是直接地以透過數位行動參與的媒體素養回應科技變遷。黃俊儒老師則進一步討論人工智慧時代的媒體素養，從日常生活的媒體使用經驗，反思人工智慧時代的媒體運作。

　　第二部分聚焦於現今數位傳播生態，理解其結構、歷史和運作，包括 PTT、直播平台中國社群媒體。曹家榮老師的〈PTT：臺灣網路論壇的歷史、結構與生態〉，介紹臺灣最多使用者網路論壇 PTT 的歷史發展、結構變遷和鄉民文化；林富美老師的〈夯直播：臺灣直播產業與直播平台概述〉，分類直播型態和整理臺灣直播市場的歷史和概況。最後一篇則是戴昀老師的〈「中國特色」的網際網路、社交媒體與公民社會〉，詳細地描繪中國社群媒體的概況和現實，有助於我們理解在使用中國社群媒體之外的真實面。

　　第三部分探討人工智慧時代所引發的民主、政治和法律層面的問題。網際網路如何從一個開放自由、聲音平權的言論場域，轉變為一資訊控制、資訊噪音的環境，其中數位平台（或社群媒體平台）扮演關鍵的角色。本部分首先探討人工智慧所引發的相關議題（問題），鄭宇君老師的〈社交媒體之數據、演算法與隱私〉概括性地介紹演算法、社交數據和人臉辨識所可能引發的隱私問題；劉雅雯的〈打破大數據信仰：大數據的缺陷及影響探究〉集中於大數據議題的討論，思

辨大數據可能帶來的倫理和偏差問題。接下來的三篇文章則將主要焦點放在假新聞（或廣義一點的「資訊操作」）上，胡元輝老師的〈假訊息：當代傳播與民主的挑戰〉，從假訊息的定義和系統，進而討論現今的媒體素養該如何面對／防制假新聞。傅文成老師的〈境外力量與網路資訊戰對國家安全之影響〉，延續此議題至國家安全層次，提醒網路資訊戰不容忽視。而由周昆璋、葉子揚和傅思凱等業界人士所整理的〈網路口碑行銷與政治輿論控制〉，揭露不為人知的「業界祕辛」，告訴我們網軍的形成和帶風向的操作。最後則是回到政府治理層面，在數位傳播環境上，資訊流通迅速、混亂，閱聽人很難判定其真偽，因而造成混淆。面對這樣日趨嚴重的問題，政府的角色和權責格外重要，羅世宏老師的〈數位平台需要管制嗎？政府應該怎麼做？〉，從政府是否應該管制的角度，討論政府和數位平台的關係議題。

第四部分重點在於數位和人工智慧時代所影響的文化層面，包括影像、歧視、直播主和性別議題。社群媒體的影像快速流傳、AI 時代下的影像操作、影像的判讀／解讀，都是數位媒體識讀該著力的地方。蔡蕙如老師的〈數位媒介時代下的視覺素養〉提供了我們對於數位洪流下影像的反思。蔡柏宏的文章〈只是開玩笑，或隱含惡意？「地獄哏」的社會與文化意義〉，從「地獄哏」的網路文化，討論數位時代的歧視問題和反政治正確的模糊地帶，對於網路使用者理所當然的「旁觀他人之痛苦」，有著深刻的體悟和見解，並進一步思考網路上的歧視言論。林富美老師的〈網紅正夯：試析全媒體下直播主的社會文化意涵〉，解析直播平台的營運模式和其帶來的社會文化影響層面，可以讓我們再思考網紅／直播主在數位時代裡的社會意義和位置。張玉佩老師和陳維平老師的〈智慧科技下的性別陷阱〉，以人工智慧時代的大脈絡，探討可能面對和觸及的新時代性別議題。

最後一部分的主軸為閱聽人／公民自身的科技實踐。陳順孝老師〈臺灣也有好媒體：網路時代媒體素養教育的內涵與資源〉，整理

了相關的媒體素養網路資源，以及目前可受信任的資訊／新聞網站，同時提供篩選和評估資訊的技巧。蔣旭正老師的〈未來科技的可能性〉，提供重要的未來傳播科技關鍵字，以及當代 AI 科技下所需的相關基礎知識。

參考資料

一、中文部分

王若樸（2018）。〈維基百科創辦人：不但要加強維基百科在開發中國家的發展，還要用群眾協作新聞平台 WikiTribune 打擊假新聞〉，《iThome》。取自 https://www.ithome.com.tw/news/124754

孔德廉（2018）。〈網紅、假帳號、素人暗樁 —— 值得信賴的口碑行銷？〉，《報導者》。取自 https://www.twreporter.org/a/disinformation-manufacturing-consent-mom

吳美美（1996）。〈在新時空座標中的圖書館功能 —— 談資訊素養教育〉，《圖書館學與資訊科學》，22(2)：29-52。

吳美美（2004）。〈資訊素養與媒體素養 —— 數位時代的素養與素養教育〉，《台灣教育》，629：9-14。

李問（2017）。〈亞洲「假新聞」輿論戰及民主社會的防衛戰略〉，《新社會政策》，54：15-19。

鄒軍（2008）。〈試論網絡輿論的概念澄清和研究取向〉，《新聞大學》，2：135-139。

黃俊儒（2018）。〈猜猜新聞背後是什麼？整合科學與媒體的跨領域教學〉，《科學教育學刊》，26(4)：353-775。

賴燕芳（2018）。〈制止假新聞傳播，谷歌、FACEBOOK 如何使用好 AI 這把劍？〉，《新浪財經頭條》。取自 https://t.cj.sina.com.cn/articles/view/2540408364/976b8e2c02000t7qh

羅世宏（2018）。〈關於「假新聞」的批判思考：老問題，新挑戰與可能的多重解方〉，《資訊社會研究》，35：51-86。

二、外文部分

Anderson, B., & Horvath, B. (2017). *The rise of the weaponized AI propaganda machine*. Retrieved from https://medium.com/join-scout/the-rise-of-the-weaponized-ai-propaganda-machine-86dac61668b

Bawden, D. (2001). Information and digital literacies: a review of concepts. *Journal of Documentation, 57*(2), 218-259.

Buckingham, D. (2006). Media education in the age of digital technology. Paper for the 10th Anniversary MED Congress "La sapienza di comunicare", Rome, 3-4 March, 2006.

Catts, R., & Lau, J. (2008). *Towards information literacy indicators*. UNESCO.

Cheng, K., Wen, X., & Zhou, K. (2018). A Survey of Internet Public Opinion and Internet New Words. *DEStech Transactions on Social Science, Education and Human Science*.

Diakopoulos, N. (2019). *Automating the news - How algorithms are rewriting the Media*. New York, NY: Harvard University Press.

Gilster, P. (1997). *Digital literacy*. John Wiley & Sons, Inc.

Howard, P. N., Woolley, S., & Calo, R. (2018). Algorithms, bots, and political communication in the US 2016 election: The challenge of automated political communication for election law and administration. *Journal of Information Technology & Politics, 15*(2), 81-93.

Jia, D., & Li, L. (2013). Study on Relationship Between Network Public Opinion and New Function Mode of Ideological Education Based on Equations of Mathematical Physics. In Yuhang Yang and Maode Ma (Eds). *Proceedings of the 2nd International Conference on Green Communications and Networks 2012 (GCN 2012): Volume 1* (pp.13-20). Springer, Berlin, Heidelberg.

McClure, C. R. (1994). Network literacy: A role for libraries?. *Information Technology and libraries, 13*(2), 115.

Mishra, N. (2019). Building bridges: International trade law, Internet governance, and the regulation of data flows. *Vanderbilt Journal of Transnational Law, 52*(2), 463-509.

Monaco, N. J. (2017). Computational propaganda in Taiwan: where digital de-
mocracy meets automated autocracy. *Computational Propaganda: Political
Parties, Politicians, and Political Manipulation on Social Media*.

Okoro, E. M., Abara, B. A., Umagba, A. O., Ajonye, A. A., & Isa, Z. S. (2018).
A hybrid approach to fake news detection on social media. *Nigerian Jour-
nal of Technology, 37*(2), 454-462.

Part 1
總　論

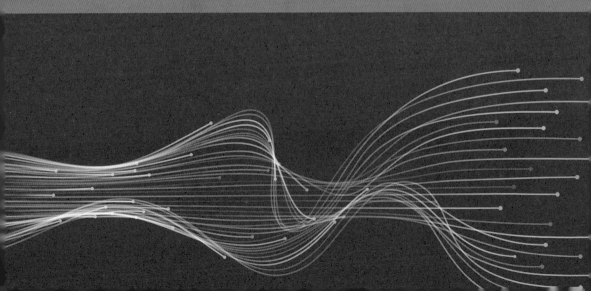

第一章

批判的媒體素養：
數位在地人的世代[1]

劉慧雯

---

1 本文改寫自劉慧雯（2015）〈從媒體素養到新素養：試論教學策略與認識論的轉變〉，《中華傳播學刊》，27，67-98。

🎓 壹、從理論到生活：數位在地人主導的社會生活

資訊科技跟社會生活的關聯，實例五花八門。從 2010 年的維基解密揭開政府檔案，到影響敘利亞民主的茉莉花革命；從白玫瑰運動討論法官適格性，到洪仲丘案透過網路爆料，再到太陽花學運和公民倡議罷免公職人員⋯⋯數位工具不分地區、不分事件議題，在全球扮演著公民參與的平台。然而，厚實的同溫層、來不及查知刪除的假訊息，乃至於試圖帶風向的網軍，考驗著人們的媒體素養。現在的我們，遭遇到與大眾媒體非常不同的資訊傳遞模式。

一、大眾媒體時代的媒體素養

以數位化資訊為基底的數位媒體，不但資訊編碼類型（數位）不同於大眾傳播媒體（類比），在媒介內容的產製、管理，乃至於商業模式等面向上也完全不同。大眾媒體（mass media）的內容，經常是由一群以傳播工作為正職，且可能曾受過專業訓練（無論是在學校或在職場）的傳播者所設計製作的。因此當媒介內容出現不合宜的狀態時，一般人經常能夠直接責成這些傳播者改進其工作流程與產品。例如，當我們發現電視新聞的標題將「風中殘燭」打成了「風中蟾蜍」[2]時，可能會批評「記者編輯的中文程度太差了吧？」，此時，不但批評的內容十分具體，批評的對象也很清楚[3]。

大眾媒體既然由專業工作者負責內容產製，那麼，這些工作者所屬的機構、組織所有人（也就是老闆），以及機構對特定議題的立場意見等，也可能透過組織內部的力量與程序影響這些專業工作者。

---

[2] 2010 年 11 月 12 日中天新聞在報導前總統陳水扁、吳淑珍夫妻遭判刑定讞的新聞時，將受訪者陳致中所說「媽媽的身體現在像風中殘燭」誤植為「風中蟾蜍」。

[3] 然而，實際的情況可能是負責上字幕的語音辨識系統有待校正，或字幕人員求快出錯。

甚至在特定時代中，政治經濟體制與政策，以及多數社會成員共享的意識型態，也可能影響媒介內容產製的具體樣貌。陳順孝（2003）就曾出版《新聞控制與反控制》一書，說明新聞記者所面對的政治體制、組織文化，乃至於地方勢力等力量。針對大眾媒體工作人員所面對的組織、制度與社會環境壓力進行的研究顯示，一般閱聽人／讀者，必須要先掀開媒介這黑盒子，才可能培養媒體素養，對媒介表現做出更有效的批評。當閱聽人無法穿透媒體這道魔鏡，就非常有可能成為無法判讀資訊內容真偽，且無反擊能力的閱聽人商品（audience commodity, Smythe, 1977; Jhally, 1982, 1987）而不自知。於是，在大眾傳播媒體發展三十年後，人們展開了讓閱聽人有武器自保的「媒體素養」（media literacy）教育。

由此出發，1970 年代起就出現了媒體素養的經典定義：近用、分析、評估與創造內容（Aufderheide, 1993; Alvarado, Gutch, & Wollen, 1987; Hobbs, 1998, 2006; Livingstone, 2004）。所謂「近用」（access）媒介，意思是希望閱聽人瞭解接近使用媒體乃是一種權利，媒介不但應該製作專業內容，更應該保留一般人使用媒體發表意見與更正錯誤等權利。而「分析」（analyzing）則是指透過解析媒介內容，瞭解影響內容產製的諸多因素，例如，是否歧視弱勢族群、內容產製是否受到媒介組織的影響等。「評估」（evaluation）是要培養閱聽人掌握標準，能夠有效判斷媒介內容或作為的合理、合法、正當性，例如，單一頻道播出各類節目內容的比例、新製與重播節目的時段與比例等。最後，「創造」（creation）則是指閱聽人自行製作內容且能於媒體上播出的能力與相應的制度。

早期強調的媒介內容製作技能（如：Goodman, 1996），而批判的媒體素養教育則特別重視閱聽人的批判反思（如：Stafford, 1992; Luke, 1994; Buckingham, 2007; Toepfl, 2014 等），這兩者，正是當前媒體素養教育的兩大核心（參見 Martens, 2010）。

媒體素養教育下的「媒體」是一種「環境」（Cassidy, 2004）、

是一種「文化」（Bird, 2003），「我們與他人在在都透過複雜的媒體互動建立社會關係，再將這些關係整合成為日常生活的樣貌。」（吳翠珍、陳世敏，2007：9）而閱聽人的工作之一，就是在使用媒體時，瞭解到近用是一種權力，而且閱聽人需要謹慎地使用媒介內容，對媒介內容可能帶有的偏頗、刻板印象等保持警覺。

　　已發展超過十年的「媒體素養」教育，採取了全知者（傳播學術界）對未知者（一般閱聽人）的知識灌輸工作；而傳播專業工作者則處於一個等待被理解、揭穿、批判的狀態下，形成了傳播學術與閱聽人站在一起，對抗傳播工作者的態勢。於是，媒體素養教育協助閱聽大眾瞭解大眾傳播的本質、運作，進而批判大眾媒體（Ontario Minister of Education, 1989）。藉由媒體素養教育，閱聽人得以分析、詮釋媒介訊息所帶有的觀點（perspective, Potter, 2001）。最後，透過傳播工具的操作教學，媒體素養教育推動公民參與、達成媒體近用（Lave & Wenger, 1991）。

　　不過，雖然媒介看起來威力極大，但在研究中卻也發現閱聽人解讀媒介內容的不同行為。英國文化研究學者 S. Hall（1973）就認為，閱聽人面對媒體內容至少可以採取三種不同態度：主動（反抗，oppositional）、被動（媒介霸權，dominant），以及協商（negotiated）。從 Hall 的說明看來，雖然傳播者能夠在傳播內容中夾帶意識型態，但是由於媒體內容傳播過程的每一個環節都存在有「相對自主性」（relative autonomous），這使得多義解讀成為可能。在此，閱聽人被設定為具有「解碼」能力。於是，在日常生活呈現多元樣貌的前提下，「媒體素養的多元視角」觀點，成為保存與發展社群／社區／文化的重要價值。

　　由於大眾傳播媒體是需要龐大資金，以及專業程度高的工作者才能經營的現代組織，媒體素養教育因而積極展開媒體影響力的評估與反思。所以在媒體素養的課程中，瞭解新聞機構運作常態（如：內外部新聞自由）、解讀廣告符碼中的意識型態（如：性別、族群等）、

拆解新聞建構的偏見（如：愛滋病患、國際移動勞工族群等），乃至於察覺到閱聽人的可能作爲（如：報紙投書、參與公民報導等）與辨別能力（如：擴大資訊接收管道，避免單一訊息來源）等，就是媒體素養的核心意涵。也就是說，媒體素養是教育採取的是「保護主義觀點」（protectionist perspective, Postman, 1985, 1992）；有些研究者甚至認爲，媒體素養是一種「教育的銀行式概念」（the banking concept of education），也就是擁有知識的教師將知識存入被動的學生身上（參見 Freire, 1968[1986]）。

　　然而，當傳播科技的發展與應用在 web2.0 出現之後產生巨大變化，面對數位工具使用形成數位文化型態、數位人際網絡模型，以及數位在地人內部的歧異狀態，這種素養內涵顯得十分被動而單向。此時，我們需要的已不限於掀開媒體黑盒子的專業知識，更包括認識自我、介入社會議題等如何在社會網絡中定位自我與他人的素養內涵。

二、數位在地人的媒體素養

　　在人們面對資訊科技變化而試圖理解時，首先採取了人類學式的、帶點距離的模式。Escobar（2000）以「賽伯利亞」（Cyberia）來稱呼模控（cybernetics）領域，認爲賽伯利亞與地圖上的西伯利亞相似：地處邊陲，蠻荒無人，我們需要進入這個荒涼異域，考察身處其中人們的活動。然而，當我們看到拿到眞蘋果就試著用食指去滑動世代便可以發現，被 Escobar 影射爲蠻荒之地的賽伯利亞，早已擠滿了人。這個與資訊科技一起長大的世代，被稱爲「數位在地人」（digital natives，參見 Prensky, 2010; Bauerlien, 2011）[4]。

---

[4]　Digital natives 的中文譯詞尚未固定。中國作者中，有的翻譯爲「數字土著」、「數字原住民」或「數字原生代」（參見 http://www.looooker.com/forum.php?mod=viewthread&tid=42766）。臺灣則有「數位原住民」的譯法（參見 http://techorange.com/2011/12/01/digital-native/，以及 http://mr6.cc/?p=6544）。然而，考慮「原住民」一詞在社會學、人類學領域已有特殊

　　所謂數位在地人，是指面對數位科技能隨心所欲使用的人。數位在地人是不是指某個時間點之後出生的人呢？研究者之間的看法非常分歧（如：Bennett, Manton, & Kervin, 2008; Buckingam, 2007; Stoerger, 2009 等）。不過，從 Griffiths 與 Borphy（2005）的研究中可以看到，數位在地人習慣使用搜尋引擎，對於過去被認為是重要知識來源的圖書館，只有不到一成的人還會去造訪。由此可知，將網際網路視為一個巨大的資料庫，隨意取用材料，甚至自由地成為媒介內容生產者，是數位在地人非常重要的特徵。其中，社群媒體（social media, Boyd & Ellison, 2008）在 2010 年之後主導資訊生活的態勢，來勢洶洶，而且劇烈地影響了人們所需要的媒體素養。

　　早在 1980 年代，Toffler 就將一方面接收媒介內容、一方面又創作內容的閱聽人稱是「創用者」（prosumer, Toffler, 1980; Brun, 2007）。這些人之所以可以隨心所欲創作，除了意願之外，也受惠於資訊科技使用門檻大幅降低。Balasubramaniam（2009）就認為，在影響社群平台發展的科技、社會、經濟與法律等四個要素中，科技可能是最重要的趨勢。而且當所有人都可以把任何材料上傳到網際網路上時，其中的民主意涵也將明顯可見（Napoli, 2011）。

　　不過，大量使用數位工具是不是就代表著數位在地人更樂於參與公眾事務呢？Banaji（2010）指出，「數位能力」無法完全對等地轉化為「政治（或公共）參與」。Banaji 與 Buckingham（2010）更發現，年輕世代使用網路主要著重娛樂功能，社會參與能量其實非常有限。臺灣的研究一樣指出了論者對過度數位化的憂慮。例如，李律鋒（2011.11.04）便直言，即使只是「按個讚」，仍舊有議題的公眾性需要討論；更何況，涉及網際網路的公眾議題民主參與，「絕不只是

指涉，而且當我們以「native speaker」來指稱「母語」時，也無須非跟「原住民」牽扯上關係不可。因此，本文採取較口語的方式，譯為「數位在地人」。

『按讚』」（黃哲斌，2011.05.14）。

　　換句話說，高度貼合於網際網路的「谷歌世代」（Google generation, Rowlands, Nicholas, Williams, Huntington, & Fieldhouse, 2008），一方面利用「維基世界」（wikiworld）打破了過去被特定一群人占據的話語權與定義權（參見：Tapscott & Williams, 2006, 2010）；但另一方面，也更受到演算法、推薦機制的影響（Andrejivic, Hearn, & Kennedy, 2015），被困在同溫層中，甚至因為過度依賴大數據模型，而對世界產生不切實際的想像與錯誤的行動（O'Neil, 2016）[5]。

　　數位在地人幾乎已經不需要數位工具專業教育了。與生俱來、自然而然的「在地人」狀態顯示，他們有關數位工具的知識猶如塊狀莖（尤美琪，2002），在不同使用者手中，用不同的型態成長、蔓延、接合、重組。所以，「瞭解」已不再是媒體素養的唯一工作；如何「使用」、什麼才是「公共近用」、如何測量「近用效果」，才是公民參與能否達成的關鍵。數位時代的媒體素養因此更是指跨出個人化使用、推動公共參與的期待（Kellner, 2001）。

　　特別是隨著科技使用門檻的降低，2010年以來，閱聽人與媒介的關係也產生的質變。其中最顯著者在於素養培育從既有的審視、批判，慢慢延伸到創作與倡議。而且，這裡所言「創作」，不僅僅只是寫作公民新聞、拍攝社區紀錄片等工作，還包括編纂既有內容，以便凸顯社會問題的「策展」策略（curation，參見 McDougall, 2013, 2014; McDougall & Potter, 2015 等）。E-Learning and Digital Media 在 2015 年推出策展專號，說明策展能力（curatorship）如何與認同聯繫在一起。其中，Potter 與 Gilje（2015）認為，素養場域中的策展

---

[5] 當然，在數位在地人漸漸主導世界的同時還是存在 Young（2010.09.10）所說的「數位路德人」（digital Luddites），一心想要擺脫科技與數據的影響。

應該包括蒐集（collecting）、編目（cataloguing）、展場安排與組裝（arranging and assembling for exhibition）、展示（displaying）等步驟（參見 Potter, 2011）。根據 Potter（2012），由於策展需要將自我反身的過程納入思考中，因此這種自我呈現將會是不斷學習的主體（a learning identity, Erstad, Gilje, Sefton-Green, & Vasbo, 2009）。由此可見，數位時代媒體素養希望閱聽人能透過參與製作媒介內容，將自我關切的主題以公共討論的方式，拿到社會成員都可以參與討論的平台上作意見交換。

貳、以媒體素養回應科技促發的文化變遷

由於數位時代媒體素養的關鍵不是工具使用，而是使用的目的，特別是能否聯繫於公民參與，因此，Kellner（2001）主張應該要發展多重素養（multiple literacies）。Koltay（2011）進一步認為對不同的人來說，要面對的素養課題並不相同，即便同一個行動者，也應該將素養精進視為持續不斷的工作。另一方面，Collins（1995）從人類學的角度分析指出，不論是人類歷史上哪一個階段、哪一個文明，有關素養內涵的問題，始終充滿了權力、認識論角力，並且深受文化型態以及歷史過程影響。這顯示複數素養（literacies）才具有顛覆國家所主導的素養教育的意涵，也才得以與民主化歷程聯繫。

因此，面對不斷變化的資訊傳播科技，媒體素養有兩個不變的核心。第一個核心是，數位使用應該與「想像表達」聯繫在一起，將數位工具立體化為「媒體」。數位工具固然開放了眾聲喧嘩的機會，但正如 Giroux（2003）所說，依據過去十年數位工具的商業發展模式看來，集中化、商業化、私有化已經成為絕大多數數位工具今天的面貌，用大眾媒體時代的語彙來描述，這趨勢其實暗指了「媒體近用」程度的降低。因此，為了避免數位使用流於商業活動，數位在地人／移民再次淪為「數位人商品」，瞭解到使用數位工具的目標在於「表

達」，是素養培力非常重要的一環。

　　另一個核心則是公眾參與。儘管在數位時代，人們已經不太需要、也不太受限於大眾媒介守門人的資訊篩選，然而，「使用資訊」這件事，在兩個面向上應該讓「公眾」這個概念介入。Chen、Wu與Wang（2011）將這兩個面向的不同向度，以「二十一世紀公民參與過程中的基本角色」來說明，藉由「批判－功能」以及「消費－創用」這兩條軸線，建立了其分析架構（Chen et al., 2011, 85，參見圖1-1）：

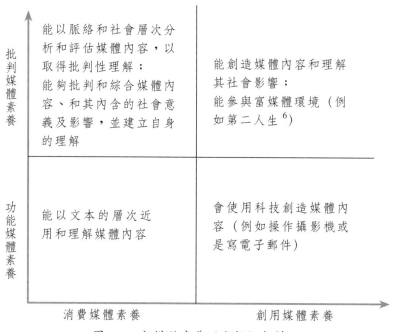

圖 1.1　新媒體素養（分析）架構

資料來源：Chen, Wu, & Wang, 2011, p.85.

6　第二人生（Second Life, SL）為一處線上虛擬世界，最早由美國舊金山一家公司 Linden Lab 於 2003 年 6 月推出。在操作上，第二人生類似於大型多人角色扮演遊戲，但特別的是，第二人生又與一般遊戲不同，因為過程中並無製造衝突，也無設定特定的破關目標（Greiner, B., Caravella, M., & Roth, A. E., 2014）。

　　他們更進一步引用 Jenkins（2006）以及 Lankshear 與 Knobel（2007）的觀點指出，面對新的媒介科技，媒體素養的塑造必須注意以下四點：(1) 必須留意人們能否組織自己的構想，並且以此爲本創造媒介文本，介入意識型態的宣傳活動；(2) 批判的創用者乃是與豐富的媒介環境聯繫在一起的，因此必須特別考慮傳播效用的問題；(3) 批判創用者必須瞭解到自己是在建構對現象或主題的詮釋，必須在社群中與他人一起協商出同意／理解的空間；(4) 批判創用者應該要有能力將自己的價值觀與思想具體化，並且能評估是否達到批判的目標。Lee、Chen、Li 與 Lin（2015）在爲新媒體素養界定評估指標時，同樣也先將「參與文化」（participatory culture）視爲此階段素養的核心；「連接性」（connectivity）以及「網絡公眾」（networked public）則是新傳播科技創造的新的資訊消費模式。

　　Drahos 與 Braithwaite（2002：10）已經提出，全球所有政權在整合、發展全球化時，第一階段做得最糟的事情，就是全面地將所有物質、心靈的產物通通私有化。這使得數位使用在討論公共議題時，處處受到私有化效果的箝制。正如 Kennedy 與 Judd（2010）的研究所顯示，在具有高度數位化能力之後，眞正的學習通常出現在「在數位環境」之下發展具有前瞻性的議題。數位版本的「表達」與「公眾參與」自 1990 年代起便在「媒介生態學」（media ecology, Barton & Hamilton, 2000）的架構中提出，論者多半會提及素養的社會環境、媒體物質條件，以及每個社會文化成員在特定時空背景下想要達成的目標。這是公眾參與的第二個面向：沉浸在某種脈絡中的社會實踐。

　　加拿大廣播公司（Canadian Broadcasting Corporation, CBC）資深製作人 Jim Williamson 在一次演講[7]中提到新媒體對於 CBC 紀實

---

[7]　政治大學傳播學院傳播沙龍演講：Journalism in the age of reality TV: Ten ways to tell a good story。2011 年 12 月 15 日。

性影片在取材與議題上的衝擊。Williamson 指出，現代數位工具使得「紀錄者」無所不在。2011 年，G20 會議在多倫多舉行，來自魁北克等地的大學生展開的抗議活動，最終演變成警民衝突。許多當天參與活動的群眾事後將自己拍攝下來的照片、影片張貼在網路上。CBC 事後透過擷取這些發表於個人部落格或 YouTube 上的影片，製作了紀錄片《誰叫你不乖》（*You should've stayed at home*）。影片顯示，警察對聚會群眾的無預警挺進，以及不分青紅皂白的逮捕，是事件衝突升高的主因。

　　Williamson 在演講中問到，這是不是表示，YouTube 作為一個草根媒體，已經足以成為記者進入現場的另一個管道呢？他認為，不論是群眾或記者，都有可能受到觀點與視角的限制。在過去，人們可能批判大眾媒體記者是帶著組織利益、內部偏好，乃至於社會文化成規中的意識型態偏見來報導新聞；但這種批判並不表示單純直接的公民記者，就可以因為沒有組織力介入，便無條件避免。因此，Williamson 特別強調，CBC 一定透過電話或本人訪問，瞭解素材上傳者的拍攝視角與觀點，並且不斷比對同一個場景的不同照片，然後才在所有素材（上百支影片與上千張照片）中，挑選足以符合新聞專業標準的內容。Williamson 的反思指出，新聞機構應該持續維繫可信與公信問題，並且要有能力將私人素材轉化為公共議題的討論基礎。

參、媒體素養教育的反思

　　2020 年上半年，新冠肺炎／武漢肺炎（COVID-19）在全球超過兩百個國家或地區造成近兩千萬人感染，以及近七十萬人死亡；各政體為了避免國際旅行造成的疫情擴散，大舉封關，造成全球經濟大規模衰退。

　　在全球實體移動因封關封城大規模停止的前提下，資訊取用的需求反向竄升。不論是娛樂、教育、政治或經濟等類型資訊，人們藉由

網際網路上的資訊獲得情報，希望度過二十世紀以來最嚴峻的考驗。然而此時，網際網路上除了「有用」的資訊外，同時流傳著或因恐懼疫情擴散、或意圖擾亂而在社群媒體上散布的錯誤資訊。包括臺灣事實查核中心在內的國際事實查核聯盟等非政府組織，在短短三個月內在七十個國家蒐集到四十種語言發布的三千則查核報告[8]。此外，國際記者聯盟（International Journalists Network）、全球深度報導網（Global Investigative Journalism Network）等專業記者聯盟[9]亦透過網站發布疫情期間新聞報導可用的查核技巧。臺灣網路媒體「獨＋」也在疫情展開後五個月，分析國際事實查核組織聯盟五千篇查核報告，分析假訊息傳播的趨勢[10]。這些工作顯示，數位時代資訊傳遞不但速度驚人，而且可信度亦已受到高度質疑。比較值得慶幸的是，從專業記者聯盟提供的各種招式來看，假資訊不是不能破解，只是需要記者與閱聽人勇於利用既成工具，且不厭其煩地懷疑可疑訊息。更麻煩的是，自從「使用者生產內容」（User-Generated Content, UGC，參見 Grossman, 2006.12.25; Scott, 2010.03.30; Gillmore, 2006; Hartley, 2010 等）成為網際網路內容的主要來源後，每一次遇到不同事件，製作內容的人也會跟著不同。這使得過去我們希望在經驗中學到教訓的期待，在 UGC 時代極有可能次次落空。「獨＋」的視覺化專題顯示，在 COVID-19 期間所有假訊息的分類中，「病毒在社區中的傳播」是最多的；原因很可能是，在各國封關的前提下，社區傳染代表「決戰病毒於境外」的策略失敗。就這個結果來看，病毒感染與流行的特徵、各國防疫策略設定，乃至於人們最為懼怕擔心的事項，成為假訊息得以快速擄獲人心、以極速傳播的關鍵。而每一次不同的

8　參見：https://www.poynter.org/ifcn-covid-19-misinformation/

9　參見：https://ijnet.org/en/story/10-tips-journalists-covering-covid-19 與 https://gijn.org/2020/03/10/tips-for-journalists-covering-covid-19/

10　參見：https://www.readr.tw/project/covid19-disinformation-vis

疫情或事件，能被煽惑、欺瞞、製造集體恐慌的元素不同，人們也就難以「記取經驗、獲得教訓」。

此時，媒體素養就更爲仰賴閱聽人的警覺習慣，也更需要媒體素養教育者將可用於查核的工具適時教付給閱聽人，並且隨時以更有效率的方式更新。這應該是社群媒體時代，媒體素養最爲嚴峻的挑戰。

傳播活動百年來的發展，在高度現代性與專業分工的洗禮下，使得傳播工作與學術也走上專業分工之途，愈發將原本應該作爲社會資訊流通通道的「傳播活動」，定調爲生手勿近的象牙塔；學術上的跨領域雖然如火如荼，但實務上的專業壟斷卻越演越烈。這些發展配合大資本，更加速拉遠資訊通道與一般人日常生活的距離。由此看來，強調透過理解專業義理來完成的閱聽人媒體批判／識讀／素養，雖然解開了專業之謎，卻也鞏固了專業對知識與行動的形塑。

過去，傳播學門的跨領域總是指研究者、學術工作者自身工作的跨領域，以及學生專業學習中的跨領域。本文所討論的「素養教育場景中的跨領域」，是針對非傳播專業背景者，帶著自身既有的常識、知識、在地脈絡等，持續不斷擴大資訊傳遞行動可能涉及的每個生活範疇，以及相應的概念。於是，傳播的核心將會回到「每個人參與資訊傳遞」這個向度上，從定義上將數位移民念茲在茲的公民身分、民主社會等價值植入傳播素養教育的核心。透過這樣的定位，可以稍稍繞過公共領域如何可能的形式問題，在媒體素養構成的各式公民活動中，直指社會問題、媒體現象的核心。

問題與討論

1. 數位在地人是什麼意思？當代的閱聽人具備哪些新的能力與處在何種新的環境？

2. 大眾時代下的媒體素養和數位時代下的媒體素養有何差異？

參考資料

一、中文部分

尤美琪（2002）。〈超文本的歧路花園：後現代千高原上的遊牧公民〉，《資訊社會研究》，2：1-28。

李律鋒（2011 年 11 月 04 日）。〈不只是按「讚」而已——談社群網站的虛擬動員背後的實質社會參與〉。取自 http://www.feja.org.tw/37293

吳翠珍、陳世敏（2007）。《媒體素養教育》。臺北市：巨流。

陳順孝（2003）。《新聞控制與反控制：「紀實避禍」的報導策略》，臺北市：五南。

黃哲斌（2011 年 5 月 14 日）。〈從樂生保存到反新聞置入：台灣網路公民運動小考察〉，「《邁向參與式民主的挑戰與實踐》研討會」論文。上網日期：2012 年 1 月 2 日，取自 http://www.taiwanthinktank.org/page/chinese_attachment_2/2028/0514.pdf

劉慧雯（2015）。〈從媒體素養到新素養——試論教學策略與認識論的轉變〉，《中華傳播學刊》，27：67-98。

二、外文部分

Andrejivic, M., Hearn, A., & Kennedy, H. (2015). Cultural studies of data mining: Introduction. *European Journal of Cultural Studies, 18*(4-5), 379-394.

Alvarado, M., Gutch, R., & Wollen, T. (1987). *Learning the media: An introduction to media teaching.* London, UK: Macmillian.

Aufderheide, P. (1993). *National leadership conference on media literacy.* Conference report. Washington, DC: Aspen Institute.

Balasubramaniam, N. (2009). User-generated content. In F. Michahelles (ed.). *Business aspects of the internet of things.* ETH Zurich.

Banaji, S. (2010). Disempowering by assumption: 'Digital natives' and the EU civic web project. In M. Thomas (Eds.), *Deconstructing digital natives: Young people, technology and the new literacies.* (pp.49-66). New York, NY & London, UK: Routledge.

Banaji, S. & Buckingham, D. (2010). Young people, the internet, and civic participation: An overview of key findings from the CivicWeb project. *International Journal of Learning and Media, 2*(1), 1-11.

Bannett, S., Maton, K., & Kervin, L. (2008). The 'digital native' debate: A critical review of the evidence. *British Journal of Education Technology*, *39*(5), 775-786.

Bauerlien, M. (2011). Digital natives, digital immigrants. In M. Bauerlien (Eds.), *The Digital Divide: Arguments for and against Facebook, Google, texting, and the age of social networking*. (pp.3-25). New York, NY: Jeremy P. Tarcher/Penguin.

Barton, D., & Hamilton, M. (2000). Literacy practice. In D. Barton, M. Hamilton, & R. Ivanic (Eds.), *Situated Literacies: Reading and writing in context.* London, UK & New York, NY: Routledge.

Bennett, S., Maton, K., & Kervin, L. (2008). The 'digital natives' debate: A critical review of the evidence. *British journal of educational technology, 39*(5), 775-786.

Bird, S. E. (2003). *The audience in everyday life: Living in a media world.* New York, NY & London, UK: Routledge.

Boyd, D. M., & Ellison, N. B. (2008). Social network sites: Definition, history, and scholarship. *Journal of Computer-Mediated Communication, 13*, 210-230.

Bruns, A. (2007). *Produsage: Towards a broader framework for user-led content creation.* Paper presented at Proceedings Creativity and Cognition 6, Washington, DC. Retrieved on August 07, 2015, from http://eprints.qut.edu.au/6623/1/6623.pdf

Buckingham, D. (2007). *Beyond technology: Children's learning in the age of digital culture.* Cambridge, UK: Polity Press.

Cassidy, M. (2004). *Bookends: The changing media environment of American classroom*, New York, NY: Hampton Press.

Chen, D., Wu, D., & Wang, Y. (2011). Unpacking new media literacy. *Systemics, Cybernetics and Informatics, 9*(2), 84-88.

Collins, J. (1995). Literacy and literacies. *Annual Review of Anthropology, 24*,

75-93.

Drahos, P., & Braithwaite, J. (2002), *Information Feudalism. Who owns the knowledge economy?* London, UK: Eartgscan.

Erstad, O., Gilje, Ø., Sefton-Green, J., & Vasbo, K. (2009). Exploring learning lives: Community, identity, literacy and meaning. *Literacy, 43*(2), 100-106.

Escobar, A. (2000). Welcome to Cyberia: Notes on the anthropology of cyber-culture. In D. Bell & B. Kennedy (Eds.), *The cybercultures reader.* (pp.77-95). London, UK: Routledge.

Freire, P. (1968/1986). *Pedagogy of the oppressed.* Trans by Myra Bergman Ra-mos. New York, NY: Continuum.

Gillmore, D. (2006). *We the media: Grassroots journalism by the people, for the people.* Sebastopol, CA: O'Reilly Media, Inc.

Giroux, H. (2003). Dystopian nightmares and educated hopes: The return of the pedagogical and the promise of democracy. *Policy Futures in Education. 1*(3), 467-487.

Goodman, S. (1996). Media technology and education reform: Searching for re-demption in the digital age. *Video and Learning,* 1.

Greiner, B., Caravella, M., & Roth, A. E. (2014). Is avatar-to-avatar com-munication as effective as face-to-face communication? An Ultimatum Game experiment in First and Second Life. *Journal of Economic Behavior & Organization, 108,* 374-382.

Griffiths, J. R., & Borphy, P. (2005). Student searching behavior and the web: Use of academic resources and Google. *Library Trends, 53,* 539-554.

Grossman, L. (2006.12.25). 'You—Yes, You—Are TIME'S Person of the Year. *Times.*

Grossman, L. (2006, December,25). You—Yes, You—Are TIME's Person of the Year. *The New York Times.* Retrieved from http://content.time.com/time/magazine/article/0,9171,1570810,00.html

Hall, S. (1973). Encoding/decoding. In Hall, S., Hobson, D., Lowe, A., & Willis, P. (Eds.), *Culture, media, language.* (pp.128-136). London, UK: Hutchinson.

Hartley, J. (2010). *The Uses of digital literacy.* New York, NY: Transaction Publishers.

Hobbs, R. (1998). Building citizenship skills through media literacy education. In M. Salvador & P. Sias (Eds.). *The public voice in a democracy at risk.* Westport, CT: Praeger Press.

Hobbs, R. (2006). Multiple visions of multimedia literacy: Emerging areas of synthesis. In M. McKenna et al. (Eds.). *International handbook of literacy and technology.* (pp.15-26). Mahwah, NJ: Lawrence Erlbaum.

Jenkins, H. (2006). *Convergence culture: Where ole and new media collide.* New York, NY: New York University Press.

Jhally, S. (1982). Probing the blindspot: The audience commodity. *Canadian Journal of Political and Social Theory, 6*(1, 2), 204-210.

Jhally, S. (1987). *The codes of advertising.* New York, NY: St. Martin Press.

Kellner, D. (2001). New technologies/new literacies: Restructuring education for a new millennium. retrieved on April 09 2014, from http://pages.gseis. ucla.edu/faculty/kellner/essays/newtechnologiesnewliteracies.pdf.

Kennedy, G. E., & Judd (2010). Beyond Google and the 'satisficing' searching of digital natives. In M. Thomas (Eds.), *Deconstructing digital natives: Young people, technology and the new literacies.* (pp.119-136). New York, NY & London, UK: Routledge.

Koltay, T. (2011). The media and the literacies: media literacy information literacy, digital literacy. *Media, Culture & Society, 33*(2), 211-221.

Lankshear, C., & Knobel, M. (2007). Sampling 'the new' in new literacies, in M. Knobel & C. Lankshear (Eds.). *A new literacies sampler.* (pp.1-24). New York, NY: Peter Lamg Publishing.

Lave, J., & Wenger, E. (1991). *Situated learning.* Cambridge, UK: Cambridge University Press.

Lee, L., Chen, D., Li, J., & Lin, T. (2015). Understanding new media literacy: The development of a measuring instrument. *Computer & Education, 85,* 84-93.

Livingstone, S. (2004). Media literacy and the challenge of new information and communication technologies. *Communication Review, 7*(1), 3-14.

Luke, C. (1994). Feminist pedagogy and critical media literacy. *Journal of Communication Inquiry, 18*(2), 30-47.

Martens, H. (2010). Evaluating media literacy education: Concepts, theories and future directions. *Journal of Media Literacy Education, 2*(1), 1-22.

McDougall, J. (2013). It's hard not to be a teacher sometimes: Citizen ethnography in schools. *Citizenship, Teaching and Learning, 8*(3), 327-342.

McDougall, J. (2014). Media literacy: A porous expertise. *Journal of Media Literacy, 16*(1/2), 6-9.

McDougall, J., & Potter, J. (2015). Curating media learning. *Journal of E-Learning and Digital Media, 12*(2), 199-211.

Napoli, P. M. (2011). *Audience evolution: New technologies and the transformation of media audiences.* New York, NY: Columbia University Press.

O'Neil, C. (2016). *Weapons of math destruction: How big data increases inequality and threatens democracy.* New York, NY: Crown.

Ontario Ministry of Education (1989). *Media literacy resource guide.* Ontario, CA: Ontario Ministry of Education.

Postman, N. (1985). *Amusing ourselves to death: Public discourse in the age of show business.* New York, NY: Viking Penguin.

Postman, N. (1992). *Technopolis: The surrender of culture to technology.* New York, NY: Random House.

Potter, J. (2001). *Media literacy.* Thousand Oaks, CA: Sage.

Potter, J. (2011). New literacies, new practices and learner research: Across the semi-permeable membrane between home and school. In *Lifelong Learning in Europe*. Vol.XVI. 3/2011(pp.174-181). Kansanvalistusseuras: Helsinki, Finland.

Potter, J. (2012). *Digital media and learner identity: The new curatorship.* Basingstoke, UK: Palgrave Macmillan.

Potter, W. J., & Gilje, Ø. (2015). Curation as a new literacy practice. *E-Learning and Digital Media, 12*(2), 123-127.

Prensky, M. (2010). *Teaching digital natives: Partnering for real learning.* Corwin.

Rowlands, I., Nicholas, D., Williams, P., Huntington, P., & Fieldhouse, M. (2008). The Google generation: The information behavior of the researcher of the future. *Aslib Proceedings: New Information Perspectives. 60*(4), 290-310.

Tapscoutt, D., & Williams, A. D. (2006). *Wikinomics: How mass collaboration changes everything.* Portfolio Trade.

Tapscoutt, D., & Williams, A. D. (2010). *Macrowikinomics: Rebooting business and the world.* Portfolio Penguin.

Toepfl, F. (2014). Four facets of critical news literacy in a non-democratic regime: How young Russians navigate their news. *European Journal of Communication, 29*(1), 68-82.

Toffler, A. (1980). *The third wave: Democratization in the late twentieth century.* New York, NY: Bantam Books.

Scott, V. (2010, March, 30). Riding the Web 2.0 wave – limiting liability for user generated content. *MinterEllison Lawyers.* Retrieved from: http://www.minterellison.com/nl_201003_tmtd/

Smythe, D. (1977). Communications: Blindspot of western Marxism. *Canadian Journal of Political and Social Theory, 1*(3), 1-27.

Stafford, R. (1992). Redefining creativity: Extended project work in GCSE media studies. In M. Alvarado & O. boyd-Barrant (Eds.), *Media education: An introduction* (pp.69-77). London, UK: British Film Institute.

Stoerger, S. (2009). The digital melting pot: Bridging the digital native-immigrant divide. *First Monday, 14*(7), 1-10. Retrieved December 27, 2011, from http://firstmonday.org/htbin/cgiwrap/bin/ojs/index.php/fm/article/view/2474/2243

第二章

人工智慧與數位時代下的
媒體與資訊素養

黃俊儒

🖳 壹、前言：數位革命的降臨

2018 年時，著名的《自然》（*Nature*）雜誌有一篇來自於 Zou 與 Schiebinger（2018）的評論，探討當人工智慧（Artificial Intelligence，以下簡稱 AI）的技術深度介入人類生活的時候，有可能會造成的偏見及倫理問題。裡面有幾個有趣的案例十分發人深省，例如當 Google 翻譯將文章從西班牙文翻譯成英文的時候，即便主詞是女性，還是很容易會被翻譯成「他說……」或「他寫……」，又或者是容易把歐洲裔美國人的名字詮釋成愉悅的感覺，但卻把非洲裔美國人的名字賦予較不愉悅的意義。不難想像的是，AI 技術所援用的海量資料庫，所反映的也就是人類既存的偏見。在這種海量資料庫所伴隨的侷限下，另一個同樣令人擔憂的例子來自於 ImageNet 這個非常大型的影像資料庫，裡面有 45% 的資料來自於美國，但來自於中國與印度的資料加起來卻才占 3%，未來這個資料庫會被應用來進行許多辨識及分析的工作，但是這個虛擬世界的人口組成卻完全無法反映真實世界的人口比例。例如在這個資料庫裡面上傳一張身穿白紗的美國新娘照片，會得到這是「新娘」、「禮服」、「女人」、「婚禮」等文字描述，但如果上傳一張印度新娘傳統禮服的照片，得到的卻會是「表演藝術」、「戲服」等描述。未來這個資料庫持續茁壯成長，成為我們探勘資料數據的主要來源，那麼我們對於文化、價值、正義、倫理的定義會不會也隨之轉換了呢？

這些都是數位科技及人工智慧發展之下，正在發生中的各種事實，它們不僅改變了媒體所承載的內容，甚至改變了媒體本身的定義。我們正在接觸及觀看的新聞報導、電影介紹、商品廣告、流行音樂等等，背後開始多了一些默默幫大家工作的演算法（algorithm），所以，我們可以在線上購物時方便地看見許多其他貼心推薦的商品，可以在聆聽音樂及追劇時，接觸到許多額外的精采推薦。只是在享受這些便利的同時，可能需要停下來仔細思索一下，這些數位科技的背

後，是不是有人急切地想要給你什麼，或不給你什麼？或者是，它宣稱可以給你什麼，但是根本無法真的給到什麼？眼前這些數位科技下所構築的花花世界，是不是反映出人世間的真實樣貌，這是每一個科技社會的公民所應該共同質問及參與解決的。有人形容 AI 與數位科技所帶來的這一波衝擊，就像是當年人類開始使用電力時的工業革命一般，沒有人會去問這件事情跟自己有沒有關係，因為它帶來會是全面且立即的影響，而這一波改變也迫使傳統媒體素養的內涵，需要予以重新檢視及賦予新意。

貳、數位時代下的媒體素養

　　比較一下現在跟二十年前的人們，在使用媒體上到底有什麼不同的樣貌？二十年前我們日常生活裡跟媒體使用相關的片段，大概就是在早餐的時候一邊聽廣播、一邊閱讀當天的報紙，下班回到家裡看看當天的電視新聞、戲劇等，假日的時候閱讀雜誌、書籍補充新知，生活上不外是跟報紙、電視、廣播、雜誌、單向傳播的網站等媒體發生關係。二十年後的現在，樣貌就有很大的不一樣，當手機裡的各種 App 成為我們接觸這個世界最主要的媒介時，挑戰變得更大了，在看似資料唾手可得的數位環境中，我們卻連要分辨什麼是有用的知識、無用的知識、真實的消息、虛假的消息，都需要花費一番功夫。過去媒體提供給我們的訊息雖然多需要費用，但是可以省卻許多品質篩選的時間，現在的媒體訊息雖然多是免費，但我們花在判斷這些訊息有效與否的時間及成本卻無上限地增加。

　　如果現代的社會正在遂行這一套遞變，那麼我們應該要有什麼樣的能力來面對這樣的改變呢？媒體是橋接一般閱聽大眾瞭解世界的一個主要中介工具，只是這套工具並不是一部功能單純的貨車，只負責把各種名為「新鮮事」的貨物載到每個人的家，然後上貨、下貨、簽收、享用這麼簡單，而是這輛貨車經常在載貨的過程就會跟貨物發

生某種化學變化，這個變化可以很單純，例如只是貨車性能好不好、效率高不高，但也可以很複雜，例如貨車上有某種黑暗裝置足以弄壞貨物，所以最終需要收貨的客戶具有很好的判斷力，決定要收貨、退貨，還是退訂、續訂，才能夠讓收到的貨物確保具有本來的真實樣貌，而這種判斷力也會成為一個最核心的能力及素養。

從 1970 年代起，媒體素養教育就被視為落實民主權利與公民職責的方法之一，與民主發展息息相關（Hobbs & Jansen, 2009）。在內涵上，它往往被定義為一個人有能力去接近使用、分析、評估與溝通各種不同形式的媒體訊息（Aufderheide, 1993）。核心的精神就是能用批判的態度針對紙本、聲音、影像多媒體去分析及學習，進而創造出屬於自己的訊息（Hobbs, 1998）。美國「媒體素養中心」創辦人 Elizabeth Thoman（1993）指出，媒體素養的核心就是「探究的原則」（principle of inquiry）。她進一步歸納出著名的媒體素養「五概念」，包括：

1. 所有媒體的訊息都是被建構的。
2. 媒體訊息是由一套擁有自我規則的創意語言所建構。
3. 不同的人對於相同的媒體訊息會有不同的經驗。
4. 媒體主要是由利益動機所驅動的商業模式。
5. 媒體會有自己深植的價值及觀點。

雖然時代不斷的發生改變，但是媒體素養的核心觀念及大原則卻是可以永續適用的，即使許多學者對於媒體素養有不一樣的強調面向，但是基本上多不超出前述的這些範圍（吳翠珍、陳世敏，2014）。但是當媒體的內容及技術發生本質性遽變的時候，要具體落實前述這些媒體素養理想狀態的認知能力就需要有同步的提升，例如前述的第二個概念提及「媒體訊息是由一套擁有自我規則的創意語言所建構」，雖然只是短短的一段原則，但是那套「創意語言」的內容及屬性究竟是什麼？這可能就需要對於媒體運作的方式有所瞭解才足以支撐。

　　回顧過往傳播科技所發生的幾項關鍵改變，大致上有幾個重要的分水嶺，除了歷史最悠久的廣播、報紙、電影、電視等傳統媒介之外，後來的網路、智慧型手機、社群媒體，直到最先進的 AI，每一項傳播科技的突破都帶來媒體內容及傳播型態的巨大轉換，而且這些數位科技所發展的更迭週期越來越短，幾乎每隔幾年就會有全新的媒體應用，導致媒體素養背後的核心能力內涵需要有全新的因應及擴充。例如當我們還在談論智慧型手機的問世造成社群媒體的蓬勃，進一步造成諸如同溫層、回音室等新媒體現象，不消幾年的光景，來勢洶洶的人工智慧藉著巨量資料蒐集技術的突破，帶動了諸如深度學習（deep learning）、協同過濾（collaborative filtering）、搜尋引擎最佳化（Search Engine Optimization，以下簡稱 SEO）、免費增值（freemium）等概念的媒體應用，改變發生得又快又急，伴隨而來的又是一堆需要消化的專業概念及技術應用詞彙。

　　所以有別於過往對於「媒體素養」一詞的慣用，近年來被使用最多的是「媒體與資訊素養」（Media and Information Literacy，以下簡稱 MIL）這樣的說法（Carlsson, 2019）。尤其是聯合國教科文組織從 2007 年開始，基於數位科技對於媒體性質所造成的大幅度改變，就第一次建議使用 MIL 這一個用詞（Wilson, 2012）。之後包括我國十二年國教的改革中，也將「科技資訊與媒體素養」列入「核心素養」之一，在概念上與世界同步接軌。

參、媒體與資訊素養裡的知識、能力與態度

　　綜觀整體媒體素養概念的演進，將數位科技所造的媒體性質改變納入整體素養內涵的思考，這已經是一個明確的趨勢。歐盟執委會（2019）就針對這一個數位時代下的媒體素養內涵做了最新的界定[1]：

---

[1] https://ec.europa.eu/digital-single-market/en/media-literacy

媒體素養是對於媒體具有近用、批判性理解及與之互動的能力，它是公民賦權的一種工具，可以提高公民意識並幫助他們抵禦假消息及假新聞在數位媒體上的宣傳及傳播。相較於過往，更強調了批判及互動的面向，因為數位時代下的媒體素養是一個跨領域的複合概念，它需要同時結合人們對於媒體之社會功能的理解，以及數位科技運作方式的敏感度。

任何一種素養的養成，背後主要的三種元素包括能力、知識及態度，三者相輔相成，缺一不可。針對媒體與資訊素養的核心能力來看，Hobbs（2010）融合並擴大原本媒體素養的內涵，具體指出五個關鍵能力，包括：

1. 近用（Access）：能熟練地查找和使用媒體及科技工具，並與他人分享適當及有意義的訊息。

2. 分析與評估（Analyze & Evaluate）：瞭解訊息並使用批判性思維去分析訊息的品質、真實性、可信度及觀點，並考量訊息背後的潛在影響或後果。

3. 創造（Create）：以創意及信心所生產的內容來進行自我表述，並能意識到目標、受眾和書寫技巧。

4. 反思（Reflect）：應用社會責任和道德原則在自己的身分認同、生活經驗、溝通行為與品行。

5. 行動（Act）：分別以個人和協作的方式在家庭、職場及社區中分享知識和解決問題，並且參與在地方、區域、國家及國際等層面中作為社群的一員。

相較於以往的概念，這些新的內涵界定更著重在因應數位媒介的互動性質，因為每個人除了是媒體訊息的接收者之外，更很容易地可以透過社群媒體而成為訊息的發布者或是製造者，因此，這個過程中的反省性及行動性就需要被特別地彰顯，方能因應這個時代的屬性。

前述這些抽象化的能力要真正發揮作用的話，還需要有相關的內容知識作為基礎。以媒體近用的這項基礎能力來看，光是要做到「與

他人分享適當和有意義的訊息」這件事，就在這個時代中考驗著許多人，因為什麼程度才是「適當」及「有意義」？這需要補足許多媒體相關的知識，方能清晰地回應這個疑問。Hobbs（2010）指出，現代的網路世界模糊了許多過往原本是清楚的界線，例如業餘與專業、娛樂與行銷、資訊與說服，許多訊息的片面性及隱匿性經常讓整體的脈絡變得模糊，如同陷在一種「情境欠缺」（context deficit）的處境當中。

在這種情境不完整的問題型態裡面，特別需要倚賴非形式推理（informal reasoning）的思考內涵（Perkins, Farady, & Bushey, 1991），也就是除了理解該議題自身的內容知識之外，包括這個數位媒介究竟如何運作的知識，也具有同等的重要性。這系列的知識就像是 Hobbs（2010）所指出的，在數位時代中判斷訊息可信度，要從問這三個最基本的問題開始：誰是作者？這個訊息的目的是什麼？這個訊息是如何被建構的？因此，對於想要優遊於數位時代中的科技社會公民而言，就必須要充實有關消息來源的知識、有關媒體環境生態的知識，以及有關媒體訊息產製過程的知識，這樣才能讓前述這些抽象化能力有精緻運作的機會。

最後，態度很重要，如果每個閱聽人都有隨時懷疑、批判、反省的動機，前面這些能力及知識才有登場的可能。如果我們把一切眾聲喧嘩的訊息都視之為理所當然，那麼恐怕再好的知識與能力都無用武之地了。

肆、你我都會遇見的實際案例

大家應該都會有幾個類似的數位媒體使用經驗，如果遇到這些狀況，那麼該如何運用前述的原則呢？例如：

1. 你看見了一則新聞在說明健康、醫療、健身等新知，但當你

想要瞭解更多的時候，它卻冷不防地暗示你「如果想知道更多」，那麼請買這本書？

2. 你看見一個能言善道的 YouTuber，突然在他的節目中冷不防地開始使用一把刮鬍刀，由於情境自然、口條流暢、動作俐落，你突然覺得如果能夠使用這把刮鬍刀，應該是件很幸福的事？

3. 你看見有個醫學產品的廣告，裡面醫生、科學家身著白袍把試管中怪怪的液體，從這一管倒到另一管，偶爾調調顯微鏡、偶爾敲敲電腦鍵盤，讓你覺得這個產品好專業？

4. 你是否曾經在逛社群媒體的時候，突然看見有人開設了一種十分接地氣的直播叫賣，例如賣玉石藝品、水產海鮮、3C 產品、韓系服飾等，品項應有盡有，然後在那個十分熱絡的拋售氣氛中，忍不住去討論區裡留言「+1」？

5. 你因為胃痛，在網路上請教 Google 大神，突然大神把你引導到一個十分神奇的網站，在這個網站裡面有許多笑容可掬的醫生照片，他們很樂意跟你分享許多疾病上的新知，甚至線上回答你的疑難雜症，令人感到分外貼心？

6. 你有沒有曾經想要購買某一個商品，在下關鍵字尋找的時候，特別有幾篇貼文總是能夠在眾多文章中突破重圍，攻上 Google 搜尋的前十名而獲得你的青睞？

7. 你有沒有曾經跟朋友一起研究一個生活議題，然後你們上了同一個網站找尋資料，但你卻赫然發現，在頁面旁邊動來動去的那些廣告，你跟朋友看見的竟不一樣？

8. 你有沒有曾經在滑手機閱覽新聞時，偏偏在快要看到重點的當下，它突然不爭氣地被一個全版廣告蓋住螢幕，你得使盡全力地找到那個「X」符號並準確地按下去，才能繼續往下看？

前面的這些案例是目前數位時代的媒體介面中經常可見的情形，融合了過往傳統媒體的手法，也結合了數位科技的新技術，因此在判斷上需要先有懷疑及批判的精神，加上不斷地更新相關的媒體新

知，並配合核心的基礎能力，才能夠瞭解其中的奧祕。

如果我們用前述的發問原則來想想這些狀況，例如質問「誰是作者？」，數位時代的媒體管道多元，永遠需要有海量的內容來填塞這些多元管道的訊息量需求。有的時候你發覺有篇報導知識量豐富，後來才發覺原來這篇報導是媒體節錄了某本書籍的部分內容，然後包裝成一篇貌似新聞的文章，讓人在閱讀新聞的過程中默默受影響，原來作者並不是記者，而是這家出版社的廣宣人員（案例1）。另一種新型態的廣告手法是結合數位時代「網路紅人」所進行的業配合作，也就是透過網紅的個人魅力及對於特定族群的吸引力，進而呈現商業配合的內容以企劃相關行銷。由於網紅的類型眾多，所以，廣告主也會依據產品特質找上合適的網紅來進行代言，靠著網紅的高人氣來造成話題及擴散訊息，往往可以更精準地提升廣告效益（案例2）。

例如質問「這個訊息的目的是什麼？」，有種廣告手法會透過人物專業形象的妝點，好比穿白袍、顯赫學歷、科學儀器、實驗室等專業符碼的烘托，來提升畫面的說服力，即使這些科技感的形象與實際的內容沒有多大的關聯性，但目的就是讓一般民眾能被感染這種專業的氣息，然後心甘情願地消費（案例3）。另外有種新型態的商業販賣模式是隨著臉書的「直播」功能而變得火紅，強大之處在於透過和網友的即時互動來炒熱氣氛，就像是把過往夜市叫賣的情景移植到直播現場，目的就是操作群眾湊熱鬧的心理來刺激購賣意願，並且經由社群媒體連結更多觀眾，創造倍增的聲量與市場，這種行銷型態也還一直在不斷演化中（案例4）。

例如質問「這個訊息是如何被建構的？」，有種數位時代下新型態的商業模式，是建構一個招商性質的數位平台，將健康、醫療等民眾都很關心的切身資訊整合在一起，在這個平台上面，要醫美有醫美、要食品有食品、要醫生有醫生，由於有許多具體的消息來源（不管是人或資料）予以背書，雖然參雜著資訊與行銷，但可以更容易取信於一般民眾，在閱讀或搜尋相關知識的同時也相信平台所推

薦的醫療機構、產品等（案例 5）。有種媒體技術的新行業叫作「搜尋引擎優化」（SEO），工作內容是專門針對如何分析及歸類有效的關鍵字、如何下一個吸引人的標題、如何在程式語法中選用 Heading Tag、如何建立擴散度高的超連結、如何監控演算法的調整並投其所好等，相關的技能含括使用者心理的分析及程式技術的設定等，竭盡各種可能的去調整網站，使得目標網站可以站在搜尋結果的大前方而衝高瀏覽量（案例 6）。透過 AI 及數位科技的突破，廣告公司開始建構新型態的個人化訊息投放技術，依據每個人在網路使用過程中所留下的數位足跡，廣告演算法把適合的訊息投放在個人瀏覽的專屬頁面中，讓使用者不斷地覺得十分好用及貼心（案例 7）。另一種常見的廣告手法也是建立在數位科技的開發，工程師發展出各種蓋版式的廣告，讓使用者只要將電子載具連上網路，就會被無孔不入的廣告突襲，競逐消費者的眼球到達寸土不讓的地步，達到強勢推銷的目的（案例 8）。

前面的這些案例多僅是跟廣告及消費相關的範疇，如果再擴及一般人對於新知及新聞的需求來看，更是充斥著各種型態的內容農場、移花接木的剪接手法、無中生有的變造方式、深假技術的不斷演化等。數位時代裡的各種作假技術推陳出新、目不暇給，光是用「意圖程度」及「虛假程度」這兩個向度的分級來進行歸類，就可以發現假新聞的類型可以多達二十五種可能（黃俊儒等，2020）。可見這是一個不斷產生並不斷因應的過程，而媒體與資訊素養的陶成更需要配合這個時代的演變而時時鍛鍊及精進。

伍、結論：變與不變

人工智慧加入數位科技的戰局之後，對於大眾媒體必然會發生另一波翻天覆地的影響，尤其是在結合了演算法、大數據及雲端運算等更多成熟的功能之後，更難以預估對於人類社會所發生的改變。Zou

與 Schiebinger（2018）指出，電腦工程師經常會聚焦在開發及訓練複雜的演算法，但是相對地忽略這些原始資料如何被蒐集、處理及結構等問題。這將是 AI 被運用到媒體環境時一個十分重要的憂慮，一方面可能讓 AI 的應用更加嚴重地複製人們既有的偏見，另一方面則可能因爲演算法背後的數據黑箱而讓過程更加隱晦。所以如果一般民眾不能瞭解這些廣告、新聞、商品究竟是如何透過演算法而來到自己的平板或手機面前，那麼恐怕很難清醒地參與在這個真實世界的運作。

　　培養好的媒體與資訊素養，對於一般民眾而言，在過去或許是要瞭解媒體新聞如何上稿、如何製作、如何發布等流程，在這個數位時代中，還必須要瞭解他們在哪裡使用了演算法？用了哪一種演算法？會造成什麼樣的效果及差異？當然，後者的挑戰更大了，因爲它時時在調整與改變，需要不斷地更新與跟上進度。所以，過往的媒體素養內涵如果是階段性滿足的，數位時代下的內涵則必須要成長與永續。

　　因此，批判性思考在這一個時代中可能要遠比過往的任何一個世代都來得重要。美國的批判思考基金會（the foundation for critical thinking）將批判性思考定義爲：一種自我引導、自我規範、自我監控和自我糾正的思維，要能積極與熟練地進行概念化、應用、分析、綜合及評估從觀察、經驗、反思、推理或溝通中蒐集或產生而來的訊息[2]。這應該是對於這個時代的媒體及資訊素養的一個適切註解，需要時時保持這樣的態度及習慣，才能因應變化多端的數位時代。

---

[2]　http://www.criticalthinking.org/pages/critical-thinking-where-to-begin/796

問題與討論

1. 請舉出生活中經由演算法所媒介的媒體案例。

2. 請舉出日常生活中，實際應用媒體與資訊素養內涵對於媒體進行反省與思考的案例。

3. 針對一個社會議題，運用媒體與資訊素養的內涵，製作一則可以真實表達自己觀點的影音或貼文。

參考資料

一、中文部分

吳翠珍、陳世敏（2014）。〈媒體素養：傳播教育通識化的途徑〉。陳炳宏、柯舜智、黃聿清主編《教學與學教：高等教育媒體素養教學參考手冊》，頁 41-83。臺北市：國立臺灣師範大學出版中心。

黃俊儒（2020）。《新媒體判讀力：用科學思維讓假新聞無所遁形》。臺北市：方寸文創。

二、外文部分

Aufderheide, P. (1993). *National leadership conference on media literacy.* Conference report. Washington, DC: Aspen Institute.

Carlsson, U. (2019). Media and information literacy: Field of knowledge, concepts and history. In U. Carlsson (Eds.), *Understanding media and information literacy (MIL) in the digital age: A question on democracy* (pp.37-55). Göteborg, SE: Department of journalism, media and communication (JMG) University of Gothenburg.

European Commission. (2019). Media literacy. Retrieved from https://digital-strategy.ec.europa.eu/en/policies/media-literacy.

Hobbs, R., & Jensen, A. (2009). The past, present, and future of media literacy education. *Journal of Media Literacy Education, 1*(1), 1-11.

Hobbs, R. (1998). The seven great debates in the media literacy movement.

Journal of Communication, 48(1), 16-32.

Hobbs, R. (2010). *Digital and media literacy: A plan of action.* Washington, DC: The Aspen University.

Perkins, D. N., Farady, M., & Bushey, B. (1991). Everyday reasoning and the roots of intelligence (pp.83-106). In J. F. Voss, D. N. Perkins., & J. W. Segal (Eds.), *Informal Reasoning and Education*. Hillsdale, NJ: Erlbaum.

Thoman, E. (1993). Skills and strategies for media education. Center for media and information literacy. Retrieved from http://www.medialit.org/reading-room/skills-strategies-media-education.

Wilson, C. (2012). Media and information literacy: Pedagogy and possibilities. *Comunicar, 20*(39), 15-24.

Zo, J., & Schiebinger, L. (2018). AI can be sexist and racist -- It's time to make it fair. *Nature, 559*, 324-326.

Part 2
數位傳播生態

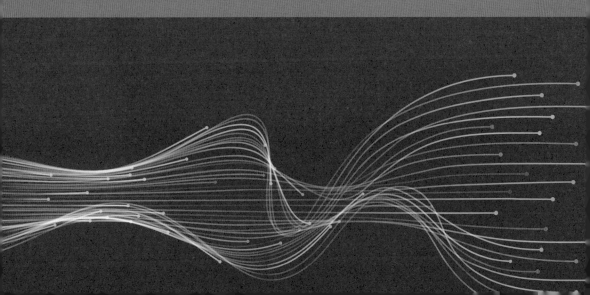

第三章

PTT：臺灣網路論壇的歷史、結構與生態

曹家榮

⌨ 壹、那一年，我們開始上網

臺灣的網際網路大約發軔於 1990 年前後，有別於美國的網路發展最初有濃厚的軍事意味，臺灣的網際網路可以說是誕生於校園之中。教育部在 1986 年所主導的「加強大專校院教授研究服務計畫」，於八所國立大學設置了教學研究終端工作站，形成了臺灣最早的學術網路雛形。1991 年年底，在後續計畫支持下建立的「臺灣學術網路」（Taiwan Academic Network，簡稱 TANet）正式與全球網際網路連線，開啓了臺灣的網路時代（陳文生、王三吉，2005）。[1]

這樣的背景同時也造就了臺灣網路發展的另一個特色：以校園、宿網爲沃土的電子布告欄系統（Bulletin Board System，簡稱 BBS）。特別是在 1992 年至 1996 年間，一方面是相較於一般民眾，大專院校學生在 TANet 的發展下，成爲早期網路的主要使用者，另一方面也因當時 Web 仍有其技術上的限制，但 BBS 卻已有了中文化的介面，各類涉及了社會與技術的因素便在這個時空下匯流，促成了 BBS 後來的發展（趙國仁、陳明豐、何扭今，1995；李紹良，2012）。[2]

因此，要瞭解臺灣的網路使用者如何在線上聚集、互動並產生社會影響，聚焦於 BBS——特別是能夠生存至今的批踢踢實業坊（簡稱 PTT）——有其適切性與重要意義。即便隨著 2000 年後一般民眾網路使用普及率漸增，也開始有許多後來頗具規模的商業性網路論壇（如成立於 2000 年的「Mobile01」、同樣在 2000 年由 BBS 轉型爲商業化網路論壇的「巴哈姆特」等等），但就論壇本身對於臺灣社會

---

[1] 臺灣網際網路發展歷史的參考資料可見陳文生、王三吉（2005）的〈臺灣網際網路發展歷程研究之初探〉。

[2] 關於 BBS 如何在臺灣學術網路中生根、茁壯，可參考趙國仁、陳年興與何扭今（1995）的文章，或是在李紹良（2012）的碩士論文中也有整理回顧。

與文化的影響力來說，在 2013 年被商業周刊稱爲「最敢說眞話的地下社會」的 BBS —— PTT，仍是最具代表性與意義的網路論壇。[3]

貳、PTT的誕生與發展

PTT 成立於 1995 年，由當時仍是臺大二年級學生的杜亦瑾創建。時至今日，在眾多過去與 PTT 爭鋒的 BBS 站（如「不良牛牧場」）皆已沒落後，PTT 卻仍有著每日近十萬人上線的流量，晚近幾年更催生或影響了幾個重要的學生與公民運動。雖然自 2018 年 9 月起，PTT 站方宣布無限期停止受理新帳號申請，但根據站方可查詢到的統計數據，2013 年年底 PTT 總註冊人數即已達兩百萬人，目前最高可同時上線人數亦可達十七萬人。即便 Plurk、Facebook、Instagram 等強勢社群媒體相繼席捲而來，這些數據顯示 PTT 仍能保有一席之地，甚至創造出今日擴散蔓延至其他社群平台上的「鄉民文化」。要瞭解何以如此，我們得從 PTT 的發展歷史談起。

一、第一階段：從競爭中邁向獨大

PTT 的發展有幾個重要的時期，第一個階段是成立後直到 2003 年成爲獨大的 BBS 站，這個階段是 PTT 從眾多類似的 BBS 站中逐漸脫穎而出的茁壯期。第二個階段則是其後大概到 2010 年前後，在這個階段，PTT 不僅是一個有著眾多使用者的網路論壇，更開始孕育出自身的「鄉民文化」。最後，2010 年之後的發展則可看作是 PTT 更清楚地演化出其政治動能的階段。

PTT 最初只是一個以學生宿網的電腦爲硬體基礎的「私站」，根本無法與當時已有眾多使用者的「臺大椰林」、「淡江蛋捲廣場」、

3　商業周刊第 1320 期，由康育萍撰文，標題即爲〈批踢踢大解讀　最敢說眞話的地下社會〉。

「中山美麗之島」等「校站」比擬。然而，一方面隨著 1990 年代中期架設 BBS 的技術門檻變低，且在開發系統與競逐人氣的樂趣驅動下，PTT 這類私站也逐漸茁壯；另一方面，可能更重要的原因是校站在 1990 年代末期開始浮現管理上的問題，最終導致了自身的衰敗，進而在 2000 年後被私站取而代之（李紹良，2012）。[4] 這裡所謂的管理問題，指的是當時各大學對於各個校站日漸嚴格的管理措施。1990 年代末期，大學校園之外也開始有越來越多人可以進入網路世界（陳文生、王三吉，2005），[5] 熱門的大學 BBS 站自然也吸引許多人加入。然而，隨著使用者的增加與組成的複雜化，各校站在當時都接連出現了違反學術網路使用規範的問題，例如情色訊息的使用。2000 年時，臺大校方就為此取消了當時校站「臺大椰林」的使用者「暱稱」與「名片檔」等功能（李惟平，2001）。[6]

相較於校站，私站與校方之間存在較為複雜的關係。私站雖然同樣使用學術網路資源，但其硬體多半是屬於站長私人所有，因此，在管理上維持著一定的相對自主性。在校站面臨日漸緊縮的管控時，PTT 這類私站多半只要不違反學術網路使用規範，校方就不會介入管理（李紹良，2012）。[7] 換言之，在管理上維持相對自主性，讓使用者有更多使用與互動上的自由，這是 PTT 這類私站在 2000 年後崛起

4　關於 1990 年代中後期私站與校站在發展上的黃金交叉，可見李紹良（2012）論文中的整理。

5　根據陳文生、王三吉（2005）的資料，1990 年代末期，至少有 SeedNet 與 Hinet 等民間網路服務提供者。從數據來看，2000 年時，臺灣的網路使用人口就已超過六百萬人。

6　相關討論可見李惟平（2001），當時有部分使用者利用暱稱、名片檔尋找及邀約一夜情，臺大校方介入關閉了相關的功能。

7　不過後來到了 2005 年間，PTT 屢次因社會事件登上報紙版面，引發臺大校方關切，甚至在批踢踢打算「搬出」學術網路尋求更多自主與自由時，臺大校方更主張批踢踢為臺大所有。相關的爭議與討論可參考李紹良（2012）的碩士論文。

的重要原因。甚至，這種「自由」也可被認爲是後來 PTT 鄉民文化的重要核心之一。

二、第二階段：鄉民文化的萌芽與變質

在第一個階段中，PTT 等私站嶄露頭角，PTT 更在 2003 年後成爲全臺最大的 BBS 站（黃厚銘編，2016）。其後，PTT 的發展進入第二階段，逐漸孕育出今日大眾熟悉的「鄉民文化」。以「鄉民」指稱 PTT 的使用者，最早大概可追溯至 2004 年，同時也經常與周星馳的電影《九品芝麻官》中的臺詞「我是跟著鄉民進來看熱鬧的⋯⋯」連結在一起（Ffaarr & Lon, 2013）。2006 年，PTT 站方舉辦了第一屆流行語大賞，「鄉民」一詞即爲優選之一，顯見當時「鄉民」已成爲普遍被使用的詞彙。

研究指出，催生鄉民文化的搖籃是如今已沒落的「黑特板」（Hate）（黃上銓，2013）。黑特板創立之初原意在提供使用者一個吐苦水、洩恨、求慰藉的園地，但逐漸開始有使用者在推文回覆時以無惡意的嘲笑取代了安慰。甚至那些實在「慘到好笑」的文章更能引來群眾的圍觀，在正文底下的推文串中，七嘴八舌的使用者就猶如「看熱鬧的鄉民」般相互起鬨（黃厚銘編，2016）。[8] 這種追求娛樂、搞笑 —— 而不再是溫馨的情感支持 —— 的轉向，正是鄉民文化的起點。

鄉民文化的發展至少有兩點需注意的，第一，這種娛樂化的轉向之所以可能，很大一部分是由於 PTT 在回覆文章上採用的「推文」功能。「推文」指的是，使用者可以直接在原作者的正文底下接著回文，從畫面的視覺效果來看，這些由不同使用者 ID 帶出的回文字串，就好像圍觀著上方的正文，同時在底下七嘴八舌般回應。因而相

8　可參考黃厚銘編（2016：126-127），在書中提到的例子，像是 2005 年時作者 Cosel 在黑特板上一篇標題爲「[XDDD]，贛，好笑的閃光」的文章。

較於「回覆文章」是另開一個頁面顯示回文者的文章，「推文」無形中助長鄉民們的「湊熱鬧」感。第二，這種追求娛樂、搞笑、相互起鬨的鄉民文化並非一成不變。在接近 2010 年前後，鄉民文化逐漸「變質」，也就是後來「酸民」的出現。有別於鄉民，酸民展現的是一種「走調的」娛樂。以幽默與創意為本的娛樂互動，在某些場合、時刻，變成了具針對性、衝突性的嘲諷與譏笑（曹家榮，2017）。「酸民」的嘲諷對於 PTT 而言可說是兩面刃，一方面攻擊性的嘲諷往往會夾雜著各種類型的歧視，因而讓 PTT 與仇女、霸凌等負面形象畫上等號；但另一方面，酸民的嘲諷又在許多時候顯露出某種市井小民對掌權者、上位者的憤怒與不滿，進而也被認為具有某種政治動能（林意仁，2011）。[9]

三、第三階段：「婉君」，政治動能展現

PTT 鄉民的政治動能，在 2010 年之後的幾次事件中更清楚地顯露，我們可以將這個階段（至今）視為 PTT 發展的第三個階段。發生在 2013 年 7、8 月間的白衫軍運動，是首次展現了 PTT 鄉民們的政治行動力。[10] 導因於義務役士官洪仲丘之死，一群素未謀面的鄉民透過批踢踢的「軍旅板」集結在一起，最後創造了二十五萬人上街頭的壯舉，也讓過去經常認為網路鄉民缺乏行動力，總是「萬人響應，一人到場」的印象被打破。接著，2014 年的 318 運動雖然不是起源於 PTT，但在占領立法院期間，除了有「黑色島國青年陣線」等臉

---

9 例如，林意仁（2011）的研究中，即強調了鄉民文化具有的「對抗性公眾」意涵。

10 其實批踢踢的政治動能在更早之前 2008 年年底的野草莓運動就已萌芽。當時為了抗議警方因中國海協會會長陳雲林來臺而濫權侵害人民集會遊行之自由，臺大教授李明璁在其 PTT2 個板上發起行政院前靜坐抗議運動。只是相較於 2013 的白衫軍運動及 2014 年的 318 運動，野草莓運動的規模與聲勢都小得多。

書粉絲團作爲主要資訊傳播樞紐外，PTT 的八卦板當時也是重要的資訊集散地及議論場。此外，在 3 月 24 日當天，由 PTT 鄉民發動集資購買《紐約時報》頭版廣告的反服貿廣告集資案，也在短短三小時內募集超過 693 萬達標（林安儒，2015），這也顯示鄉民們不再只是「鍵盤參與」，而是有著強大的政治能動性。

2014 年年底的六都大選中，最能反映 PTT 鄉民政治能量的代名詞「網軍（婉君）」誕生。在臺北市激烈的選戰中，當時的候選人連勝文與柯文哲互相攻擊對方有「網軍」，亦即有專門組織在網路上攻擊對手。然而，研究指出，對於被牽連的 PTT 鄉民，面對被稱呼「網軍」的汙衊，也絕非省油的燈，鄉民戲謔且嘲諷地將「網軍」轉化成諧音「婉君」自稱，以凸顯自身不同且不甘被擺弄的自主姿態（黃厚銘編，2016）。

2018 年 9 月，PTT 站方公告無限期停止受理新帳號申請，至今未解除管制。端傳媒在 2019 年年底的深度報導中指出，這恐怕暗示著 PTT 正歷經與「網軍」的存亡之戰（龔雋幃，2019 年 10 月 9 日）。也就是說，歷經發展演化出政治動能的 PTT，同時也被傳統政治勢力看作是爭相侵占的地盤。因此，以 PTT 爲代表的臺灣網路論壇發展至今，即便不見得眞正實現網路民主的願景，但也清楚地彰顯了有能力快速聚集群眾的網路論壇可能有的政治能量。

參、PTT論壇結構的特殊性

從 PTT 發展演化的三個階段，我們瞭解了 PTT 何以成爲臺灣重要的網絡論壇，甚至是網路文化的代表。然而，除了歷史面向外，我們還得進一步認識到 PTT 在其結構面向上的三個特點：(1) 橫向多對多的連結；(2) 主題導向的論壇結構；(3) 化名與推文的副作用。

首先，過去的研究已指出，網路媒介與傳統媒體最大的差異就在

於傳播模式的不同。相較於傳統媒體是「一對多傳播」，網路媒介多半能夠消弭作者與讀者的區別，創造出「多對多的橫向連結」（蕭煒馨，2016）。PTT 這類 BBS 論壇自然也有著這樣的特性，且也正因這一特性，前述我們提到的「鄉民起鬨」或是酸民的嘲諷，才可能在眾聲喧嘩中展現。

此外，更需要注意的是，「橫向多對多的連結」會與第二個特性「主題導向式論壇」交互作用。所謂「主題導向」指的是，PTT 這類 BBS 論壇整體的架構是由一個個不同「主題」的「看板」組合而成。[11] 我們可以將整個 PTT 想像成一個大市集廣場，而一個個看板便是散布在廣場上琳瑯滿目的小攤，各自關注著不同的主題。這一譬喻可以幫助我們理解兩件事情，第一，PTT 這類網路論壇與 Facebook、Instagram 等社群網站有著根本性的差異。社群網站基本上是以「個人」為中心形成的社群連結，體現了 Berry Wellman（2002）所謂的「個人社區」（personal community）。而 PTT 這類主題式的網路論壇中，由「主題」凝聚起的群體一定程度上還是在個人之上，這也是為什麼在 PTT 使用者的經驗中，仍會浮現某種群體認同意識，甚至有些看板還會製作專屬的「板服」，展現其群體認同。[12]

第二，透過將網路論壇想像為一個大市集廣場，更能夠凸顯出在 PTT 這類網路論壇中，使用者聚集在同一個（虛擬）空間中的意味。這實際上也是 PTT 鄉民在每一個看板中所體驗到的感受，這種「在一起」的氛圍強化了彼此湊熱鬧、起鬨的熱度。相較而言，Facebook 之類的社群網站雖然仍能促使使用者互動，但由於缺乏一個「在那裡」的空間，因而使用者間的互動關係，往往是短暫且斷

---

11 PTT 共有超過一萬個看板，平常活躍（能排上即時熱門）的看板數量則約一百多個。

12 例如，最經典的案例之一是 2005 年由 PTT 名人 SkyMirage（天哥）發起製作「三位一體」板服。「三位一體」指的是黑特板、西斯板與就可板三個板之間有著緊密的關係，早期的鄉民們對於這三個板也有著高度的認同感。

續。[13] 因此，我們甚至可以說，PTT 之所以能在其發展中孕育出「鄉民文化」，前述的結構特性，絕對是重要的原因之一。

PTT 在結構上的第三個特性，是由「化名」與「推文」這兩個看似不相關的功能產生的「副作用」。所謂「化名」指的是 PTT 使用者皆是以一個 ID 在論壇中發文與互動。過去我們經常將這種透過 ID 在網路上活動的狀態稱為「匿名」，但由於在 PTT 論壇中，使用者的 ID 實際上是固定的，因此並非真的隱匿了自身。PTT 上經常發生某 ID 被「肉搜」出曾在哪些板上說過哪些話，這便顯示了 PTT 使用者比較像是「化名」，如帶著面具般行動著（黃厚銘，2001）。[14] 因而，我們也許無法知道一個 ID 的「真實」身分，但卻能夠透過搜尋、比對，掌握此 ID 所展現出來的特質。而「推文」在前文中已說明過，是 PTT 站方設計的一種回文功能，讓使用者的回文可以直接在與原作者文章同一頁面空間中顯示。更詳細地說，「推文」有幾個特點：(1) 推文是在原作者貼文下方，由推文者 ID 帶出的一段有限字數的文字；(2)PTT 的推文可以顯示出「推」、「噓」或中性的「→」，讓使用者表達贊同或否定；(3) 推文不斷累積、增加的形式讓一則貼文有了「時間感」。

這兩個看似無關的功能在 PTT 鄉民的互動過程中，卻成了鄉民能夠感受到彼此共在的重要基礎。也就是說，一方面，如果 PTT 採取的是全匿名的使用者模式，那麼鄉民彼此之間的距離不僅拉得更開，透過 ID 去指認、甚至肉搜某些人進而有更多互動（無論是開酸還是引戰）的可能性也降低了。在鄉民的起鬨中，這種在推文串中，鄉民們互相嘲諷、開酸，甚至到最後完全忽視原來貼文的互動，其實

---

[13] Facebook 的「粉絲團」與「社團」功能是例外，它們確實提供了一個「空間」讓使用者聚集。因此，我們大概可以在「粉絲團」、「社團」中看到比較多群聚、起鬨的現象。但其中細微的差異（如商業化的問題、不同看板（社團）之間的關係等等）在此就暫且不討論。

[14] 可參考黃厚銘（2001）曾就網路匿名與化名的區分做過討論。

是相當常見的鄉民文化。另一方面，如果 PTT 論壇沒有採用或關閉推文系統，同樣也會讓鄉民們互動、起鬨的熱度大幅降低，因為推文的功能創造出一種鄉民群聚圍觀的時空共在感。曾經在 2004 至 2006 年間盛極一時的黑特板，便是因為當時一次又一次鬧上社會新聞頭條的事件，站方數次關閉推文功能，甚至回文功能也一併關閉，因而人氣逐漸流失而沒落（Ffaarr & Lon, 2013）。[15]

🎮 肆、小結：活化石還有春天嗎？

本文從 PTT 發展歷史的三個階段與結構的三個特性，說明 PTT 這個足堪代表臺灣網路論壇的 BBS 站，是如何成長至今，又如何孕育出臺灣獨特的網路鄉民文化。從技術與使用介面等面向來說，PTT 經常被認為又老又醜又舊，但歷經 Plurk、Facebook、Instagram 等社群網站的流行，PTT 仍能占有一席之地，甚至被許多政治人物視為兵家必爭之地，這顯示了 PTT 的重要性。因此，透過本文，我們希望能就歷史發展與結構面向，更清楚地呈現出 PTT 的輪廓，以作為未來進一步探索的基礎。

另一方面，同樣需要繼續觀察的是，PTT 近年來飽受「網軍」的困擾，甚至必須以無限期關閉受理新帳號申請來因應。這可說是 PTT 目前尚未能解決的內憂。同時，PTT 也還有「外患」。雖然 PTT 在過去社群網站席捲的衝擊下存活了下來，但各種新型態的論壇仍前仆後繼湧上。例如，成立於 2011 年年底的 Dcard，近年來即被認為是 PTT 最大的競爭對手。同樣誕生於臺大學生宿舍，以年輕使用族群（特別是大學生）為對象，對年輕的滑鼠世代來說更覺得 Dcard 的操作介面和外觀精美，PTT 是否將會被 Dcard 取代？這都將是未來重

---

[15] 相關事件如「東海大學劈腿事件」、「建景事件」，可參考 Ffaarr 與 Lon（2013）的《PTT 鄉民大百科》。臺北：時報。

要的研究課題。

BOX：Dcard，大學生的新寵？

  Dcard 成立於 2011 年年底，與 PTT 同樣誕生於臺大學生宿舍，最初僅是開放給臺大與政大學生註冊的網路交友平台，其後才慢慢轉變爲綜合性的主題論壇，並開放國內各大學學生註冊。Dcard 的創辦人之一過去在接受網路媒體專訪時曾說過，做 Dcard 的一個初衷是想要一個能有高度隱私的網路交友平台（曾靆，2017 年 5 月 10 日）。因此，Dcard早期是一個完全匿名的平台。也就是說，有別於 PTT 是透過 ID 化名進行互動，Dcard 的使用者早期在發文、回文時是完全匿名的狀態。直到 2016 年 Dcard 推出當時引發爭議的「卡稱」功能，使用者可以在發文時選擇顯示自己的「卡稱」（也就是與 ID 類似的暱稱），才不再是全匿名的平台。[16]

  根據財團法人資訊工業策進會（資策會）2016 年年底的調查資料顯示，除了 PTT 之外，Dcard 也逐漸成爲近年來吸引群眾目光的網路論壇（財團法人資訊工業策進會，2016）。雖然從使用頻率來看，相較於 PTT 的 34.6%，2016 年年底時僅約 5.3% 的人每週會使用 Dcard 三次以上。但以年齡區分後，在 18 至 24 歲這個約略等於大學生年齡區間的群體中，擁有 Dcard 帳號的人也達 47%。2019 年年初，更有媒體報導，Dcard 每月不重複造訪人次已超過千萬人（盧廷羲、林庭安，2019 年 10 月 15 日）。雖報導中並無

---

[16] 公告可見：https://www.dcard.tw/f/dcard/p/224950589。公告的用語、措詞顯示了站方其實也深知這種幾乎可說是取消匿名機制的做法必然引發爭議。

提供相關數據基礎，我們如果以 2020 年年初 Alexa 網站流量排名來看，Dcard 也已超過了 PTT。除了前述數據之外，另一個足以顯示 Dcard 如今已成為具有一定程度影響力的網路論壇的證據是，2020 年臺灣總統大選前，尋求連任的蔡英文亦於 2019 年年中時，透過於 Dcard 上註冊帳號，並在參訪 Dcard 辦公室的直播中展示其畢業證書，一方面反擊當時對於其博士學位的攻擊，另一方面成功地在年輕族群吸引注意力與討論。

從使用介面來看，相較於 PTT，Dcard 是透過網路瀏覽器（或手機 App）登入頁面、以滑鼠點擊超連結瀏覽的平台。若以電腦網路瀏覽器為例，登入 Dcard 後，在首頁的左邊欄位為看板列表，使用者可選擇各類主題看板進行瀏覽。首頁一開始呈現的是包含了所有不同看板的「全部」貼文，以「熱門文章」或「最新文章」排序呈現。此外，使用者亦可在此切換至「追蹤」文章列表。右邊欄位則是類似功能區，使用者可在此「加入訂閱」看板或「發表貼文」。在某些看板（如 YouTuber、美甲、醫美等），右側列表還包含了該板板規。首頁的右上角，除了「設定」、「訊息」與「通知」外，即是 Dcard 最重要的特色功能「抽卡」。抽卡為 Dcard 設計的交友功能，通過身分認證的用戶在每日午夜 12 點會收到由系統配對的匿名卡片。根據系統頁面說明，這一配對交友功能還具有「時效」特殊性，24 小時內未回覆交友邀請，對方就不會再出現。

在發文互動上，由於 Dcard 在 2016 年推出「卡稱」這個類似暱稱之功能前，屬於完全匿名的平台，使用者發文、回文最多僅會顯示「校名」。因此，在高度匿名的狀態下，一方面，如媒體報導，使用者更能在 Dcard 上分享私人感受

與經歷（維京人酒吧，2016 年 4 月 9 日）。但另一方面，也因此 Dcard 也被人認爲充斥著「幻想文」，PTT 鄉民在 2017 年年初甚至選出「低能卡」這個流行語，諷刺 Dcard 總是充斥著荒誕的幻想文。Dcard 早期完全匿名的運作模式因而充分凸顯出「匿名」對於人際與社群互動來說如何是一把雙面刃。人們可能因爲匿名更願意分享祕密，進而拉近虛擬人際關係的心理距離，但也可能因爲匿名而產生「失序」狀態。

最後，相較於 PTT 而言，Dcard 的運作亦更進一步凸顯出另一個今天值得關注的議題，也就是演算法的作用。Facebook、Instagram 等社群媒體的運作背後，一直都存在演算法如何決定文章排序與推播的問題。但 PTT 這個「化石」等級的網路論壇，至今僅有依「推文」多寡排序的熱門看板，[17] 因此對於使用者來說，經常得「爬文」——也就是在看板上一篇文章一篇文章看——來尋找感興趣的話題。這樣的運作形式其實也同樣強化了 PTT 作爲一種虛擬空間，使用者彼此間的時空共在感。換言之，譬喻地說，使用者是在「逛 PTT」。而 Dcard 同樣作爲綜合性的主題論壇，使用者也相對而言可經驗到在虛擬空間中的時空共在感。但 Dcard 首頁的「熱門文章」排序卻是受演算法影響的。根據過去的研究指出，Dcard 針對熱門文章排序的演算法設定了時間條件。也就是說，研究發現，一篇熱門文章在發布兩天後，其排序權重就會大幅降低。換言之，這凸顯出 Dcard 站方相當看重話題的即時性，希望提供「新鮮感」給 Dcard 使用者（楊

---

[17] 目前幾款連線 PTT 的手機 App 還會有「熱門文章」的排序，熱門文章排序初步看來並不是單純以推文數排序，這部分可能就涉及了一些演算法的運作。但由於這些手機 App 其實都不是 PTT 的官方 App，因此在此暫不討論。

茲昕，2019）。因此，相較於 Facebook、Instagram 這類社群媒體有著過濾氣泡的隱憂，Dcard 強調「新鮮感」的演算法可能需要我們進一步思考的問題反而是：當人們總是注視著新鮮的話題時，這是否意味著所有的事件都將娛樂化、費化？

問題與討論

1. 請相互討論，PTT 網路論壇形成的社群特質，在臺灣社會民主或文化中扮演了什麼樣的角色？不同時期，是否也有所不同？

2. PTT 網路論壇的某些特質是臺灣獨有的嗎？是否有什麼樣的臺灣在地社會特色？

3. 你覺得 Dcard 與 PTT 有什麼不同的社會特質？從社會民主觀點來看，你會怎麼評鑑這兩個網路論壇？

參考資料

一、中文部分

Ffaarr 與 Lon（2013）。《PTT 鄉民大百科》。臺北市：時報。

李惟平（2001）。《尋找臺灣學術網路 BBS 站的規範力量》。政治大學新聞學研究所碩士論文。

李紹良（2012）。《十五萬人的 BBS 是如何煉成的：批踢踢實業坊技術演變歷程之研究》。政治大學社會學研究所碩士論文。

林安儒（2015）。〈三小時募資 693 萬：林大涵驚奇發現 3621 鄉民力量〉，洪貞玲編《我是公民也是媒體：太陽花與新媒體實踐》，頁 242-249。臺北市：大塊文化。

林意仁（2011）。《網路群眾文化及其民主意涵——以 PTT Gossiping 看板為例》。政治大學社會學研究所碩士論文。

財團法人資訊工業策進會（2017 年 5 月 1 日）。〈八成以上臺灣人愛用 Facebook、Line 坐穩社群網站龍頭 1 人平均擁 4 個社群帳號　年輕人更愛 YouTube 和 IG〉，取自財團法人資訊工業策進會新聞中心網頁 https://www.iii.org.tw/Press/NewsDtl.aspx?nsp_sqno=1934&fm_sqno=14。

康育萍（2013）。〈批踢踢大解讀　最敢說真話的地下社會〉，《商業周刊》，1320 期。

曹家榮（2017）。〈《婉君妳好嗎？給覺醒鄉民的 PTT 進化史》書評〉，《考古人類學刊》，86：183-190。

陳文生、王三吉（2005）。〈臺灣網際網路發展歷程研究之初探〉，收於《TANet 2005 臺灣網際網路研討會會議論文集》。取自 http://nccur.lib.nccu.edu.tw/handle/140.119/113242。

曾鸞（2017 年 5 月 10 日）。〈5 年打造每月 800 萬不重複訪客，社群新星 Dcard 如何崛起？〉，《數位時代》。取自 https://www.bnext.com.tw/article/44423/how-social-media-dcard-reaches-millions-users。

黃上銓（2013）。《「鄉民」的誕生：線上論壇中認同語意及娛樂功能之歷史考察》。臺灣大學社會學研究所碩士論文。

黃厚銘（2001）。《虛擬社區中的身分認同與信任》。臺灣大學社會學研究所博士論文。

黃厚銘編（2016）。《婉君妳好嗎？給覺醒鄉民的 PTT 進化史》。臺北市：群學。

楊竑昕（2019）。《運用自然語言處理工具實作貼文分析系統觀察網路論壇，以 Dcard 為例》。中山大學資訊管理研究所碩士論文。

維京人酒吧（2016 年 4 月 9 日）。〈比 PTT 更嗆辣，比 Facebook 更開放！臺灣大學生正夯午夜 12 點「抽卡友」…〉，《風傳媒》。取自 https://www.storm.mg/lifestyle/100261。

趙國仁、陳年興、何拙今（1995）。〈TANet BBS 的過去、現在與未來〉。《教育部電子計算機中心簡訊》，8406：7-15。

盧廷義、林庭安（2019 年 10 月 15 日）。〈「當時公司有點亂」Dcard 如何

快速壯大？創辦人曝管理的難題與掙扎〉，《經理人》。取自 https://www.managertoday.com.tw/articles/view/58415。

蕭煒馨（2016）。〈湊熱鬧就不孤單：網路大眾的情感力〉，黃厚銘編《婉君妳好嗎？給覺醒鄉民的 PTT 進化史》，頁 35-52。臺北市：群學。

龔雋幃（2019 年 10 月 9 日）。〈PTT 的黃昏：臺灣最大網路公共論壇，與網軍展開存亡之戰〉，《端傳媒》。取自 https://theinitium.com/article/20191009-taiwan-ptt-bbs-culture/。

二、外文部分

Wellman, B. (2002). Little boxes, glocalization, and networked individualism. In M. T. P. v. d. Besselaar & T. Ishida (Eds.), *Digital Cities II: Computational and Sociological Approaches* (pp.10-25). Berlin, DE: Springer.

第四章

夯直播：臺灣直播產業與直播平台概述

林富美

🏛 壹、前言

　　直播，一般係指沒有透過剪輯配音等後製，直接能與觀眾互動的表演形式。直播三大核心是直播主、觀眾與平台。平台提供直播主發揮自己的舞臺，並藉由觀眾觀看的流量與訂閱數，撐起平台的營運模式。網路直播，不同於過去廣電媒體生產與接收的方式，直播節目直播主通常自行產製內容（User Generated Content，簡稱 UGC），過程中透過互動體驗，即是生產者也是觀眾，內容多元，侷限性小。直播主展現的節目內容及其與觀眾的即時互動，是其核心競爭力，直播主、平台與觀眾，架構了直播的鐵三角（林富美，2017）。

　　直播產業的上游為：主播、版權方、提供技術支持的服務商。直播主是平台直播內容的提供者，一般分為個人主播、受經紀公司或公會培訓管理的簽約主播、明星主播，主播是平台營收的主要貢獻者。主播與平台在內容產製上都需投入成本，直播主若從事遊戲、電競賽事等直播，需獲得相關運營商的版權支持，平台則需繳納相應費用；技術支持服務商則提供直播、超低延遲等技術支持，以確保直播質量，優化用戶體驗，也構成平台的成本（中商情報網，2018 年 10 月 19 日）。

　　直播產業的下游則為：用戶、廣告公司、廣告主等。用戶購買平台虛擬物品、充值會員、打賞直播主，平台獲得營收；廣告公司在平台網站或直播間刊登廣告，支付相應的廣告費用；企業、廣告主等運營商委託經紀公司或直播平台進行企業或商品推廣，平台收取推廣費用。直播主和平台收入模式主要為：流量分潤、打賞分成、廣告、訂閱、會員收入等。

貳、臺灣直播產業市場

一、直播類型

　　傳統的電視直播以播放即時、重要新聞如大選、災難事件或大型演唱會，直播成本高，觸及率以能收到頻道訊號的觀眾為主，屬單向傳播；而網路直播，內容可謂包羅萬象，從日常食、衣、住、行到教學、論壇、運動、遊戲等等，且只要能上網，都是潛在的收視群，直播主與觀眾能即時互動，協力共創文本內容是其最大特色（鄭媛元，2017 年 12 月 31 日）。常見之直播類型及其特色與優、缺點，整理如表 4-1（林富美，2017）：

表 4-1　直播類型、特色與優缺點分析

分類基礎	類型樣態	特點	優點	缺點
直播形式	1. 語音直播	不露臉，只出聲音	1. 直播主及聽眾不需時刻盯著螢幕 2. 具隱私性	1. 需有吸引人的口條與聲音 2. 直播主盯緊觀眾的即時性互動、留言、打賞等
	2. 視頻直播	1. 需露臉 2. 需常駐於螢幕前 3. 取決於直播主的吸引力	1. 只需一支手機即可直播 2. 與觀眾互動頻率較高，能獲得打賞機會 3. 易建立粉絲黏著度	1. 易產生視覺疲勞，直播時間不宜過長 2. 較無隱私 3. 網路訊號易影響直播品質
	3. 螢幕直播	1. 直播主不需現身 2. 需具備專業的操作技能	1. 具專業 2. 易產生鐵粉	進入門檻較高

表 4-1 （續）

分類基礎	類型樣態	特點	優點	缺點
直播主身分	1. 素人直播	1. 素人 2. 直播內容範圍廣	1. 進入門檻低 2. 內容話題多元 3. 受眾面廣 4. 若成功則形成高收益、高回報態勢	1. 內容易涉及腥膻色 2. 管控難度大
	2. 明星直播	1. 明星+品牌+直播的綜效 2. 目的以個人形象管控與品牌推廣為主	1. 能形象重塑 2. 具吸粉、固粉效果 3. 品牌方、明星、直播平台等多方收益、回報率高	商業化、行銷痕跡過重
		評論類直播：邀請知名實況主、遊戲紅人在直播節目中，談論遊戲與時事等	1 粉絲基礎穩固 2 有利直播主形象宣傳	較缺乏真實性
內容導向	1. 遊戲類直播	實況主播：以玩遊戲給觀眾看為主；透過聊天室的互動，建立觀眾的共鳴感，提高觀眾的黏著度和高忠誠度	每一位實況主的表現及操作特色鮮明，其地位較不易被取代	對場地依賴度較高，侷限性較大
	2. 生活類直播（泛生活全民化）	生活所發生的任何事情、所見所得分享	1. 不受時間與場域限制 2. 易產生共鳴感，進而產生討論度	1. 平台對於直播內容較不易控管 2. 同質性高
	3. 音樂直播	1. 他人音樂演出的網路直播：涵蓋古典音樂會、流行演唱會等	1. 成本低、收益報酬率較高 2. 擴大音樂受眾，增大影響力 3. 具網路社群行銷的作用	市占率低，普及度不高
		2. 個人音樂演唱的實況直播：以素人及新人為主	1. 進入門檻低、平台選擇多 2. 成本低，具高回報率的可能性	1. 原創性較弱 2. 同質性較高 3. 易造成視覺疲勞

表 4-1　（續）

分類基礎	類型樣態	特點	優點	缺點
內容導向	4. 電商直播	視頻直播為主：將產品置入節目中，在直播現場實測產品，誘導民眾購買	透過名人現場示範，強化觀眾信任感與購買力	內容若造成過重的產品置入，易引起效果
	5. 娛樂綜藝節目直播	通常和真人實境秀、網路綜藝等節目合作推出	1. 成本低 2. 和觀眾互動性強，有提前造勢的效果	1. 影響力、普及度有限 2. 製作方對於直播的管控力較薄弱

資料來源：林富美（2017）。

二、臺灣直播發展脈絡

有關臺灣直播發展脈絡，歸納如下（何佩珊，2016；林富美，2017；游梓翔，2017 年 3 月 28 日）：

(一) 線下直播期

不是透過大眾媒體，而是面對面現場演出，如舞臺劇、默劇、演唱會等等，皆為直播，是線下互動型態。

(二) 廣電媒體期

此時直播節目以電視臺業者為主，如突發臨時重大新聞、頒獎典禮、選舉等等，才會進行直播。電視臺即時傳送，閱聽人單向接收，有直播之名，無互動之實。

(三) 線上直播期

網路與社群媒體，掀起了互動載具的熱潮。1997 年從臺灣最初的 PChome 新聞臺、無名小站，開啟了個人網路圖文發布的時代。2009 年 Facebook 進入臺灣，因其提供網頁遊戲、打卡、影片上傳、

分享等功能，互動模式多元，圖文發布的直播也進階發展成短視頻的直播。

(四) 全媒體期

隨著 4G 網路與行動裝置的普及，傳播方式從路媒（way）、電媒（wave）、網媒（web）演進到群媒（we），俗稱全媒體（One Media, Numerous Integrations，簡稱 Omni）。在此，互動性更強，媒體與使用者相連，一般普羅大眾皆可透過直播平台及直播 App，進行展現個人才藝、專長等等的即時性演出，網友則可對直播主做出即時性的回饋。

整個歷程整理如圖 4-1：

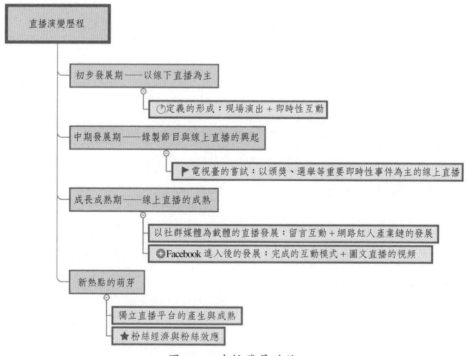

圖 4-1　直播發展脈絡

資料來源：林富美（2017）。

三、影響臺灣直播產業發展之因

造成臺灣直播產業在這幾年暢旺的原因主要為：

(一) 網路的普及

在臺灣，上網已成為多數人生活的日常。依據財團法人臺灣網路資訊中心（Taiwan Network Information Center，簡稱 TWNIC）2019年 12 月 26 日所發布的「2019 年臺灣網路報告」顯示，臺灣全國上網人數已突破兩千萬人，高達 2,020 萬，整體上網率達 85.6%；全國家庭可上網有 793 萬戶，比例達 90.1%；主要上網方式為寬頻上網，比例高達 89.3%（財團法人臺灣網路資訊中心，2019 年 12 月 26 日）。

而使用率最高的前五項網路服務項目，依序為：(1) 即時通訊，(2) 網路新聞，(3) 影音／直播，(4) 電郵／搜尋，(5) 社群論壇，且各世代使用通訊服務的比率皆超過九成，社群論壇則是與年齡成反比，年齡越輕者，使用率越高，參見圖 4-2（同上）。

(二) 低頭族的日常

有關行動載具的使用，相關研究發現，國人平均每天花在手機上網的時間越來越多，從 2011 年的 92 分鐘，到了 2018 年已增至 211分鐘，且每天花超過 3 小時上網的低頭族高達 37.1%，而每天上網時間少於 15 分鐘的人僅有 2.5%，顯示國人生活越來越離不開手機（潘姿羽，2019 年 1 月 3 日）。

而依據「2019 年臺灣網路報告」顯示，低頭族透過手機的各項消費都高於全體（財團法人臺灣網路資訊中心，2019 年 12 月 26日）。從網路服務需求來看，純手機族網民在「影音直播」、「買東西」的使用率更高，參見圖 4-3。

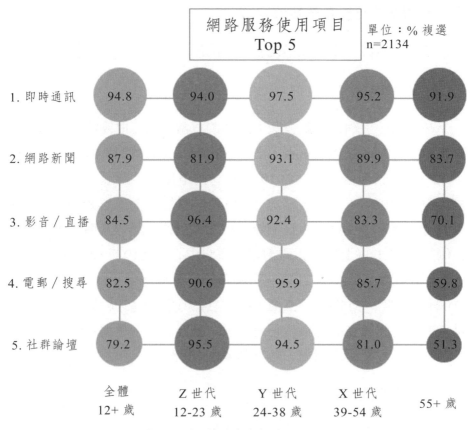

圖 4-2　網路服務使用項目 Top 5
資料來源：財團法人臺灣網路資訊中心（2019 年 12 月 26 日）。

　　是以，當網路打破了空間地域的障礙，開創每一個人新的價值空間；透過分享彼此的故事與經驗的社群平台，能建立個人與社群的「跨國」、「跨界」連結與歸屬；當個人可以透過社群媒體「影音直播」，閱聽人將從「接收者」變「傳播者」，從「旁觀者」變「當事人」。無疑宣告了人人都可以透過直播開「媒體」，自製內容，建構自己的媒體內容與社群關係的「自媒體」時代的來臨（林富美，2017）。

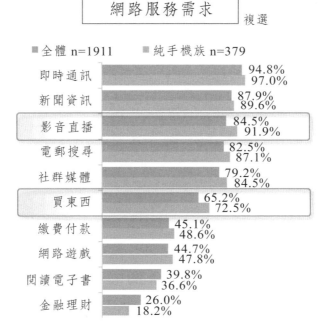

圖 4-3　網路服務需求

資料來源：財團法人臺灣網路資訊中心（2019 年 12 月 26 日）。

（三）行動直播市場需求

　　行動直播主要興起於 2015 年，用戶不受場域限制，隨時隨地都可以觀看，並即時互動。相較於傳統內容，直播主與受眾可共創文本的直播，因高互動，若有高度流量與訂閱數，更具有高變現性，吸引性更大（Hsuann，2018 年 4 月 14 日）。當人人皆媒體，人人都可以透過網路平台與行動載具串流，其市場規模的開展，對經營端來說，充滿無限的想像空間，衍生的市場營運與商業模式，無疑也產生了革命性的變化。

　　在臺灣，由於 2014 年的太陽花學運、2016 年臉書開放全民直播及 2017 年 YouTube 開放直播功能等等，更加速了臺灣直播產業的關鍵性發展。

　　就市場面來看，臺灣的直播市場規模從 2014 年的新臺幣五億元，到 2017 年已擴增到新臺幣 120 億元以上，整體產值已經近乎每年電視廣告預算（新臺幣 250 億元）的一半。行動端的消費預計 2016 年到 2018 年期間將成長 30%，供需兩造，都給直播產業一個很好的發展契機（蕭佑和，2018 年 1 月 24 日）。

　　有趣的是，2019 年金車文教基金會調查指出，臺灣青少年未來最想從事的職業前三名，分別是電競選手／遊戲設計師、廚師／美食評論家和直播網紅／藝人，記者、政治家則是倒數前兩名。足見，直播產業也改變了臺灣青少年未來就業取向（張錦弘，2019 年 12 月 25 日）。

參、臺灣直播網友的收視行為

　　臺灣網友直播看什麼？依據創市際的調查，收看節目類型最多為「休閒生活」，如烹飪、美食、閒聊等，占 46.6%；其次為「綜藝娛樂」，占 38.3%；第三則是「音樂播放或表演」，有 34.4%（創市際，2017 年 7 月 23 日）。

　　在收視輪廓上，男性收看新聞、體育、遊戲直播節目的比率皆高於女性；而女性則對於休閒生活（如烹飪、美食、閒聊等）、專業資訊（如星座命理、保養美妝等）的喜好度較高。競爭白熱化的「消費／拍賣」直播節目，也有 25.7% 的收看率（同上）。

　　透過社群平台看直播，為占 83.4% 使用率的「Facebook 臉書直播」居冠，有趣的是女性透過「Facebook 臉書直播」收看直播的比率高於男性近一成；透過「YouTube 直播」者有 62.2%，居第二，但男性使用者顯著多於女性（同上）。

　　透過平台或手機下載直播 App，臺灣有哪些直播平台最引人注目呢？表 4-2 整理迄 2019 年統計，臺灣民眾較常使用的直播平台（林惠荃，2016 年 11 月 15 日；娛樂中心，2018 年 7 月 12 日）。

表 4-2　臺灣民眾較常使用的直播平台

平台	平台簡介／特色
Facebook	1. 全球最大的社交網路平台Facebook。 2. 透過電腦及手機，可轉播電腦螢幕畫面。 3. 2015年8月啟動了直播業務，短短三個月，Facebook每日視頻觀看量為80億次，日均觀眾數量達5億，相當於每人每天的視頻觀看量為16次，其視頻播放量已逼近視頻巨頭YouTube。 4. 每日活躍用戶數高達10.4億，在最初只開放擁有通過藍勾勾認證的粉絲專頁使用直播的功能，但之後逐步開放至所有個人用戶及粉絲專頁。 5. 推出預先排定節目表的功能，讓粉絲專頁能夠向粉絲預告未來一週內的直播行程，也讓粉絲能夠更輕鬆地鎖定直播節目。
YouTube	1. 為全球最大的影片分享網站。 2. 於2011年開始提供線上直播服務，2016年開始推出手機直播功能。 3. YouTube將直播主們稱為「創作者」（creator），且YouTube設立創作者中心，除了有創作者專屬社群之外，也成立學院設計許多相關課程。 4. 在直播內容方面，YouTube除了開放一般用戶進行直播外，也會進行各式大型活動的現場轉播。 5. 擁有強大的影音內容基礎，直播主可事後在頻道放上剪輯過的影片（俗稱精華影片），而這些影片通常都能得到較高的點閱率。 6. 用戶可透過廣告分紅營利。
Twitch	1. 知名電玩遊戲直播平台，在2014年被亞馬遜公司收購，將直播者稱為「實況主」。 2. 直播內容除了提供實況主進行遊戲過程的直播外，也會進行遊戲賽事轉播。 3. Twitch設立合作夥伴標準，若開台次數及觀看人數達到一定標準，便可成為合作夥伴（Partner），也能享有更多權利。 4. 實況主達到Twitch所認定的合作夥伴標準，便可獲得部分廣告收入，而粉絲則可透過每月固定支付4.99美元「訂閱」實況主。 5. 除了訂閱之外，粉絲也可直接捐贈金錢（Donate）給實況主，金額由粉絲自由決定。
Livehouse.in	1. 成立於2013年，網站於2014年正式上線。推出不久便遇上太陽花學運，恰巧作為當時的直播工具，大大提升知名度，也因此成為論壇、演講或活動最常使用的直播工具之一。 2. 是臺灣自製的直播平台。 3. Livehouse.in特色在於不拚網紅，而是拚內容和技術。 4. 相較於多數直播平台，Livehouse.in只提供「直播」這個服務，標榜「技術導向」，公司三分之二人力都是研發人員，有能力開發各種工具。

表 4-2 （續）

平台	平台簡介 / 特色
	5. 除了B2C，Livehouse.in更把重心逐漸轉移到B2B。市面上許多直播與電商平台背後的直播技術、語音技術及視頻技術、建構影音廣告銷售後台、付費金流機制等。其聊天室就非常好用，互動性很高，還能導購，更幫直播平台與電商將聊天室導入AI人工智慧。 6. 雖辦過千餘場直播，強調內容都是原創。但Livehouse.in已經從平台轉型為直播工具供應商。但過於著重技術層面的發展，也可能會忽略「網紅」這塊區域帶來的商機。 7. 曾是臺灣自製直播平台中規模最大者，後來使用率下滑，於2018年起不再提供非合作使用者直播，並轉型行銷整合。2019年4月終止服務，業務悉併入愛卡拉的網紅服務KOL Radar。
浪Live	1. 浪Live於2016年10月成立至今，累積下載量超過200萬，日活躍用戶20萬人，日均用戶觀看時常超過90分鐘，為全臺同質性平台第一。 2. 專注於才藝型主播的開發與培養，直播內容涵蓋歌唱才藝、樂器演奏、魔術表演、遊戲實況、料理製作、命理解說等簽約才藝主播1,200人，遊戲實況主600人。 3. 節目接收平台以手機下載為主，互動活動包括打賞、彈幕、即時留言、送紅包等為主，是臺灣最大的即時視訊直播社交平台。 4. 其獲利模式有打賞、廣告分紅等。
Up live	1. 2016年5月成立。 2. 擁有強大的國際化資源，致力於全球直播平台發展。 3. 嚴格杜絕色情、低級內容，並落實綠色直播的理念。 4. 全球已擁有超過5,000萬的用戶，讓用戶隨時開啟直播和全世界立即互動、交友，戮力於打造亞洲、甚至全球的泛娛樂。 5. 最大的問題仍是營收來源大量倚靠臺灣市場，擴大多元營收來源是其挑戰。
映客直播	1. 2015年5月正式上線。 2. 號稱明星、網紅、高顏值都在玩的映客直播。 3. 匯集千萬粉絲，有超過1,000個明星藝人，5,000個網路紅人，10,000個大學生，百萬個帥哥和美女，來自全球的華人和留學生。 4. 許多頂級美女主播全天24小時不間斷視頻直播，還可以讓你與偶像面對面互動。 5. 2017年賣給宣亞國際。
Live.me	1. 2016年在美上線。 2. 上線後短短一百天竄到Google Play、App Store社交類排行前五名，至今全球下載數已破千萬。

表 4-2　（續）

平台	平台簡介／特色
	3. Live.me擁有豐富的美國經驗，相對於其他源自臺灣或中國的直播，經營策略上有更豐富的國際經驗，像是邪神洛基演員Tom Hiddleston、《超級名模生死鬥》主持人Tyra Banks，以及知名YouTuber Roman Atwood都是Live.me的愛用者。 4. 與美國的品牌合作經驗，讓Live.me比起其他對手，在商業模式上更加熟練，譬如由官方發起，規劃諸如OGC旗艦大型節目等多元內容企劃製作。
MeMe	1. 2016年10月，MeMe臺灣由LINE臺灣前總經理陶韻智（Sting Tao）領軍，帶領在地團隊操盤與營運，開始試營運。 2. 2017年，獲映客直播挹注資金7億進軍臺灣。 3. 與唱片公司攜手合作，開創在地化內容、同時發掘更多菁英人才，深耕臺灣市場。 4. 該直播平台也主打高顏值直播，鎖定年輕人喜歡的娛樂活動，有超過200位直播主提供唱歌、舞蹈、星座、占卜、Cosplay或聊天內容。
花椒直播	1. 2015年6月，花椒直播正式上線。 2. 致力於以強硬的技術實力和優質的內容，打造一個具有強明星屬性的直播平台，吸引了大量優質用戶。 3. 2016年6月2日，花椒VR專區上線，成為全球首個VR直播平台，開啟移動直播VR時代。 4. 獨創萌顏和變臉功能，增加用戶交互體驗。 5. 自稱具有最強明星屬性的社交平台，已有眾多當紅明星入駐直播，包括柳岩、王祖藍、華晨宇、胡軍、沈夢辰、溫兆倫、泰國當紅明星李海娜、本山傳媒家族等。 6. 曾全程直播宋仲基臺灣粉絲見面會、2016 AKB48總選舉等活動，讓花椒成為明星與粉絲溝通的新管道。
陌陌直播	1. 2014年12月11日，陌陌於納斯達克上市。 2. 是一家比較神奇的互聯網公司，從最初被打上「約砲神器」的標籤，到現在不斷洗白，再到轉戰直播。 3. 陌陌一直在求變，從砸大錢找來職業歌手助陣「陌陌現場」，到有才藝才能加入的紅人直播，最後不再設限開放所有人都能成為直播主，都讓許多人眼睛一亮。 4. 致力於各種直播玩法的創新，讓用戶在打賞的時候可以遊戲化互動，「打企鵝」互動禮物，加速其直播總流水數。對於陌陌來說，直播是一種變現手段，但它賺錢的基礎是社交能力。
BIGO LIVE	1. 2012年在納斯達克上市的中國直播平台YY歡聚時代，是一個由東南亞出發然後進軍臺灣的直播平台。

表 4-2　（續）

平台	平台簡介 / 特色
	2. BIGO LIVE和其他直播平台不同之處，在於全球化和多元性，在其中可以看到的不只是中國文化，也可以看到新加坡文化、美國文化、日本文化。 3. 多數平台主打的是美麗或是才藝，但是BIGO LIVE是多元包容的平台，所有東西都可以在這裡存在，並且可以找到自己的圈子。 4. 受17直播在臺灣超過市占率五成影響，該平台漸漸淡出臺灣市場。
17直播	1. 藝人黃立成創辦，最初靠著明星名人加持以及美女直播主，打下雄厚根基，致力於直播平台的內容製作與互動。 2. 這裡的一切都很像IG，最大的差別是多了直播功能，在這裡任何人都可以擁有自己的觀眾，而且能夠顯示「該場直播最高觀看人數」、「現在觀看人數」。許多人下載17嚐鮮，希望因此可以分紅賺錢，但領取分紅的制度也有人嫌麻煩。 3. 高名氣，儼然是臺灣直播平台霸主的氣勢，有利於介紹臺灣的本土直播平台。

資料來源：參考各直播平台官網、社群、維基百科、百度百科、林富美（2017）；林惠荃（2016 年 11 月 15 日）；娛樂中心（2018 年 7 月 12 日）及研究者整理。

　　直播平台經營不易，其成本主要來自：(1) 網路成本，(2) 行銷費用，(3) 平台分成（Apple Store、Google App），(4) 網紅抽成費用。從直播平台營運初期的導流、下廣告、找代言、到舉辦各種競賽都需要資金，需幾百萬到幾千萬的大成本（蕭佑和，2018 年 1 月 24 日）。

　　再者，隨著用戶規模變大，網路的流量成本也相對墊高。臺灣直播平台 UP 執行長葉冠義就表示：「如果今天平台收到 10 元，首先要先分三成給 Google App 或是 Apple Store，剩下的錢要再分一半給直播主，而最後留下的那一點錢，還要拿來支付頻寬費用和行銷成本。」因此，直播平台月營收至少要超過 5,000 萬元，才有盈利的可能性。雖然有「打賞」的商業模式，但對高額營運成本攤平效果仍待觀察（同上）。以下以臺灣原生的直播平台為個案，介紹其發展及營運的情況。

肆、臺灣17直播平台個案介紹

17直播於 2015 年 7 月成立至今，並於 2017 年整併爲 M17 Entertainment 集團旗下子公司，全球註冊用戶達 4,200 萬人，月活躍用戶 100 萬人，共計 2 萬名簽約直播主。每月全球產出 30 萬小時以上直播內容，2019 年上半年臺灣送出的虛擬禮物達 2,150 萬個，年成長達四成，直播間分享次數達 750 萬次，與同期相較增長 3.2 倍。臺灣用戶平均停留時間爲 45 分鐘，黏著度與觀看時間較長，直播主 65% 多爲斜槓經營，多數另有本業（M17 Entertainment，2019）。

節目接收平台以手機下載爲主，其互動功能有：打賞、彈幕、即時留言、送紅包等官方互動活動爲主。商業獲利模式包括：打賞、廣告分紅、VIP 加值服務、部分直播節目付費包廂功能。

一、17直播發展脈絡

(一) 2015初創期

2015 年 7 月：17 直播正式上線，每月活躍用戶達 200 萬人，因情色猥褻直播內容導致負面消息連連，登上美國 App Store 免費 App 排行第一名及多國免費 App 排行下載前三名。17 直播爲洗白其直播平台之情色形象，透過共同創辦人黃立成的演藝圈人脈，吸引眾多藝人在 17 直播播出，間接導粉至 17 直播，而多數直播主爲美女主播，吸引許多用戶觀看，並透過抽獎活動，讓素人與藝人共同參與直播美國旅遊，將電視節目搬到直播平台上，創造不同的優質直播內容（李欣宜，2015）。

2015 年 10 月：17 直播成立 SkyEye 團隊，專門監控不當直播內容，即時下架控管（ETtoday，2018）。

而在此初創期，17 直播與當時的直播 App 最大不同，在於尊重創作人版權，做直播不錄影，利潤分配與創作者採共享制。17 直

播嘗試不同內容，推出直播節目。但困境是 17 直播內容品質參差不齊，情色內容控管不佳，爆紅 App 很多，但是能長存不搖的很少。17App 因情色內容新聞炒作爆紅，App 上架期間也有被下架處分，其未來發展不穩定性過高，在此時期不被看好。相較 Instagram、Facebook 的社群使用，最大的差別在於直播功能，但平台過於單一使用，無法將發文同步到其他的社群平台，無法使用 tag 功能，按讚也不能收回，按讚數字無法減少，內容較為空虛。

(二) 2016年內容與結構重整期

2016 年 3 月：17 直播與中天電視臺合作推出明星養成選秀節目「超強 17 練習生」與自製旅遊節目「17GO」，由 17 直播主與藝人共同主持，並與伊林娛樂合作，使其旗下 100 位藝人於 17App 開播（17 Media，2016）。

2016 年 5 月：17 直播獲得中國樂體創投 1.5 億人民幣，並與樂視體育策略合作，進攻中國市場（每日頭條，2016）。

2016 年 12 月：17 直播完成 A 輪募資，獲得 4,000 萬美金，此資金大量運用在原創內容與拓展亞洲市場。針對 17 直播在臺灣的發展，17 直播與 KKBOX 合作，創造原生內容，已聯播方式為旗下產品增加曝光度。17 直播與交友軟體 Paktor 合併，旗下擁有 17 Media、Paktor 拍拖、Goodnight App、Machi-Esports、DOWN、Kickoff App、由你娛樂、巔瘋娛樂等子企業（吳元熙，2017）。

17 直播歷經 2015 年的情色猥褻直播內容爆紅後，在 2016 年主要是加強直播內容控管、技術建設與海內外市場拓展，此一年為重整階段，因歷經 App 下架風波、中國直播市場飽和金錢消耗快速，以融資背景起家的 17 直播，便放棄中國市場，以臺灣市場與全球有直播市場潛力的周邊國家為主，企圖打造個人電視臺的全民直播生態系統。

優勢是 17 直播獲得多家融資成功，注入近 20 億臺幣資本，並與多家具市場規模公司整併，增強市場拓展實力。困境是 17 Media 仍背負情色猥褻直播內容的負面形象，而其推出的直播內容為吸引更多使用者，大多採用獎金活動，使得資金流動大。

(三) 2017跨國開展期

2017 年 5 月：17 直播母公司 M17 Entertainment 集團正式成立，17 直播成為旗下子企業 17Media，首辦第一屆華人直播獎項「金羽獎」，參與直播主布線直播平台（17 Media，2019）。

2017 年 7 月：17 Media 香港分公司成立；2017 年 9 月：17 Media 日本分公司成立；2017 年 12 月：17 Media 宣布在臺市占率達 50%，並預告 2018 年進軍日本、韓國，進行亞太市場布局（劉季清，2017）。

2017 年，17 直播歷經 2016 年的內外部整合，M17 Entertainment 集團正式成立，開始與傳統電視臺合作自製節目，首先穩住臺灣市場，並開始積極為海外市場布局。其優勢是為臺灣直播市場第一名，為臺灣第一家與傳統媒體結合的直播平台，並不斷開發新的直播內容，有藝人名氣拉抬平台知名度，直播內容較其他平台多元，擁有自己的實境節目並與經紀娛樂公司策略合作。困境是 17 直播的布局策略類似於中國直播平台的撒錢戰術，來快速拓展市占率，但財務狀況仍年年虧損，需透過不斷融資才能持續經營，另科技不斷演變，直播軟體競爭者不斷推陳出新，各家特色皆為相近，以全民直播為主的 17 直播在未來的主導地位將受威脅。

(四) 2018年與電視平台合作

2018 年 2 月：17 Media 與八大電視臺推出全新即時互動益智節目「17 好聰明」（M17 Entertainment，2019）。

　　2018 年 6 月：17 Media 於紐約證交所掛牌上市失敗，市場估計損失 1 億臺幣。同月獲得新一輪私人融資 3,500 萬美元（林薏茹，2018）。

　　2018 年 7 月：17 Media 與中天電視臺合作推出音樂益智直播節目「17 金麥克」（M17 Entertainment，2019）。

　　2018 年 8 月：17 Media 日本分公司推出虛擬直播主（V-Liver）（M17 Entertainment，2019）。

　　2018 年 9 月：17 Media 日本分公司滿週年，針對日本當地祭典文化，結合線上直播與線下參與互動，於東京巨蛋舉辦「超級直播祭典」，共計千人參與（自由時報，2019）。

　　2018 年 10 月：與華視電視臺合作「華視 17 報新聞」，使民眾可透過 17App 觀看華視午間新聞，並透過 App 與主播做即時性互動，電視廣告播出時，會由主持人與民眾做留言互動，節目後半對由觀眾決定下一則播報新聞，打破以往由電視臺單方面決定內容，使傳統新聞的單向傳播轉變成即時性的雙向傳播，並由人氣網紅「視網膜」與 17 直播主共同主持，吸引年輕群眾與粉絲觀看，藉由互動提高黏著度，創造全新的互動式午間新聞。開播 15 留言數超過 10 萬則，觀看流量與當月同時段相較提高三成（陳冠榮，2018）。

　　2018 年 12 月：17 Media 再獲新一輪融資 2,500 萬美元，進行組織改革，總結 2018 年於進入日本市場，獲得市占率第二名，並打造偶像女子團體「EVERTDAYS」EP 發布、直播主與日本樂團 TRF 的 DJ KOO 共同發行專輯，並獲得 iTunes 排名第三名（林薏茹，2018）。

　　故 2018 年，17 直播在經過 2017 年的快速擴張，17 已經經歷了無數次的大小融資，在臺灣部分仍持續與傳統電視臺合作，推出新的節目內容，經由觀察可知，大量的資金消耗，為了獲得更多投資人入注資金，試圖在紐約上市，但結果以失敗收場，損失 1 億臺幣，17 暫緩腳步，持續融資，並加強臺灣與其他國家的內容強化，從推出的

產品與策略走向，可看出 17 開始從單純現場直播與直播節目，走向融媒體的經營策略，將直播較為虛耗的內容轉實，提高品牌形象與用戶黏著度，並收購另一大直播平台 MeMe，來提升自身於亞太地區的市占率。

(五) 2019年融媒體的開展

2019 年 2 月：17 Media 與臺灣愛貝克思合作為旗下三名直播主發行單曲，並與八大電視臺合製節目「台視 17Q」，平台直播間累計 150 萬人次觀看數、電視與全平台累計總觀看數達 500 萬人次（M17 Entertainment，2019）。

2019 年 4 月：M17 Entertainment 集團收購米果數位行銷，推出「HandsUP 舉手購物」電商服務，獨立於 17 Media 之外，為旗下子公司，屬於完全獨立的服務，使電商與買家可以一次在多個平台直播（Facebook、LINE），其策略為服務平台，執行長潘杰賢宣布 2019 年的營收在 Q1 轉虧為盈，預計營收將達百億（陳君毅，2019）。

2019 年 5 月：17 Media 臺灣推出「17 星聲代—歌唱網紅打造計畫」（M17 Entertainment，2019）。

2019 年 6 月：17 Media 日本分公司推出遊戲直播內容「17GAMES」、17 Media 於新加坡成立，17 Media 臺灣旗下直播主跨足偶像劇「一起幹大事」片尾曲，與歌手曹格合作推出歌曲「夏日假期」，並推出多元直播創作者計畫，主旨為邀請各領域名人開設直播節目，如政治議題、星座專家、時事話題、體育賽事、歌手與藝人等，達成破萬註冊用戶、10 萬則總留言數、累積觀看時數達 150 天成效（M17 Entertainment，2019）。

2019 年 9 月：17 Media 與華視合作推出由觀眾決定內容走向的即時互動節目「明星製作人」，由 17 Media 用戶、直播主與藝人共同做節目，每週各開 7 小時直播，全程內容共 14 小時於 17 平台同步

直播，再剪輯成一小時精華版於電視臺播放（科技新報，2019）。

2019 年 9 月：17 Media 併購競爭對象 MeMe 直播，與 MeMe 直播原有的 1,200 萬註冊用戶整合，共達 5,400 萬註冊用戶，並宣布於臺灣、香港、日本、新加坡、馬來西亞等亞洲地區，市占率達 60%，於日本市占率達第一名（陳君毅，2019；M17 Entertainment，2019）。

二、17直播機會與困境

17 直播雖以全民直播、人人都是個人電視臺的生態系統出發，但相較於浪直播主打才藝主播、Twitch 主打遊戲等多家直播競爭對手的市場特色差異不夠明顯，多數人對於 17 的印象仍停留在美女主播居多。

2019 年開始，17 直播的融媒體走向越趨明顯，加強與傳統電視臺的合作，與直播主轉型藝人的計畫，以臺灣傳播媒體產業生態系來說，無疑是新媒體與傳統媒體結合的重大助力。相較臺灣在地的浪直播，17 的目標市場是全球各國，以內容呈現來看較浪直播薄弱。

而從 17 直播內部來看，員工流動率極高，且經歷過無數融資的背景，外界對其財務狀況好奇，雖然併購 MeMe 獲得亞洲直播市場市占率 60%，但除了市占與用戶的數字呈現外，走向不清楚，與中國式撒錢布局的策略相較，是否能獲得一加一大於二的成效，皆需持續觀察。

然而，對於粉絲而言，他們追隨的是網紅，而非平台本身，故用戶對單一平台的忠誠度不高。在眾多直播平台中，用戶卻存在著在「少量」的 App 中去解決所有需求。故在泛娛樂直播市場裡，難有一家獨大的平台，但也不會百家爭鳴。

2016 年以來，泛娛樂直播市場規模已趨飽和。中小型平台機會越來越低，但各行各業將以直播作為一種全新的傳播載體，點燃教育

直播、財經直播、電商直播、旅遊直播、體育直播、VR／AR直播等熱潮。對於「直播+X」的垂直領域的業者，需要直播的顧問服務、行銷規劃、技術模組等外部協助的機會增多，這些需求將成為直播生態鏈業者的機會。

問題與討論

1. 對於臺灣 17 直播，你想給他的建議為何？

2. 臺灣在「直播+X」的垂直整合上，機會與困境為何？

3. 作為用戶，你最在乎的需求為何？最討厭直播平台的哪些作為？

參考資料

中商情報網（2018 年 10 月 19 日）。〈直播平台收入模式是什麼？直播平台產業鏈分析〉。取自 https://kknews.cc/zh-tw/tech/3z23avy.html

自由時報（2018）。〈17 直播東京舉辦週年祭典慶　千人齊聚東京巨蛋城〉，《自由時報》。取自 https://ec.ltn.com.tw/article/breaking-news/2563772

何佩珊（2016 年 11 月 22 日）。〈你相信直播是未來嗎？〉，《數位時代》。2017 年 9 月 12 日下載於 https://www.bnext.com.tw/article/41954/live-is-bubble-or-future

李欣宜（2015）。〈藝人黃立成的話題直播 App「17」是翻轉世界，還是破壞社會風俗〉，《數位時代》。取自 https://www.bnext.com.tw/article/37473/ BN-2 015-09-23-222149-109

吳元熙（2017）。〈17 直播母公司獲新臺幣 12 億融資，將聯手 KKBOX 集團打造原創內容〉，《創業新聞》。取自 https://meet.bnext.com.tw/articles/vie w/41282

每日頭條（2016）。〈17 直播或樂體創投 1.5 億元人民幣投資　將成立

中國公司進軍大陸〉，《每日頭條》。取自 https://kknews.cc/zh-tw/finance/31 9z y5 y.html

林富美（2017）。〈互動、直播下的危機與轉機：自媒體潮下音樂產業的樣貌〉，《105 年流行音樂產業調查》。臺北市：文化部。

林惠荃（2016 年 11 月 15 日）。〈抓住直播浪潮，從 FB 到 17 的各式直播平台特色分析〉，《SmartM 新網路科技》。取自 https://ww.smartm.com.tw/article/32373836cea3

林薏茹（2018）。〈M17 再獲新一輪 7.5 億元資金　未來 2 個月可望再有資金挹注〉，《鉅亨網》。取自 https://news.cnyes.com/news/id/4251111

科技新報（2019）。〈17 Media 攜手華視推自製「明星製作人」節目，史無前例挑戰 7 小時直播不間斷〉，《科技新報》。取自 https://technews.tw/2019/07 /30/17-media-7-hours-live/

〈2019 年台灣網路報告〉（無日期）。取自財團法人台灣網路資訊中心網頁 https://report.twnic.tw/2019/index.html

娛樂中心（2018 年 7 月 12 日）。〈夯直播／全世界都在瘋開直播　臺灣的 10 大直播平台〉，《今日新聞》。取自 https://www.nownews.com/news/20180712/2787310/

陳君毅（2019）。〈M17 收購米果數位行銷進軍直播購物，執行長潘杰賢喊出「雙百億」目標〉，《數位時代》。取自 https://www.bnext.com.tw/artic le/53056/m17-and-live-ecommerce-handsup

陳冠榮（2018 年 11 月 2 日）。〈17 Media 與華視打造即時互動新聞，觀看流量攀升 3 成〉，《科技新報》。取自 https://technews.tw/2018/11/02/17-media-and-chinese-television-system/

游梓翔（2017 年 3 月 28 日）。〈「愛慕你，梅地亞」，全媒體是什麼東東？〉，《臺灣立報》。取自 http://www.cdnews.com.tw

張錦弘（2019 年 12 月 25 日）。〈金車調查／電競遊戲行業　青少年最嚮往〉，《聯合報》。取自 https://udn.com/news/story/7269/4249290

創市際（2017 年 7 月 23 日）。〈臺灣直播市場調查：網友直播看什麼？〉，《動腦》。取自 http://www.brain.com.tw/news/articlecontent?ID=45124&sort=

創市際市場研究顧問（2016 年 7 月 19 日）。〈社群網站的使用行為：創

市際調查報告〉，《創市際市場研究顧問公司》。取自 https://tuna.press/?p=3947

吳柏羲（2017 年 6 月 25 日）。〈自媒體產業鏈漸成熟　內容專業化成發展焦點〉，《財團法人資訊工業策進會產業情報研究所》。取自 https://mic.iii.org.tw/Industryobservation_MIC02views.aspx?sqno=251

潘姿羽（2019 年 1 月 3 日）。〈低頭族每天平均上網 3.5 小時　近 2 成逾 5 小時〉，《中央社》。取自 https://www.cna.com.tw/news/firstnews/201901030247.aspx

鄭媛元（2017 年 12 月 31 日）。〈直播市場席捲而來　臺灣準備好了嗎〉，《喀報》。取自 https://castnet.nctu.edu.tw/goldencast10/article/12013?issueID=674

劉季清（2017 年 12 月 27 日）。〈17 拿下臺灣 5 成市占〉，《中時電子報》。取自 https://www.chinatimes.com/newspapers/20171227000289-260204?chdtv

蕭佑和（2018 年 1 月 24 日）。〈VC 怎麼看臺灣直播產業？〉，《創業小聚》。取自 https://meethub.bnext.com.tw/vc%E6%80%8E%E9%BA%BC%E7%9C%8B%E5%8F%B0%E7%81%A3%E7%9B%B4%E6%92%AD%E7%94%A2%E6%A5%AD%EF%BC%9F%EF%BD%9C%E5%A4%A7%E5%92%8C%E6%9C%89%E8%A9%B1%E8%AA%AA/

17 Media（2016）。〈公司介紹〉，《17 Media》。取自 https://john1418.wixs ite.com/17app/blank

17 Media（2019）。〈17 Media「第三屆華人直播金羽獎」攜手臺灣「三金」製作團隊首度聯手「爆料公社」與 OTT/VOD 合作夥伴做跨平台直播內容推廣〉，《17 Media》。取自 https://www.m17.asia/tw/media/211/20190919

〈關於 17LIVE〉（無日期）。取自 M17Entertainment 官方網站 https://www.m17.asia/tw/about

樓苑玲（2018 年 11 月 1 日）。〈17 Media 入圍 2018 年最受歡迎應用程式　黃立成：入圍就是最好的肯定〉，《ETtoday》。取自 https://www.ettoday.net/news/20 181101/1296122.htm

Hsuann（2018 年 4 月 14 日）。〈直播風潮全方位解析：8 大行動直播平台

解析，打開手機實況讓素人也能變網紅〉。取自 https://www.techbang. com/posts/57357-live-broadcast-trend-analysis-action-live-article-open-mobile-phone-live-vegetarian-people-can-also-change-the-net-red-author-alanmon

第五章

「中國特色」的網際網路、社交媒體與公民社會

戴昀

　　隨著中國的網路新媒體自 1990 年代後期開始高度發展，約自 2000 年代早中期開始，中國社會出現許多引起爭議的「輿論事件」。本章以中國的網路新媒體、社交媒體與公民社會之間的關係爲主題，首先回顧中國網路與社交媒體的發展，並簡介新媒體與社交媒體在建構「社會現實」中的角色，最後探討網路與社交媒體以及國家在公民社會發展中的交互作用。

壹、中國網路與社交媒體概況

　　改革開放後的經濟發展與媒體市場化，加上政治上的部分自由化，促成了新媒體與網路社交媒體的興起與發展。中國經濟自 1978 年改革開放後加速發展，一方面中國政府爲把握資訊科技革命帶來的機會，將科技的現代化列爲「四個現代化」之一，顯示中國政府對資通科技發展的重視；另一方面，個人財富、教育程度與城市化的進展也促進了人們對於網路及社交媒體的需求。隨著經濟改革，中國媒體產業也在 80 年代晚期開始經歷轉型期，政府因財政考量而減少對媒體的補助，此舉也迫使媒體產業市場化，過去依靠補助款生存的媒體轉而依賴如報紙等產品的銷售量和廣告收入，再加上市場化後許多新的競爭者加入，特別是很少或甚至不依靠政府補助的如 90 年代大量興起的晚報與都市報，以及近年的網路新媒體，使產業中的競爭程度增加。爲了吸引觀眾與隨之而來的收益，許多媒體進軍網路與社交媒體，並在其上傳播較具爭議性或較能吸引觀眾注意力的內容（DeLisle, Goldstein, & Yang, 2016; Wang, 2016; Zhao, 2000）。

　　中國是世界上最大的社交媒體市場，據估計，2019 年有約八億的社交媒體使用者，遠高於第二位的印度（約 4.5 億），且其目前的社交媒體使用者僅占全中國人口的 59%，在中國的網路普及率已達 94.5% 的情況下，預估社交媒體使用者及市場仍會繼續成長（Cheung, 2019; Statista, 2019b）。因主要國際社交媒體如 Facebook、Twitter 及 YouTube 等仍然受到中國的網路防火長城（Great Firewall）屏蔽，其社交媒體市場組成與世界其他地區都相當不同，但即使與國際主流社交媒體相較，中國主要社交媒體仍具有相當高的影響力；相較於 2019 年全球最受歡迎的社交媒體 Facebook 的二十四億月活躍使用者（Monthly Active Users，簡稱 MAU），即使僅以中國使用者為主，微信（WeChat）的全球月活躍使用者也高達十一億，QQ 則是八億，2018 年在國際間崛起的抖音（TikTok）為五億，略高於長期受到歡迎的新浪微博（Sina Weibo）的 4.86 億，豆瓣也有 3.2 億 MAU，僅略低於 Twitter 的 3.3 億（Statista, 2019a）。中國社交媒體的發展自 90 年代末期至今經歷不少變化，如 2009 年曾經流行的人人網、開心網、新浪空間與 51.com 等（CNNIC, 2019），已不復當年的影響力。而 1999 年開始服務的 QQ，可說是最早流行的以即時通訊為主的社交軟體，目前雖仍有相當多的使用者，但已被 2011 年開始服務的微信超越。

　　中國的網路市場與網路應用程式本身都有集中與聚合（convergence）的趨勢，首先，網路市場方面以百度、阿里巴巴與騰訊（BAT）三巨頭為大家，據報 2015 年 BAT 在數位市場的總市占率為 80%（Sender, 2015），其中騰訊在社交媒體產業中尤為重要，兩大最受歡迎的社交媒體 QQ 與微信都是騰訊的產品。再者，應用程式本身更是從早期的 QQ 開始就是高度聚合的媒體，以使用者最多的 QQ 與微信為例，QQ 除了即時通訊功能外，QQ 的「QQ 空間」提供了類似部落格的功能，使用者亦能夠上傳和分享文章、照片、音樂等。微信更是被稱為「超級多合一」的社交媒體，除了點對點或群組訊息、語音訊息、朋友圈的分享與交流，也加入各種電子支付衍生出的功能，而與 Facebook Page 類似的微信公眾號則提供了內容網絡（content network）的功能。

　　當然除了聚合性的社交媒體外，也有許多專注於單一或少數功能的社交媒體類應用程式，其中最具影響力的當屬新浪微博與字節跳動

的產品抖音。新浪微博的主要功能為內容網絡，使用者可以發布或轉貼文章、圖片、影片等，相較於大部分功能都必須在擁有帳號及透過其手機應用程式的情況下才能使用，且一般使用者發布在朋友圈的內容只有「微信友人」看得到的微信，即使沒有帳號也能在微博網站上看到內容，且使用者發布的內容為公眾可見的微博顯得較為開放，也成為觀察輿論的主要場域，微博「大 V」（網紅或意見領袖）的言論便時常成為媒體報導的焦點。而 2016 年上線的抖音則是以使用者自製的「短視頻」為主的社交應用程式，用戶以相對年輕的 24 至 30 歲人口為主力（中國經濟網，2018），除了上傳與觀看影片外，亦可針對影片留言。音樂自然是抖音的主要內容之一，許多歌曲透過抖音走紅，另外也有不少商品因抖音視頻的介紹而熱賣。另外，與微博相似，影視娛樂名人也會透過其抖音號與網友互動。抖音的品牌廣告詞「記錄美好生活」與微博的「隨時隨地分享新鮮事」反映了在社交媒體時代，人們比過去更能夠簡單地記錄、分享自身與周遭的事物，社交媒體也成為大眾媒體之外另一個展現與再現社會樣態的重要管道。

貳、社會建構的「現實」：網路與社交媒體的角色

以社會建構論的觀點而言，所謂「現實」（reality）時常並非客觀存在，而是由社會建構出來的，也就是在社會、文化、團體與個人的各方互動中被製造與再製的，媒體在這個建構現實的過程中扮演著相當重要的角色，[1] 而人們也透過語言和其他表達方式參與了社會現實的建構（Adoni & Mane, 1984; Berger & Luckmann, 1966; Gergen, 1985）。隨著數位媒體使用量的增加（CNNIC, 2011, 2019），社交

---

[1] 例如過去臺灣媒體習於將來自東南亞國家的女性外籍配偶稱為「外籍新娘」，並將其描繪為「社會問題」，而不論官方、民眾、甚至婚姻當事人都時常將媒體報導作為理解「外籍新娘現象」的根據（夏曉鵑，2001）。

媒體對於人們如何「理解」社會與世界的角色也隨之受到重視。相較於傳統媒體時代，今日的閱聽人更能夠透過社交媒體的近用參與社會現實的建構，例如在數位時代的危機傳播與溝通中，人們較之過去更能夠利用社交媒體設法「弄清楚」危機這個「社會現實」。

有些事件會觸發社交媒體上大量的搜尋和留言，研究顯示，網路使用者在危機發生時會更活躍地製造和傳播訊息（Tai & Sun, 2007）。在強調和諧社會的中國，爭議事件如自然災害或公共衛生問題的相關訊息，容易被視為對維護社會秩序（social order）有負面的影響，如新聞媒體常被擔心會「誘發不穩定因素」（錢鋼，2006：13），政府便時常以壓制的方式減少危機帶來的不確定和不穩定。在此背景下，雖然中國媒體環境已經市場化，但官方媒體組織除了需要吸引觀眾眼光外，依然必須執行黨國的宣傳工作，在如何「讓二老滿意」[2]中尋求平衡，尤其在爭議事件或社會危機發生時，其報導內容更是受到諸多限制。在網路新媒體出現後，中國的傳播領域存在兩個時常對立的話語空間，一是以官方大眾媒體為主的官方話語空間，二是以網路、手機或人際關係構成的民間話語空間。以危機事件的傳播而言，官方媒體時常採取的傳播模式包括「封閉控制模式」，即否認或淡化危機；相對地，民間媒介較常出現的模式則包括「揭露模式」，即由學者專家、記者、國際組織與媒體，再加上一般民眾共同構成的輿論力量（何舟、陳先紅，2010）。

例如 2003 年 SARS 疫情及 2008 年三聚氰胺毒奶粉事件的初期，官方都曾採用封閉控制的模式，如 SARS 的首例病例其實在 2002 年 11 月 16 日已經出現，但首個官方「非典型肺炎」公告遲至隔年的 2 月 11 日才發布，當日作為官媒第一篇報導的《人民日報》報導標題為「廣州非典型肺炎已得到有效控制」，然而後續疫情仍繼續擴大，儘管當時媒體因禁令而大多僅能依照官方通稿報導疫情，但民間的話

---

2 即「讓黨的老幹部和老百姓都滿意」（錢鋼，2006：12）。

語空間已然充斥如防疫偏方的討論，人們亦大量使用網路與手機簡訊轉傳疫情資訊（楊瑾瑜等，2020；錢鋼，2006），與官方話語空間形成對比。而在 2019 年年底發現的 COVID-19 疫情的再現上，依然可以觀察到官媒與民間輿論內容的差異，雖然官媒的反應不再像 SARS 時如此遲滯，但內容多半仍以疫情可受控，以及描繪醫護人員的貢獻為主，然而，新媒體如微信公眾號的自媒體或個人微博，則傳達出醫院收治能力及醫療物資可能不足的問題（楊瑾瑜等，2020），以及對武漢「封城」後當地居民生活及心理狀態的憂慮等。由此可見，相較於過去，網路新媒體與社交媒體的出現，提供了一個另類話語空間，新媒體和一般民眾藉由在網路上「揭露」異於官媒的資訊而試圖「弄清楚」一個危機或其他事件，亦同時參與了社會現實（如疫情的發展情況）的建構。

網路與社交媒體讓人們比過去更容易參與社會現實的建構，然而，如同過去的大眾媒體在現實建構上的優勢地位，今日的大型網路公司及其產品所扮演的角色，例如搜尋引擎對社會現實如何被形塑的影響亦不可忽略。大眾媒體曾是最重要的資訊把關者（gatekeeper），但隨著科技與網路的發展，人們已習於使用搜尋引擎尋找資訊，搜尋引擎自然成為數位時代的重要資訊把關者，比起自己的判斷，人們更相信搜尋引擎給出的資訊。然而，不同搜尋引擎的結果會建構出不盡相似的「現實」，學者（Jiang, 2014）研究 2009 年中國的三百多個網路事件在 Google 和百度上的前十名搜尋結果，發現兩者的結果只有 6.8% 是相同的，而兩者的障礙程度（有多少搜尋結果被屏蔽）、搜尋結果的順序以及偏誤程度（有多少搜尋結果指向自家產品或競爭對手的產品）也都有差異，研究結果正說明了上述社會建構論所主張的，社會現實是可以被製造與再製的，不同的搜尋引擎給出的結果可能製造、甚至模擬出了相當不同的現實。

🏛 參、網路、社交媒體與公民社會：網路行動與言論審查

　　如上節所提，網路與社交媒體提供了新的話語空間，許多看法更進一步認為資訊科技如網際網路是非民主國家的公共討論領域、公民社會、甚至民主體制發展的希望（Qian & Bandurski, 2011; Yang, 2009）。在中國，人們似乎在網路上有較高的討論公共事務的自主性，例如微博便曾被西方媒體認為是自由的言論平台，並且部分網上言論亦能夠成功攫取媒體和公眾的注意，扮演設定社會議題（social agenda）的角色（Hassid, 2012; Richburg, 2011）。不過也有許多學者認為網際網路的使用仍然以娛樂用途為主，並且是持續受到國家監管的（Yang, 2009）。確實，眾多研究和觀察都顯示，政府可以採取如打壓網路論壇、部落格和社交媒體上的公眾言論等方式壓制網際網路的自由，許多學者認為網路科技其實幫助了獨裁政權的復甦。一個跨國研究的結果顯示，網路普及率的提高反而降低了非民主國家的媒體自由程度（Petrova, 2008）。除了壓制，政府亦可以採取更積極的方式引導或轉移公眾討論並反動員網路行動（MacKinnon, 2008; Sullivan, 2014; Yang, 2017）。本節以三個小節分述中國公民社會發展中的網路行動、政府及社交媒體經營方對網路言論表述的管制，以及網民對於網路言論審查的反制方式。

一、社交媒體與網路行動

　　中國媒體市場化後，觀眾或閱聽人在媒體產業中的角色愈發重要。由於傳統媒體即使在市場化後仍然以國營集團的方式存在，雖然必須爭取觀眾，卻也必須繼續擔負國家的宣傳工作，因此仍傾向避免碰觸對於政府來說較具爭議性的內容。受到嚴格控制的傳統媒體，以及較民主國家相對受限的意見表達管道，驅使民眾轉向非典型的

（unconventional）資訊來源如網路論壇與社交媒體。與此同時，中國的經濟轉型帶來不同利益團體間的緊張與衝突，90 年代後社會行動不斷增加，伴隨科技通訊形式的發展，社交網站成為社會行動的重要工具，透過新興媒體實現的草根監視（grassroots surveillance）成為新的群眾協作與行動方式（Tai, 2015）。從 2010 年的李剛事件、2013 年廣東江門核原料工廠事件，到 2019 年的京 A8 車牌事件，都顯示了網民如何運用不同的資訊協力達成一個共同目標（如促使媒體跟進報導及有關單位的重視）的過程。

BOX 1

　　2010 年 10 月 16 日河北大學發生一起酒醉駕駛肇事逃逸案件，造成一死一傷。據報肇事者被保安及其他學生攔下後大聲說「有本事你們告去，我爸是李剛」，其父為河北大學所在地保定市北市區公安局副局長。當晚，有關事件的貼文在當時最受歡迎的社交網站人人網與 QQ.com 上大量傳播，肇事者的個人資訊也被披露，網民並發起隔日的悼念集會，雖然有關訊息遭到刪除，媒體也被噤聲，甚至百度也封鎖相關搜尋結果，仍未能平息網上的群眾憤怒，終使李剛父子於 10 月 22 日在央視上道歉，10 月 24 日肇事者被捕，最終被判刑六年（Tai, 2015）。

　　2013 年廣東江門預計興建核原料工廠，該計畫引起當地居民及網民的憂慮。雖然當地政府引述香港核能專家說法表示該工廠沒有輻射疑慮，但公眾仍持續質疑其風險評估及場址的合理性等問題，並在網上號召遊行反對該計畫，最終政府撤回該建設計畫（Huang & Sun, 2016；葉靖斯，2013）。

> 2019年北京一名女子將一輛車牌爲京A8開頭的勞斯萊斯轎車停在醫院急救通道上，在交通警察到場後仍拒絕將車輛駛離，有人將事發當時的影片上傳至網路，並在微博引起大量關注。有網民稱查出該車車主與北京中科宇航董事長同名，並認爲A8開頭的車牌是「京城權貴階層的符號」，質疑當事人是否有特權背景（明報，2019；繆宗翰，2019）。事件引起刪帖潮，有網民將香港反送中運動期間付國豪事件時流傳的「我支持香港警察，你們可以打我了」圖片修改成「我支持京A88519車主！你們可以打我了」以諷刺審查處理。由於事件引起廣泛輿論關注，北京公安局組成專案組處理，[3] 央視亦對此事發表評論。[4]

　　如前述三個例子，網路與社交媒體上的討論都對媒體報導程度與方向、事件發展與政府的應對方式造成一定程度的影響，例如李剛事件甚至吸引多個中國境外媒體的報導，可窺見網路與社交媒體在中國公共領域的建構、公共論述的賦權，以及公共議程設定上的重要角色（Qian & Bandurski, 2011; Yang, 2009）。另外如江門的核原料工廠最終被撤回未有興建，網路被用以動員反對該計畫的遊行，確實可被視爲利用網路改變社會的例子。不過，學者（Yang, 2017）認爲近年來政府對於網路管制的策略進化，使網路行動遭遇了挫折。

二、網路與社交媒體審查

　　中國公民社會的發展與中國模式的網路言論管制息息相關。眾所周知，在中國，網路上的公共言論是受到嚴密管控的，其精細且不斷

---

[3] https://web.archive.org/web/20190827032817/http://news.163.com/19/0827/10/ENJ226P10001899O.html

[4] https://news.sina.com.cn/s/2019-08-20/doc-ihytcitn0592261.shtml

進化的資訊控制系統包括了網路基礎建設（如網路防火長城）、中央與地方政府官員以及科技公司（Freedom House, 2018），所有牽涉內容出版的網站都必須向相關政府單位取得執照，並配合官方審查者的要求（Tai, 2010）。雖然大部分看法都同意中國政府言論審查的目標是「維穩」，即維護政治與社會情況的穩定與「和諧」，但學者們對於實際上究竟如何操作，也就是管制的主要目標為何，則有不同觀點。

一個普遍的看法認為，中國政府的「刪帖」目標主要為批評政府的言論，例如運用推動「文明淨網」的方式壓制帶有負面情緒的「不理性」字眼，而支持鼓勵政府施政議程的「正能量」言論則是受到歡迎的（Yang, 2017）。然而也有學者發現，即使是支持中共政權的「愛國言論」也可能遭到刪除（Cairns & Carlson, 2016），審查標準並不一致，例如 2012 年釣魚台事件時，國家主義（nationalism）的網上言論有些被允許，有部分則遭到移除（Zhang, Liu, & Wen, 2018）。因此有看法認為，批評政府的言論並非管控的首要目標，中央政府反而希望透過人民或媒體的調查報導與草根監視等對於地方政府的批評，達到監督地方官員並增進管制表現的功效（Tai, 2015）。因此，批評政府政策的言論不見得會被刪除，真正不被容許的是傳播、鼓吹或組織群眾活動的網路言論。例如 Gary King 等人（King, Pan, & Roberts, 2013）在分析一千三百多個社交網站上的貼文後發現，審查程度最高的話題中有許多都與地方上的集體表達（collective expression）有關，如對工廠汙染的集體憤怒，這類貼文具有高度的集體行動可能性，但多半不是直接對政府的批評，反而與政治或政策相關的貼文被審查的程度並不特別高。

另外，除了被動的刪除或屏蔽特定內容，主動地「引導輿論」或製造其他熱門話題以轉移人們對於某些公共事務的討論（King et al., 2017），則是更積極的資訊控制方式。輿論引導並非數位時代的新發明，不過除了過去要求媒體使用新聞通稿等方式，近年來更直

接由各政府單位及中央級媒體與各級黨報的微博在突發事件中對人民「發聲」以影響事件走向。如今社交媒體已成為許多組織在危機期間的主要溝通管道，中國的政務機關多半也有經營該單位的官方微博和微信公眾號，[5] 用以發布日常或緊急事件的相關訊息，以便「占領輿論高地」。由此可見，中國政府在網路管制上是非常靈活的，正如人民網的輿情報告所言：「近年來互聯網治理已經形成一套較為完整的剛柔並濟的思路」（人民網，2014），在眾多的網路治理工具中，對新媒體的統戰是其中一種創新的治理方式，[6] 例如收編而不只是打擊新媒體中有影響力的人士，包括新媒體平台從業人員以及新媒體上的內容製造者（如網路意見人士）（楊國斌，2017；騰訊網，2015）。政府一方面運用更為策略性的方式而不僅是被動地壓制，一方面視社會情況的緊張程度（social tension）與公眾意見調整審查的標準，而非固守一套不變的規則，以期能夠運用媒體達成政府所希望的垂直資訊流動，[7] 並平衡政府所擔心的公民之間的平行資訊流動（Chen & Xu, 2017; Lorentzen, 2014）。

三、網民的「反審查」

當然，所謂上有政策下有對策，網民們也創造出一些方法以規避越來越綿密細緻的網路審查，例如以同音字、類體字、拼音開頭等代替敏感詞，或以綽號代替政治人物的真名，如「政府」以「zf」代替、「貿易戰」寫成「毛衣戰」、習近平過去曾被網民以「儲君」代稱等，研究發現有些置換敏感詞的方法確實能降低被刪除的機會

5　據統計，約 7.3% 的微信公眾號為政府單位的政務公眾號（新榜，2018），以該統計所蒐集的 54 萬個公眾號樣本計算，政務公眾號至少有 39,000 個。

6　2015 年習近平在中共中央統戰會議上表示「要加強和改善對新媒體中的代表人士的工作」。

7　由一般公民傳達至高階官員，例如藉調查報導或民眾貼文瞭解地方政府的施政情況或貪腐問題等。

（Fu, Chan, & Chau, 2013）。另外一種常見的做法是將文章製成長圖以規避文字審查，但如前所述，政府與網路公司的審查系統亦是靈活多變、與時俱進的，例如敏感詞的詞庫不是固定不變的，審查標準對於中國內地和境外的使用者也是不同的（Ruan et al., 2016）。隨著科技的進步，機器學習和人工智慧也被大量應用在政府與網路公司的監管工作中，微信和微博除了過濾敏感詞外，也會審查圖片。[8]多倫多大學公民實驗室（Ruan et al., 2017; Knockel et al., 2018）發現，敏感圖片在微信朋友圈、「群聊」和私訊中都可能會被移除。不過公民實驗室也發現，如果將圖片鏡相反轉便不會遭到過濾，確實目前也還有許多網民利用這個方法傳播一些可能觸動審查機制的訊息。另外，雖然一般認為網路審查的增加會降低接觸資訊的程度，然而學者（Hobbs & Roberts, 2018）在中國的研究發現，如果政府突然屏蔽或刪除過去允許流通的資訊，人們反而更會設法規避審查以獲取資訊，例如 2014 年中國政府屏蔽 Instagram 後，網民立即大量下載 VPN（Virtual Private Network）應用程式及註冊被屏蔽的其他社群網站如 Facebook 和 Twitter。由此可見，國家的限制與壓制有時反而激發了人們對於資訊獲取與傳播的動力和創造力。

肆、結語

相較於西方許多國家以自由經濟市場主導的模式，黨國（party-state）在中國網路與社交媒體的開放、發展與管制中都扮演了非常重要的角色。由於中國特殊的政治經濟體制，雖然經濟已經開放且相對自由，但其政治體制仍維持一黨專政，媒體既是商業行動者，卻依舊

---

8 研究（Knockel et al., 2018）發現，微信使用至少兩種演算法過濾圖片，一是透過光學字符辨識（optical character recognition, OCR）檢測圖片中的文字，二是將圖片與微信資料庫中的「不良」圖片進行相似性的比對。

是國家治理的重要工具，因此，媒體、社會與國家的關係一向是觀察與研究中國傳媒的焦點之一。在經濟與網際網路雙雙開放後，過去幾乎完全作爲黨國宣傳機器的媒體生態已然改變，隨著 90 年代末期網路的開放，經歷被喻爲中國公民社會元年的 2008 年，藉由在網路與社交媒體上的參與，民眾確實比過去獲得更多的話語權，甚至是建構社會現實及設定公共議題的機會。然而，爲了維持黨國政府的認受性（legitimacy），威權國家多半傾向抑制公民社會的發展，例如中國龐大而細緻的言論審查機制便是一例。對於國家治理而言，最理想的審查是公民的自我審查，中國「剛柔並濟」的網路與社交媒體治理似乎頗有成效，以「文明淨網」與鼓勵「正能量」等方式，使挑戰主流意識型態的抗爭性網路事件，逐漸被符合政治「主旋律」與具備政治合法性的共識性新媒體事件（如「帝吧出征」）取代，「自乾五」和「小粉紅」等網民標籤的出現也顯示部分網民認同政府的文明淨網等治理方式（楊國斌，2017），亦顯現了社交媒體在國家管制與社會規訓中的角色。

　　雖然網路與社交媒體確實在專制體制下，爲中國民眾提供了一個官方宣傳以外的話語空間，並且產生了一個充滿活力的公共領域，但許多觀察都認爲中國自 2013 年以來網路管制呈現收緊的情況（DeLisle et al., 2016; Lei, 2017）。如過去較少被認爲「敏感」的經濟與科學議題（如美中貿易博弈與基因編輯嬰兒）開始出現在被審查的行列中（Leung, 2019; Tai & Fu, 2020），國際組織也認爲中國的新聞與言論自由程度仍偏低。[9] 其實資訊透明時常有助於良善治理（good governance）並提高民眾對政府的信任（Cook et al., 2010; Islam,

---

9　無國界記者（Reporters Without Borders）的新聞自由排名中，中國在 180 個國家中排名 176（Reporters Without Borders, 2019）；Freedom House 在滿分爲 100（最自由）的自由評量中，中國的分數爲 11 分（Freedom House, 2019）。

2006），而新聞與言論自由是促進資訊透明的方式之一。也許中國政府真正做到了有如「將果凍釘在牆上」般困難的網路管制，在現今幾乎全世界都受到錯假資訊影響的情況下，對於網路資訊與言論是否應該且如何管制的討論也仍在進行中，但透過引導與監管網路與社交媒體，以促進「文明」與「正面宣傳」的中國式網路治理模式，是否真正有助於資訊的流通、公民的信任、政府治理的進步以及長久的社會穩定，是值得每位公民瞭解與思考的。

BOX 2

在臺灣，談到中國政府在資訊流通方面的管制時，不少人會提到中國需要「翻牆」才能使用眾多臺灣民眾常用的網路服務（如 Facebook 與 Instagram）的情況，認為上網還需要翻牆，即顯示了中國在言論自由方面的限制。不過也有人認為網路管制無所不在，並非只有中國政府會進行言論審查，其他國家的社群網路平台同樣會將某些訊息刪除，或認為在「假新聞」氾濫的今日，網路訊息本就是政府應該管理的範圍。另外，對於政府監控民眾及侵犯隱私的情況，雖然許多臺灣民眾因新疆的「再教育營」及其他如人臉辨識等監控手段，而對中國政府在隱私權與人權保護方面缺乏信心，但亦有人認為政府的監控是維持社會安全的方式，若遵守當地法律，並不需要擔心安全與隱私的問題。

問題與討論

1. 你有使用中國社交媒體的習慣嗎？你認為中國的社交媒體有什麼「中國特色」？相較其他臺灣常用的社群媒體（如Facebook 與 Line），有什麼中國社交媒體的功能是你覺得更便利、更好用的？這些便利的功能，是否可能有隱私、安全或其他方面的疑慮？

2. 近年來網路與社交媒體上的錯假資訊引起廣泛的討論，其中政府是否應該或應該如何管制網路資訊與言論亦是其中一個討論的焦點。你認為中國這個由黨國主導的網路與社交媒體管制模式，有哪些方面值得其他國家借鏡或警惕之處？為什麼？

參考資料

一、中文部分

人民網（2014）。〈2013 年中國互聯網輿情分析報告〉，《人民網》。取自 http:// yuqing.people.com.cn/n/2014/0318/c364391-24662668.html

中國經濟網（2018 年 6 月 12 日）。〈抖音日活用戶超過 1.5 億，吸引 500 餘政務媒體號入駐〉，《中國經濟網》。取自 http://www.ce.cn/xwzx/shgj/gdxw/201806/12/t20180612_29413876.shtml

何舟、陳先紅（2010）。〈雙重話語空間：公共危機傳播中的中國官方與非官方話語互動模式研究〉，《國際新聞界》，8：21-27。

明報（2019 年 8 月 16 日）。〈京女名車堵醫院通道　特權車牌惹議　車主與中科宇航董事長同名　網上討論被刪除〉，《明報新聞網》。取自 https://tinyurl.com/r6jjtes

新榜（2018 年 9 月 16 日）。〈公眾號 6 年，多少已停更？〉，《新榜數洞》。取自 https://tinyurl.com/w3hpars

夏曉鵑（2001）。〈「外籍新娘」現象之媒體建構〉，《臺灣社會研究季

刊》，43：153-196。

楊國斌（2017）。〈情之殤：網絡情感動員的文明進程〉，《傳播與社會學刊》，40：75-104。

楊瑾瑜、門悅悅、章寒冰、王筱瑄（2020 年 1 月 25 日）。〈疫情與輿情十七年：被瞞報的 SARS 與被孤立的武漢〉，《端傳媒》。取自 https://theinitium.com/article/20200125-mainland-wuhan-sars-pneumonia-publicity/

繆宗翰（2019 年 8 月 17 日）。〈京 A8 特權車牌再惹議　刪文潮引陸網民反思港訴求〉，《中央社》。取自 https://www.cna.com.tw/news/acn/201908170057.aspx

葉靖斯（2013 年 7 月 12 日）。〈廣東江門千人抗議興建核原料工廠〉，《BBC 中文》。取自 https://www.bbc.com/zhongwen/trad/china/2013/07/130712_china_guangdong_nuclear_protest

錢鋼（2006）。〈導向・監督・改革・自由——透過媒體語詞分析看中國新聞傳媒〉，《二十一世紀》，95：4-16。

騰訊網（2015 年 6 月 4 日)。〈中央統戰部解讀何謂新媒體中的代表性人士〉，《騰訊網》。取自 http://news.qq.com/a/20150604/046561.htm

二、外文部分

Adoni, H., & Mane, S. (1984). Media and the social construction of reality: Toward an integration of theory and research. *Communication Research*, *11*(3), 323-340.

Berger, P., & Luckmann, T. (1966). *The Social Construction of Reality: A Treatise in the Sociology of Knowledge*. New York, NY: Anchor Books.

Cairns, C., & Carlson, A. (2016). Real-world islands in a social media sea: Nationalism and censorship on Weibo during the 2012 Diaoyu/Senkaku crisis. *The China Quarterly*, *225*, 23-49.

Chen, J., & Xu, Y. (2017). Why do authoritarian regimes allow citizens to voice opinions publicly? *The Journal of Politics*, *79*(3), 792-803.

Cheung, M.-C. (2019, December 12). China Social Network Users 2019. *EMarketer*. Retrieved from https://www.emarketer.com/content/china-social-network-users-2019

China Internet Network Information Center (CNNIC). (2011). *The 27th Internet Development Report.* http://www.cnnic.net.cn/hlwfzyj/hlwxzbg/hl-wtjbg/201902/P020190318523029756345.pdf.

China Internet Network Information Center (CNNIC). (2019). *The 43th Internet Development Report.* http://www.cnnic.net.cn/hlwfzyj/hlwxzbg/hl-wtjbg/201902/P020190318523029756345.pdf.

Cook, F. L., Jacobs, L. R., & Kim, D. (2010). Trusting what you know: Information, knowledge, and confidence in social security. *The Journal of Politics, 72*(2), 397-412.

DeLisle, J., Goldstein, A., & Yang, G. (2016). *The internet, social media, and a changing China.* University of Pennsylvania Press.

Freedom House. (2018). *China Media Bulletin: China's growing cyber power, entertainment crackdown, South Africa censorship (No. 129).*

Freedom House. (2019). *Freedom in the World 2019: China Country Report.* https://freedomhouse.org/report/freedom-world/2019/china

Fu, K., Chan, C., & Chau, M. (2013). Assessing censorship on microblogs in China: Discriminatory keyword analysis and the real-name registration policy. *IEEE Internet Computing, 17*(3), 42-50.

Gergen, K. (1985). The Social Constructionist Movement in Modern Psychology. *American Psychologist, 40*(3), 266-275.

Hassid, J. (2012). Safety valve or pressure cooker? Blogs in Chinese political life. *Journal of Communication, 62*(2), 212-230.

Hobbs, W. R., & Roberts, M. E. (2018). How sudden censorship can increase access to information. *American Political Science Review*, 1-16.

Huang, R., & Sun, X. (2016). Dynamic preference revelation and expression of personal frames: How Weibo is used in an anti-nuclear protest in China. *Chinese Journal of Communication, 9*(4), 385-402.

Islam, R. (2006). Does more transparency go along with better governance? *Economics & Politics, 18*(2), 121-167.

Jiang, M. (2014). The business and politics of search engines: A comparative study of Baidu and Google's search results of Internet events in China.

New Media & Society, 16(2), 212-233.

King, G., Pan, J., & Roberts, M. E. (2013). How censorship in China allows government criticism but silences collective expression. *American Political Science Review, 107*(2), 326-343.

King, G., Pan, J., & Roberts, M. E. (2017). How the Chinese government fabricates social media posts for strategic distraction, not engaged argument. *American Political Science Review, 111*(3), 484-501.

Knockel, J., Ruan, L., Crete-Nishihata, M., & Deibert, R. (2018). *(Can't) Picture This: An Analysis of Image Filtering on WeChat Moments (Citizen Lab Research Report No. 112).* University of Toronto.

Lei, Y.-W. (2017). *The Contentious Public Sphere: Law, Media, and Authoritarian Rule in China.* Princeton University Press.

Leung, H. (2019, February 13). The U.S.-China Trade War and #MeToo Were Among the Most Censored Topics on China's WeChat, Report Finds. *Time.* Retrieved from https://time.com/5528362/china-wechat-censorship-wechatscope/

Lorentzen, P. (2014). China's strategic censorship. *American Journal of Political Science, 58*(2), 402-414.

MacKinnon, R. (2008). Flatter world and thicker walls? Blogs, censorship and civic discourse in China. *Public Choice, 134*(1-2), 31-46.

Petrova, M. (2008). Inequality and media capture. *Journal of Public Economics, 92*(1), 183-212.

Qian, G., & Bandurski, D. (2011). China's emerging public sphere: The impact of media commercialization, professionalism, and the Internet in an era of transition. In *Changing media, changing China* (pp.38-76). Oxford University Press.

Richburg, K. B. (2011, March 27). In China, microblogging sites become free-speech platform. *Washington Post.*

Ruan, L., Knockel, J., & Crete-Nishihata, M. (2017). *We (can't) Chat: "709 Crackdown" Discussions Blocked on Weibo and WeChat (Citizen Lab Research Report No. 91).* University of Toronto.

Ruan, L., Knockel, J., Ng, J. Q., & Crete-Nishihata, M. (2016). *One App, Two Systems: How WeChat uses one censorship policy in China and another internationally (Citizen Lab Research Report No. 84)*. University of Toronto.

Sender, H. (2015). China's tech winners set to consolidate. *The Financial Times*. Retrieved from https://www.ft.com/content/9dfb9794-9811-11e4-84d4-00144feabdc0

Statista. (2019a). *Global social networks ranked by number of users 2019*. Statista. Retrieved from https://www.statista.com/statistics/272014/global-social-networks-ranked-by-number-of-users/

Statista. (2019b). *Number of social network users in selected countries in 2018 and 2023*. Statista. Retrieved from https://www.statista.com/statistics/278341/number-of-social-network-users-in-selected-countries/

Sullivan, J. (2014). China's Weibo: Is faster different? *New Media & Society*, *16*(1), 24-37.

Tai, Y., & Fu, K. (2020). Specificity, conflict, and focal point: A systematic investigation into social media censorship in China. *Journal of Communication 70*(6), 842-867

Tai, Z. (2010). Casting the ubiquitous net of information control: Internet surveillance in China from golden shield to green dam. *International Journal of Advanced Pervasive and Ubiquitous Computing (IJAPUC)*, *2*(1), 53-70.

Tai, Z. (2015). Networked resistance: Digital populism, online activism, and mass dissent in China. *Popular Communication*, *13*(2), 120-131.

Tai, Z., & Sun, T. (2007). Media dependencies in a changing media environment: The case of the 2003 SARS epidemic in China. *New Media & Society*, *9*(6), 987-1009.

Wang, X. (2016). *Social media in industrial China*. UCL Press, United Kingdom.

Yang, G. (2009). *The power of the Internet in China: Citizen activism online*. Columbia University Press.

Yang, G. (2017). Demobilizing the emotions of online activism in China: A civilizing process. *International Journal of Communication*, *11*, 1945-1965.

Zhang, Y., Liu, J., & Wen, J.-R. (2018). Nationalism on Weibo: Towards a multifaceted understanding of Chinese nationalism. *The China Quarterly*, *235*, 758-783.

Zhao, Y. (2000). From commercialization to conglomeration: The transformation of the Chinese press within the orbit of the party state. *Journal of Communication*, *50*(2), 3-26.

Part 3

民主、政治與法律

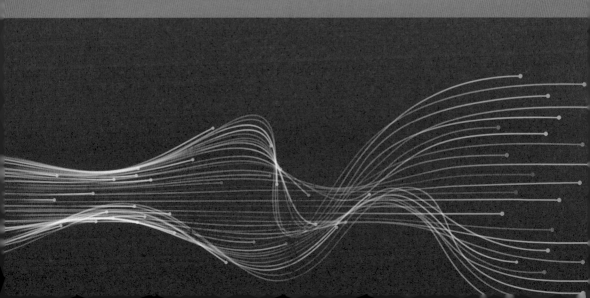

第六章

假訊息：當代傳播與民主的挑戰

胡元輝

🔮 壹、前言

世紀交替以來，傳播生態持續以飛快速度演進，遠非前人所可想像。儘管網際網路的發展勢頭已經在上個世紀末興起，但當時的人們尚無社群媒體可資連結，亦無智慧型手機可以運用，網絡化社會的概念不過起步而已。未料，不過一、二十年光景，所謂「任何時間、任何地點」（anytime, anywhere）的傳播生態已愈發顯得真實，訊息傳播不僅快速、便利，而且費用低廉，充分應驗「天涯若比鄰」的意象。

與此同時，許多人亦發覺，自己所接收的訊息不只越來越多，形成超載現象，而且品質參差不齊，甚至真假難辨。特別是來自朋友圈的訊息，總覺得應該都是善意的分享，殊不知其中竟然充斥著各式各樣的假訊息。對於此種假訊息氾濫的現象，一項 2020 年針對全球四十個國家的調查顯示，超過半數（56%）受訪者對於自己區辨網路訊息真假的能力感到憂慮，其中臺灣民眾的比例是 45%，顯示我國民眾亦不擁有辨識假訊息的充分信心（Newman, Fletcher, Schulz, Andi, & Nielsen, 2020）。

這些真假莫辨的訊息不僅流竄在消費購物、保健養身等一般生活領域，而且湧現於選舉活動、突發災難等各類型社會重大事件與議題之中。前者如衛生紙之亂、日本核汙染食品銷臺，以及氾濫的致癌、防癌食品謠言等；後者如關西機場事件、COVID-19 疫情、香港反送中運動等事件發生期間的不實訊息。令人憂心者，假訊息不只擾亂我們的生活秩序，甚至衝擊民主運作，危及國家安全。因此，世界各國莫不戒慎恐懼，希望有效防制假訊息，以還給民眾健全的資訊環境。

貳、假訊息的形成與定義

　　當代的假訊息現象雖然早已有人分析與重視，但 2016 年 6 月的英國脫歐公投與同年 11 月的美國總統選舉乃是轉折點。英國脫歐公投原本被許多人認為難以成局，但公投結果卻有微幅過半（51.9%）的民眾投下脫歐贊成票，許多人認為與假訊息的運作有關。同樣的，2016 年的美國總統選舉，共和黨提名候選人川普在民調落後的情形下仍能戲劇化勝出，不少人亦認為是假訊息操弄下的經典案例。兩項攸關國家發展走向的重大民主活動中，亦均出現俄羅斯製造假訊息介入該國輿情的爭議（Singer & Brooking, 2018）。

　　有些人不免疑惑，假訊息不是早就存在，為何會在今天特別受到關注？確實，假訊息古已有之，可以說自有人際傳播以來，就有假訊息，所謂宣傳、謠言、陰謀論等都是此一現象的具體描述。不過，拜數位傳播科技之賜，假訊息可謂「進化有成」，不僅傳播速度與範圍遠逾以往，傳播方式與型態也推陳出新。除此之外，社會結構與文化意識的變遷亦成為當代假訊息的發展溫床，所謂「後真相」（post-truth）的說法便是描繪當前社會情態的代表性語彙。不少研究者強調，當代假訊息乃是政治、文化與科技等各領域變遷下的綜合結果，亦為社會大眾對政治菁英與媒體失去信任的表徵（McNair, 2018）。

BOX 1：後真相（post-truth）的意涵

　　「後真相」現象在 2016 年英國脫歐公投與美國總統選舉時成為熱議焦點，後來被《牛津辭典》選為該年的代表字，並定義為：「訴諸情感與個人信念，比陳述客觀事實在形塑公眾意見上更具影響力的種種情況。」換言之，真相是否存在、真相是什麼，並不重要，重要的是感覺，是觀點。有的學者認為後真相概念蘊含意識型態霸權，質疑真相已成為一種主張或取得政治優勢的機制。

　　無論如何，架構在新興數位傳播工具上的當代假訊息已發展成一種生態系統，有專人產製，有管道傳布，當然也有眾多接收者，而且從產製、傳布到接收並非單向進行，乃多向流通，以致假訊息的防制特別困難（Annenberg School for Communication, December, 2017）。迄今為止，各界對假訊息的範圍與定義仍見分歧，但廣義言之，假訊息泛指一切與事實不符的新聞或訊息，特別是流傳在網路上的許多錯誤或造假訊息。已有不少機構或研究試圖將此類訊息予以細分，例如美國非營利組織「初稿」（First Draft）即將假訊息分為七類，包括諷刺或惡搞、誤導性內容、假冒性內容、虛構性內容、錯誤連結、脈絡錯置與操弄性內容等七類（Wardle, February 16, 2017）。

> **BOX 2：假訊息的分類**
>
> 　　假訊息的分類方式甚多，美國非營利組織「初稿」的七種分類如下：
>
> 1. 諷刺、惡搞（Satire or Parody）：無意造成傷害，但有愚弄別人的可能。
> 2. 誤導性內容（Misleading Content）：誤導性使用資訊來形塑議題或個人。
> 3. 假冒性內容（Imposter Content）：冒用真實的消息來源。
> 4. 虛構性內容（Fabricated Content）：完全虛構新內容以欺騙他人並造成傷害。
> 5. 錯誤連結（False Connection）：標題、視覺資料或圖片說明與內容不符。
> 6. 脈絡錯置（False Context）：真實內容被置於錯誤的脈絡。
> 7. 操弄性內容（Manipulated Content）：真實訊息或意象被刻意操弄來欺騙。

　　此外，亦有人將假訊息區分爲 misinformation、disinformation 與 mal-information 等三類。其中，misinformation 是指傳播者在不知訊息爲假的情況下所傳播的錯誤訊息；disinformation 則是指傳播者知道訊息爲假而仍進行傳播的錯誤訊息，換言之，就是刻意或惡意傳播的假訊息；至於 mal-information 乃是指內容雖然屬實，卻被用來傷害某個人、組織或國家的訊息。例如在無公共利益的正當理由下揭露他人的性傾向，就是藉事實來逐行攻訐目的之假訊息（Wardle & Derakhshan, 2018）。

BOX 3：假訊息的中、英文用語

　　當代假訊息於 2016 年受到高度關注之際，英語世界尚多以 fake news 來稱呼，但隨著該詞彙日益沾染特定政治意涵，並遭到濫用之後，不少政府、學界、媒體與民間組織都改以 misinformation 或 disinformation 來指稱。中文用語則從假新聞到假訊息、假消息、不實訊息、錯誤訊息等皆有之。惟無論如何稱呼，一般而言，假訊息包括媒體組織所做的錯誤報導及網路傳播的虛假訊息，它的形式可以是文字、圖表、照片、影片或動畫等。

　　儘管假訊息可以做比較寬泛的界定，但是目前民主國家在政策與法制層面所關注的假訊息，主要是指故意虛構或扭曲事實，意圖改變他人認知，以期牟取政治、經濟等利益之不實新聞或訊息，亦即廣義假訊息分類中屬於 disinformation 的範疇。例如歐盟於 2018 年 4 月向會員國發布的假訊息處理的政策性通告中，即定義網路假訊息係「可證實的錯誤或誤導性資訊，其製造、呈現與傳播之目的在於經濟利益或故意欺騙大眾，而且可能形成公共傷害」（European Commission, April 26, 2018）。

我國政府亦以「惡、假、害」三要素來界定假訊息，如圖 6-1，其定義如下：「行為人在主觀上基於特定意圖（如政治、經濟、國安等特定目的），且有將訊息散布於眾的故意【惡】，客觀上所製造、傳播、利用的訊息或事件，全部或部分可證明為不實【假】，因而造成個人、社會或國家利益產生危害或實害結果【害】。」（行政院，2019）此類狹義界定的假訊息背後往往涉及政治或商業力量的操作，對社會或國家可能產生巨大的負面影響，因此特別予以重視，並加以防制。

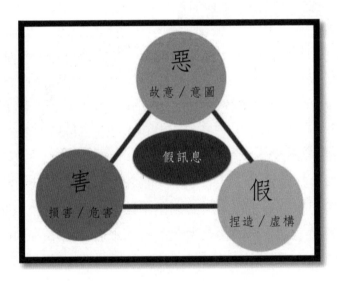

圖 6-1　我國行政院對假訊息定義的示意圖

參、假訊息生態系統的解構

明確定位我們所要對付的假訊息是「故意」作假的訊息，並且理解假訊息的形成目的包含經濟與政治等特定利益之後，我們就可以清楚地勾勒出當前假訊息生態系統的輪廓，如圖 6-2。首先就假訊息

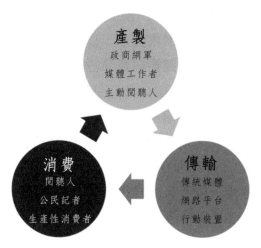

圖 6-2　假訊息生態系統示意圖

的產製者來說，諸多調查與研究發現，假訊息的來源與謀求經濟利益或具有強烈政治偏好的個人有關，譬如南歐國家馬其頓的韋萊斯鎮（Veles）就出現上百個年輕人製作假訊息，以賺取網路與社群媒體平台的廣告分潤。但更令人關注的是，假訊息的產製與傳布已經出現產業化現象與政治力量的系統性操作。

　　在假訊息的產業化方面，調查與研究發現，全球已有不少專門操作假訊息的公司，以收費方式為特定企業或政治組織達成行銷或政治目的。這些公司不只可以在特定地區作業，也可以從事全球性的操作，因此已吸引不少「顧客」上門，形成一個穩定的產業鏈。臺灣同樣有產業化趨勢，包括一些傳統從事行銷或公關的公司，或是一些新生的工作室或個人都在經營此類業務，其中包括不少追求網路流量的內容農場。

　　至於政治力量的系統性操作，除了境內政治組織或政治人物的攻防之外，尚有來自境外敵對或敵意國家的資訊戰。以 2016 年的美國總統選舉為例，國際間普遍認為俄羅斯以假訊息介入了該次大選。同樣的，隔年在歐洲國家舉行的法國總統選舉及德國聯邦議院選舉，德

法兩國都指責俄羅斯以假訊息介入該國選戰，其中，當選法國總統的馬克宏直接指責俄羅斯製造他是同志，以及在巴拿馬擁有祕密帳戶的假訊息。我國政府與一些媒體亦在多個場合指責中共以假訊息製造臺灣的社會對立，進而干預選舉。

再就假訊息的傳布來說，其途徑可就更為多元了，不只查證不夠嚴謹的傳統媒體可資運用，網路與社群媒體平台更是當代假訊息最重要的傳播管道。當代假訊息生態系統其實就是依附於近數十年來所興起的數位傳播生態系統而形成，透過此一無遠弗屆的生態系統，現代社會中的閱聽人一方面得以更快速、更便利的接收訊息，另一方面亦使許多閱聽人不再以特定的新聞媒體為其資訊來源，而是透過網路與社群媒體獲取資訊。

根據牛津大學路透新聞研究中心 2020 年所進行的全球性調查發現，如今已有近六成（58%）的民眾是以搜尋引擎、社群媒體與新聞聚合平台為其主要獲取資訊的途徑，直接到新聞媒體網站或其 App 取得資訊者只占 28%，而年輕世代更是仰賴社群媒體與搜尋引擎為其主要消息來源。該項調查顯示，18 到 24 歲年齡層的新聞來源，社群媒體高達 38%，搜尋引擎亦有 25%，只有 16% 的人會直接瀏覽新聞媒體網站或其 App（Newman, Fletcher, Schulz, Andi, & Nielsen, 2020）。

網路與社群媒體平台對於人類資訊傳播生態系統的影響確實至深且鉅，尤以年輕世代的資訊消費模式改變最大。但數位傳播生態系統所帶來的影響並不只是單純的資訊接受途徑的改變，而是涉及整個傳播模式的變化。既然大眾已不再像往常需要依賴新聞媒體作為訊息傳播的中介者，相對的，可以透過連結全世界的網際網路與須臾不可離身的數位工具進行直接的交流，這就意味著大眾亦不再是資訊傳播的配角，而是身兼消費與產製雙重身分的生產性消費者（prosumer）。換言之，每個人都可以是資訊的產製者、傳播者，甚至是假訊息的有心製造者或無心傳播者。

當然，能夠讓網路與社群媒體在假訊息傳播上發揮最大效用者，還是有意透過假訊息達成特定目的的經濟或政治力量，因爲它們可以透過豐沛的資源、專業的技巧，以及計畫性與組織性的操作，讓假訊息眩人耳目、惑人心智，滲透進每個人的資訊世界，發揮它轉移公眾認知的影響力。無論是搜尋引擎、社群媒體或新聞聚合平台，其實都是以演算法作爲運作基礎的數位平台，假訊息的操作者懂得如何運用演算法將假訊息推到使用者的眼前，並且抓住使用者的目光。

顯然，假訊息所帶來的問題已經不再是單純的傳播課題，而是一個生態系統如何改善的命題，而且假訊息生態系統正在建制化與擴大化。我們不只要設法揭露那些假訊息的製造者以及背後的政經力量，還要面對除了傳統媒體之外的傳播途徑，特別是當代的網路與社群媒體，如果這個重要的資訊平台不能有效抑制假訊息的傳播，許多努力都可能功敗垂成。同樣的，作爲訊息接收者的一般大眾如果不能讓自己變成假訊息的「絕緣體」，透過數位工具無孔不入的假訊息勢必可以收割成果。

肆、如何防制假訊息？

從假訊息生態系統的整體角度著眼，對付假訊息必須標本兼治、長短兼施，如圖 6-3。換言之，解決假訊息的問題並無特效藥或萬靈丹，必須以有計畫、有系統的策略進行長期抗戰（羅世宏，2018；Theisen, 2019／王榮輝譯，2019; European Commission, April 26, 2018）。短期而言，包括強化新聞媒體的自律作爲，發揮過濾不實訊息的把關功能；要求社群媒體平台建立嚴謹而透明的公眾申訴處理機制，積極刪除假帳號與抑制假訊息；催生具公信力的事實查核組織，讓民眾擁有更多可信賴的資訊查證機制；以及支持各種偵測或抑制假訊息的創新科技等等。

長期而言，則有賴媒體結構的健全化與媒體（資訊）素養教育

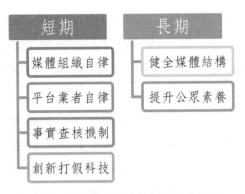

圖 6-3　民主國家防制假訊息的對策

的推動，前者涉及商業媒體競爭生態的改善，以及公共媒體標竿功能的發揮，後者則需從假訊息與人類認知運作的關係來做說明。根據一項發表在《科學》（*Science*）期刊的權威研究發現，假新聞雖然被轉發的機率比真實訊息高出七成，而且傳播速度快上六倍，但真正讓假新聞傳播更快的因素是人，因為人趨向分享新奇的訊息，而假新聞比真實新聞更為新奇，且容易激起人的恐懼、厭惡與驚奇的情緒反應（Vosoughi, Roy, & Aral, 2018）。

　　為什麼人會那麼「喜歡」假訊息，那麼「樂於」分享與傳播假訊息，關鍵原因就在於人所具有的認知「特質」。心理學與認知科學的長期研究發現，人其實很封閉，我們的心不怎麼開放，我們的耳朵有些軟弱，比較願意接收符合既定想法的訊息，對於不符既有立場的訊息則會拒於門外。所謂「先入為主」、「忠言逆耳」，說的就是這樣的認知缺陷。久而久之，我們就越來越「同聲相應、同氣相求」，用現代的話來說，我們就是停留在「同溫層」裡，難以自拔。

　　心理學、認知科學與其他學術領域，如傳播學中有很多理論印證人類這種認知力失靈的現象，例如「動機性推理」（motivated reasoning）、「確認偏誤」（confirmation bias）、「選擇性暴露」（selective exposure）、「框架理論」（Framing Theory）等等。這

些理論從不同角度顯示，人們碰到現實狀態與原本預期有出入時，往往會堅持原有判斷而不承認錯誤，並因此種預期與現實之間的差距帶來緊張與焦慮，出現所謂認知失調的狀態。而為了降低認知失調所導致的矛盾，人們往往會設法粉飾事實，以期合理化既有信念，亦即尋找支持既有觀點的資訊來鞏固原有論據，避免既成看法受到挑戰。

假訊息的製造者正是看到人類具有這樣的認知缺陷，所以將訊息包裝得香甜可口，易於吸收，再加上現代的搜尋引擎與社群媒體都是一種依據演算法運作的平台，會讓人們陷入相同興趣、相同看法、相同利害的漩渦裡，形成所謂「回音室」的現象，以致我們原本已經封閉的心靈就更加封閉，已經存在的成見就更加堅固，不同看法與興趣的人也就更加壁壘分明，難以溝通、難以妥協（McIntyre, 2018）。

令人鼓舞的是，不少研究顯示，影響假訊息辨識或更正效力的關鍵在於人的認知能力。人們確實會在接收到正確訊息之後調整其原有態度，但調整的程度取決於一個人的推理、記憶、理解與解決問題的認知能力。認知能力比較低的人受到原先錯誤訊息的影響比較大，而且接收更正訊息後的調整程度也比較小。但認知能力比較高的人則在接收到更正訊息之後，能夠將自己的態度調整到與未曾接收到錯誤訊息者差不多的程度。另外一項研究亦發現，人的分析性思考傾向與假訊息辨識之間存在正相關性，越少做分析性思考的人越無法辨識消息的真假（胡元輝，2018）。

職是之故，人類顯然有必要矯正自己的認知缺陷，提升自己的認知能力。畢竟方便使用而且具有民主潛能的傳播科技不可能棄而不用，問題在於如何讓它發揮正面的作用。同樣的，光是依靠新聞媒體回歸正軌也無法解決假訊息的問題，畢竟現在已是數位傳播時代，大眾可以不透過媒體自力交流。唯有每個人強化自身的媒體與資訊素養，在一定程度上克服自己的認知缺陷，讓自己產生假訊息的「免疫力」，我們才有可能有效壓制假訊息的氾濫與氣焰。

🏛 伍、媒體素養教育與批判性思考

媒體與資訊素養教育已被全球民主國家視爲公民素養的核心組成，提升公眾的媒體與資訊素養雖是對付假訊息的長程工作，卻也是最爲根本與民主的對策（Bulger & Davison, 2018）。我們很難想像一個公民素養低落的國家，民眾能夠擁有對抗假訊息的能力；反之，一個公民素養高度成熟的國家，民眾等於擁有對抗假訊息的免疫力，自身就是假訊息的過濾器，就是力量十足的資訊風險管理者（risk managers），足以化負面作用於無形。誠如兩位美國媒體素養教育專家 Tessa Jolls 與 Michele Johnsen（2018, p.1396）所言：「媒體素養教育向來重要，對處於資訊豐盛年代重視民主興旺的自由國家而言，它更是公民所需的絕對關鍵技能。」

媒體與資訊素養教育要如何讓民眾產生對抗假訊息的免疫力呢？許多研究發現，人的認知能力其實可以經由訓練或教育來培養，只要掌握一些訣竅，並且有意識的自我訓練、自我要求，就可以相當程度的克服自己的認知缺陷，鍛鍊出我們對假訊息的「免疫力」。而許多科學家認爲這些能力中最重要的一種就是：批判性思考（critical thinking）的能力（Cooke, 2018）。

什麼是批判性思考的能力呢？用最簡單的話來說，就是審慎面對問題、理性分析事理、勇於追根究底、敢於否定自我的能力。這項能力最重要的精神就是「開放」，最講求的原則就是「證據」，無論是資料的蒐集、分析或解讀，都願意敞開心胸，向所有的可能開放，向不同的立場開放，然後用理性的分析找出事情的真相、論述的事證與問題的解答，即使發現事實或答案與自己以往的看法相悖，也願意自我調整、自我改正。所以，擁有批判性思考能力的人不只願意評估所有觀點，更重要的，猶能虛心檢視自己的信念（Browne & Keeley, 2018; Levitin, 2016）。

　　就假訊息的問題來說，所謂批判性思考的能力就是「疑、查、辨」的能力，也就是懷疑、探查、明辨的三部曲，如圖 6-4。當我們遇到任何想要影響我們認知的訊息，任何異常、離奇或有強烈主張、鮮明立場的訊息時，都要先抱持一個懷疑的態度。接著透過各種方式蒐集相關資料，包括不同來源、不同立場的資料，進行不帶成見的比對，俾期辨識這些訊息是否有其可疑之處？是否有證據不足之處？或甚至是誇大、扭曲或虛構之處？最重要的，批判性思考是要我們藉由此一程序，瞭解假訊息來自何處（Who）？說了什麼（What）？為何要說（Why）？亦即從探究訊息的傳播脈絡（context）來徹底破解假訊息（Jolls & Johnsen, 2018）。

圖 6-4　破解假訊息的數位素養

　　我們可以用五字口訣來代表這種辨識假訊息所需要的技巧，依照順序來說，分別是：「忍、想、查、問、戳」，也就是「忍一下、想一下、查一下、問一下、戳一下」。看到疑似假訊息，先忍一下不要外傳，並且問自己：這是真的嗎？然後，想想這個訊息中到底哪裡有問題？為何會有這樣的訊息？再針對可疑可怪之處認真查資料、問專家，最後用開放的態度、理性的分析做出判斷。如果確定就是假訊息或屬於可疑的訊息，那麼作為現代公民的我們就還有戳破它的責任，

把我們的推論與理由告訴親友，讓他們不要受騙上當，輕信謠言或不實訊息。

　　為了對抗假訊息，國際上已經有許多學術機構與公民團體提出一些簡單扼要的辨識方法或素養，易學易懂，可以作為一般公民「打假」的初階素養。例如國人使用最多的社交媒體之一「臉書」，就在它的平台上提出十點假新聞的辨認訣竅，包括對標題持懷疑態度、仔細留意連結、調查新聞來源、注意不尋常的格式、檢查相片、檢查日期、查核證據、參考其他報導，以及留意報導是否只為博君一笑、警覺刻意捏造的報導內容等。

　　確實，假訊息常常伴隨聳動的標題、不合常理的宣稱、匿名的消息來源、貌似既有媒體組織的名稱、怪異的排版、修改過的圖片，或是不合理的時間順序等等，面對這些可疑的現象，我們必須要秉持懷疑的精神，尋求進一步的查證。臉書所提出的十點訣竅不僅與上述的「忍、想、查、問、戳」五字口訣做法相通，亦與批判性思考的精神緊密結合。無怪乎，臉書在提醒使用者必須警覺刻意捏造的報導內容時，特別提及「閱讀報導時，記得保有批判性思考，並僅分享您認為可信的新聞」。

　　「二人同心，其利斷金」，儘管沒有任何一項對策可以單獨抑制假訊息的氾濫，但所有對策整合起來卻可以發揮龐大的作用。即使如此，我們還要進一步理解，假訊息不只是科技問題，還是政治、經濟、社會、文化等層面的問題。換言之，假訊息乃是奠基於社會所存在的爭議或衝突，如果社會爭議或衝突能有效解決，假訊息就不容易見縫插針、掀起波瀾。因而欲徹底解決假訊息的問題，還需要面對假訊息所指向的政治經濟或社會文化問題，必須對症下藥，方能真正藥到病除。

陸、當代民主的假訊息防衛戰

　　假訊息不只可能傷害個人，一旦涉及宗教信仰、公共政策或國家安全，猶可能形成整個社會的震盪。例如斯里蘭卡的臉書使用者曾於2018 年謠傳穆斯林在販售或提供給佛教徒的食物中下毒，造成嚴重的宗教衝突與社會動盪。2018 年 9 月發生的日本關西機場事件，我國媒體與網路因為傳播來自中國大陸網站有關旅客救援的不實訊息，結果亦造成極大的社會爭議與對立。足見假訊息的影響可大可小，不容輕忽。更令人擔憂者，厥在於假訊息對社會的影響不只有外顯的傷害，還會對民主社會形成「內傷」。

　　民主制度最基本的原理就是人民自治，所以人民是頭家，公共事務需經由人民的參與或投票來決定。但人民要如何自治呢？最重要的依據就是真實可靠的資訊，藉此進行討論並形成公眾意志，從而決定國家政策的走向。而如果公眾所擁有的資訊多係扭曲真相、虛構事實，或是自己毫無能力區別黑白、辨識真假，那麼不只人民無從做出公共事務的正確判斷，整個社會還可能因此陷入彼此攻訐、相互仇恨的境地。民主國家難免衝突與爭議，但它絕不可能穩固運作於一個嚴重對立與斷裂的社會之中，而這正是假訊息對民主社會所可能形成的嚴重「內傷」。

　　面對假訊息對民主與人性所可能造成的傷害，英國下議院在其對策報告中強調：「我們的民主正處於危險之境，現在是起而行動，保衛我們的共享價值以及完整的民主制度的時候了。」（Digital, Culture, Media and Sport Committee of the House of Commons, July 29, 2018, p.3）誠然，民主不會從天而降，成熟的民主亦然。一如民主在以往所遭遇的各種難題與衝擊，今天的假新聞課題不過是民主的當代挑戰而已，既不特別艱難，亦無特效藥方，但不能超克，民主即有倒退之虞。超克假新聞或假訊息不僅是政府的責任，也是我們每個人的責任。

　　沒有資訊，我們固然沒法參與公共生活；但如果沒有眞實可靠的資訊，我們也不可能擁有美好的公共生活。我們以前常說陽光、空氣與水是生命的三要素，如今，資訊則是現代人能否擁有美好生活的第四要素。無論是報紙、電視等傳統媒體提供的訊息，或是從網路搜尋、社群媒體得到的資訊，我們都要用清醒的腦袋、批判性的思考來面對。如果每位公民都能破解資訊背後的密碼，擁有辨識假新聞或假訊息的能力，做個數位時代的聰明資訊人，不只個人的生活可以得到保障，我們的民主運作亦將得以鞏固。

BOX 4：假訊息案例：衛生紙之亂

　　2018 年 2 月，我國某大賣場以衛生紙即將漲價進行促銷，引發媒體爭相報導，造成民眾陷入恐慌性搶購，結果民眾不是搶購了過多的衛生紙，就是面臨一捲衛生紙難求的困境。2018 年 3 月 14 日，公平交易委員會經調查後以該賣場違反《公平交易法》第 25 條進行不當行銷為由，處以新臺幣 350 萬元罰鍰。

BOX 5：假訊息案例：印度手機謠言致人於死

　　印度於 2018 年爆發多起「手機殺人」事件，其源頭只是某些人的無端指控。例如該年 7 月，一名印度谷歌工程師與友人出遊，因為同行友人贈送巧克力給小孩時出現孩子無故哭鬧的情形，讓村民誤會他們是綁架孩童的人蛇集團，結果該名工程師被手機召喚來的暴民圍毆致死，另兩名友人也重傷送醫。根據印度媒體的調查統計，在此事件發生之前的一年內，印度已經出現十五起類似的綁架兒童網路謠言事件，共導致二十七人被民眾私刑死亡。

BOX 6：假訊息案例：關西機場事件

2018 年 9 月，日本關西機場因「燕子颱風」襲擊而關閉，包括兩岸在內的旅客滯留機場。中國大陸媒體「觀察者」於 9 月 5 日報導：「中國領事館來接人了！」但所憑資料皆是來源不明的「微博朋友圈陸續傳來消息」。例如其中一項截圖資料指出：「中國駐大阪總領事館準備了 15 輛大巴，優先安排中國公民撤離關西機場，並給大家發了吃的喝的。離開機場的時候，日本人和其他國家地區的民眾還在排隊，一眼望不到頭。為強大的祖國點讚。ps. 遇到幾個臺灣同胞問，我們能上這輛車嗎？統一回答可以呀。只要你覺得自己是中國人就可以上車跟祖國走。」但此一 5 日晚間發出的不實訊息卻在隔日立即成為臺灣各家媒體爭相引用的報導，雖然事後證明此一報導係利用部分移花接木的事實以及捏造的訊息虛構而成，但仍然對臺灣社會發生了極大的影響，我前駐日本大阪辦事處處長蘇啟誠於同年 9 月 14 日被發現在日本自縊身亡。

BOX 7：假訊息案例：COVID-19疫情

2019 年 12 月底 COVID-19 疫情爆發之後，各種假訊息蜂擁而出，包括該病的形成原因、傳散情形、防護方式、治療方法等等，都出現大量假訊息，連帶引發口罩、酒精等防護用品之亂。

有關原因類的假訊息很多，例如網路傳出一些武漢人吃蝙蝠湯及住家屋頂住蝙蝠的影片，但並非真正來自武漢的影片。其他也有涉及竹鼠、蛇等動物及非動物病源的多種說法，但都缺乏完整可信的研究或證據可資確認。

有關傳散類的假訊息也很多，例如北投消防隊光明分隊載到武漢肺炎確診者，北投榮總有確診病人往生且立刻火化等特定染病者的訊息，以及中國飄來的雲層挾帶病毒，確診案例都是葷食者之類的謠言。其他也有很多涉及如何傳染、傳染情形、致死率、基本傳染率 RO 的錯誤訊息。

有關防護類的假訊息更是不勝枚舉，例如中國工程院院士鐘南山提出防病毒高招，可以用淡鹽水漱一下咽喉部位來免於被傳染，被其研究團隊嚴正否認。其他的防護類假訊息所提出的錯誤方法包括：大量喝水、熱水、紅茶與普洱茶，在家裡開暖氣和空調，用乙酸（白醋）加水稀釋噴在空間中消毒，將環保酵素稀釋後漱口或洗食物，在房間放置沒有剝皮的洋蔥，以及將小磨香油滴進鼻孔等。訊息接收者如果相信這些「偏方」，將可能造成身體健康的嚴重危害。

有關治療方法的假訊息亦不一而足，例如病患可以喝煮沸的濃大蒜水或每天二兩白酒來治癒，WHO 官員宣布以尼古丁殺毒最具療效等。

至於口罩之亂，則是在尚未出現疫情防護需要時，由於媒體或網路傳言凸顯個別口罩缺貨狀況或搶購情形，或渲染臺灣疫情的嚴重性，以致產生民眾的恐慌，形成口罩的搶購或囤貨。酒精亦有類似情形，甚至一度因衛生紙將缺貨的謠言，引發該類產品的短暫搶購。

問題與討論

1. 既然網路與社群媒體平台是假訊息的重要傳播管道，那麼它們應該承擔何種責任？網路與社群媒體平台是單純提供使用者自由流通訊息的平台，還是具有類似傳統媒體的訊

息編輯功能？

2. 傳播假訊息的民眾應該接受適當的法律處分？還是要從言論自由的角度予以保障？

3. 什麼是事實查核？誰在進行事實查核？它應該遵循什麼樣的方法論？

參考資料

一、中文部分

王榮輝譯（2019）。《過濾氣泡、假新聞與說謊媒體——我們如何避免被操弄？：有自覺使用媒體的第一步》。臺北市：麥田。（原書 Theisen, M. [2019]. *Nachgefragt: Medienkompetenz in Zeiten von Fake News: Basiswissen zum Mitreden*. Bindlach, DE: Loewe Verlag GmbH.）

行政院（2019）。《防制假訊息政策簡介》。臺北市：作者。

胡元輝（2018）。〈造假有效、更正無力？：第三方事實查核機制初探〉，《傳播研究與實踐》，8(2)：41-73。

羅世宏（2018）。〈關於「假新聞」的批判思考：老問題、新挑戰與可能的多重解方〉，《資訊社會研究》，35：51-85。

二、外文部分

Annenberg School for Communication (2017, December). *Understanding and addressing the disinformation ecosystem*. Retrieved from the First Draft Web site https://firstdraftnews.org/wp-content/uploads/2018/03/The-Disinformation-Ecosystem-20180207-v2.pdf

Browne, M. N., & Keeley, S. M. (2018). *Asking the right questions: A Guide to Critical Thinking*. (12th ed.). London, UK: Pearson.

Bulger, M., & Davison, P. (2018). *The promises, challenges, and futures of media literacy*. New York, NY: Data & Society Research Institute. Retrieved from https://digital.fundacionceibal.edu.uy/jspui/bitstream/123456789/227/1/DataAndSociety_Media_Literacy_2018.pdf

Cooke, N. A. (2018). *Fake news and alternative facts: Information literacy in a post-truth era*. Chicago, IL: American Library Association.

Digital, Culture, Media and Sport Committee of the House of Commons. (2018, July 29). Disinformation and 'fake news': Interim report. London, UK: Author. Retrieved from https://publications.parliament.uk/pa/cm201719/cmselect/cmcumeds/363/363.pdf

European Commission. (2018, April 26). *Tackling online disinformation: A European Approach* [Communication]. Brussels, BE: Author. Retrieved from: https://eur-lex.europa.eu/legal-content/EN/TXT/?uri=CELEX:52018DC0236

Jolls, T., & Johnsen, M. (2018). Media literacy: A foundational skill for democracy in the 21st century. *Hastings Law Journal*, *69*(5), 1379-1408.

Levitin, D. J. (2016). *Weaponized lies: How to think critically in the post-truth era*. New York, NY: Dutton.

McIntyre, L. (2018). *Post-Truth*. Cambridge, MA: MIT Press.

McNair, B. (2018). *Fake news: Falsehood, fabrication and fantasy in journalism*. New York, NY: Routledge.

Newman, N., Fletcher, R., Schulz, A., Andi, S., & Nielsen, R. K. (2020). *Reuters Institute digital news report 2020*. Oxford, UK: Reuters institute for the Study of Journalism.

Singer, P. W., & Brooking, E. T. (2018). *LikeWar: The weaponization of social media*. New York, NY: Houghton Mifflin Harcourt.

Vosoughi, S., Roy, D., & Aral, S. (2018). The spread of true and false news online. *Science*, *359*, 1146-1151. doi:10.1126/science.aap9559

Wardle, C, (2017, February 16). Fake news. It's complicated. *First Draft*. Retrieved from https://firstdraftnews.com/fake-news-complicated

Wardle, C., & Derakhshan, H. (2018). Thinking about 'information disorder': Formats of misinformation, disinformation, and mal-information. In C. Ireton & J. Posetti (Eds.), *Journalism, 'fake News' & disinformation: Handbook for journalism education and training* (pp.44-56). Paris, FR: UNESCO.

第七章

社交媒體之數據、演算法與隱私

鄭宇君

🎓 壹、前言

在二十一世紀初第一波網路泡沫化之後，出現了許多新興的網路服務，被稱爲 Web 2.0，像是 Facebook、YouTube、Blog、Wikipedia 等，它們與前一代網路服務最大的差別在於重視使用者創作內容、集體協作與分享，當中許多就成爲後來的社交媒體。Social media 有人譯爲社會媒體、社交媒體或社群媒體，三種譯名分別強調它的不同特性：社會性，意指它如同眞實社會具有各種規範與衍生問題；社交性，著重它串連的人際網絡連結，形成的龐大訊息流動系統；社群媒體，強調它聚集群眾的魅力，是行銷領域與一般通俗的稱呼。

不到十年之內，Facebook、YouTube、Twitter 已經成爲全球普及的社交媒體。就臺灣而言，Facebook 大約在 2009 年下半靠著開心農場遊戲吸引很多上班族使用，利用上班空檔到 Facebook 友人的農場裡「偷拔菜」，一旦開始有人玩，其餘同事也會跟著加入，這種一個拉一個的社交力量，正是 Facebook 的最大吸力，當你的朋友、同事都在這個社交媒體上玩耍，你怎麼能拒絕它？大約同時在臺灣興起的是 YouTube，在 2010 年 YouTube 已經是很多人觀看的影音內容來源，但當時觀看的內容多是音樂錄音帶或影視片段等專業組織所產製的內容。2008 年開始在 YouTube 拍攝搞笑影片評論時事的蔡阿嘎，大概是最早的本土 YouTuber。時至今日，YouTube 上的專業公司產製內容與個人 YouTuber 產製內容的比例已經不分軒輊，後者甚至比前者更容易引起網路話題。

至今有各式各樣的社交媒體服務出現，根據荷蘭新媒體研究者 van Dijck（2013）的分類，可將社交媒體分爲四大類：第一類，社交網絡平台（Social Network Sites，簡稱 SNSs），以社交網絡爲基礎的社群網站，方便用戶與親友連結互動，包括 Facebook、Twitter、LinkedIn 皆屬於此類；第二類，使用者創作內容平台（User-Generated Content，簡稱 UGC），方便使用者分享創作內容的平台，如YouTube、Flickr、Wiki、Instagram 等；第三類，交易與行銷平台（Trading and Marketing Sites，簡稱 TMSs），意指以商業行為或行銷目的為主的平台，如 eBay、Amazon 等；第四類，遊戲平台（Play and Game Sites，簡稱 PGS），以線上遊戲為基礎的社交互動平台。

　　其中，第一類的社交網絡平台是使用人數最多的，其次為第二類的使用者創作內容分享平台，這兩類皆有超大型且具影響力的平台，這類平台通常開放應用程式介面（API）供研究者或第三方蒐集用戶資料，進行其他應用程式開發或研究；第三、第四類社交媒體平台則較為封閉，僅限於特定公司的消費者，它們的規模較小、數量眾多，用戶基於特定興趣參與遊戲或交易平台，用戶資料也多半屬於公司內部資料。多數的社交媒體研究皆針對前兩類平台，本文後續討論亦以前兩類平台為主。

貳、社交媒體促成平台社會

　　這些社交媒體與前一代網路服務或傳統媒體的最大差別在於絕大多數社交媒體業者本身不產製內容，它只提供一個平台，完全依靠使用者自行提供內容來吸引用戶互動，這些提供內容的用戶包含機構用戶與一般用戶。機構用戶一般是指專業組織，像是大眾傳播產業的新聞媒體、電視臺、電影公司、明星等，他們提供的專業內容過去仰賴有線或無線頻道播放，或是透過實體通路發售商品，現今得走入社交媒體才能吸引龐大的用戶注意；一般大眾用戶則包括許多會產製內容的生產性消費者，像是熱門的 YouTuber，以及純粹觀看內容的用戶。因而，平台業者的經營重點在於如何依據不同社群需求來設計平台，吸引用戶在平台上互動並產生內容。

　　社交媒體作為平台的必要條件在於它的雙重連結，一方面與他人產生連結是驅使許多用戶登入網站的動機，因而這些網路平台更

加強調社交性；另一方面，平台的可連結性也是有價值的資源，讓用戶方便從一個平台連結到其他平台，可以看到更多有用或有趣內容。它促成的結果是平台之間的相互連結，從 Facebook、Twitter、YouTube、新聞網站、電商網站彼此之相互連結，浮現一個連結性媒體的生態體系，由少數但規模超大的社交媒體（如 Facebook、You-Tube），以及大量卻規模少的各類網站服務互相連結而成。

　　不同的社交媒體能串連成一個龐大生態體系，讓訊息在平台上相互流動，主要原因乃是各個平台能將所有的內容與用戶的社交行為都拆解為最原始的共通資料格式，再根據各個平台的設計目標撰寫程式將它組合而成。因此，社交媒體平台的基本組成結構，包含五個組成元素：(1) 資料 / 後設資料（Data / Metadata）：後設資料是關於資料的資料，是資料的結構信息，如某筆資料生成的地理、時間資訊或暫存檔（cookies），它有助保護智慧產權，網站或廣告商亦可用來追蹤用戶行為數據，但自動生成的後設資料有時會侵犯個人隱私，因此經常成為用戶與平台所有者的抗爭戰場；(2) 演算法（Algorithm）：意指平台利用某個數學公式與參數來計算社交互動，並產出結果，演算法決定了社交平台的競爭力，因此完整的演算法經常是商業機密；(3) 協定（Protocol）：用來統一不同系統之間的資料格式，以隱蔽方式引導用戶行為朝向管理者偏好方向進行，因此有人視協議為「管理者霸權」；(4) 介面（Interface）：分為用戶可視介面與用戶不可視介面，可視介面意指用戶終端介面，通常是圖像化、易操作的，而不可視介面則是用來連結軟體與硬體，API（Application Program Interface）則是介於軟體與硬體之間的溝通介面，對於應用程式開發者而言，API 是部分可視的介面；(5) 預設值（Default）：軟體中的預設值，具有引導用戶的功能（van Dijck, 2013）。

　　在千禧年以來的短短十年間，網路文化的轉變從網絡化傳播到平台式的社交性，也是從參與式文化到連結性文化的過程，社交平台的組成和人們的社交實踐是相互影響的，用戶會使用不同策略發出適當

的訊息，進而衍生出平台社會與平台經濟。

參、分享文化與按「讚」經濟

如今每個人使用多種社交媒體已是常態，對年輕世代而言，Facebook 成為人際互動的公開入口，Facebook 的好友包括父母師長及學校同學，藉此進行公開社交或報告討論，但較親暱的朋友則以 Instagram 互動，甚至近況只放限時動態（24 小時後即消失），以保有更多的個人隱私。

社交媒體上每一次的點擊互動都代表著社交媒體的雙重連結，從使用者的角度來看，每一次的按讚分享，都在確認人與人之間的連結關係，人們分享了文字、照片、影音內容、資訊、商品、對話、情感、意義、協力合作、社群認同；在平台介面的另一端，每一次點擊代表著用戶與社交媒體平台的資料交換，這些數據透過網際網路連結到遠方的各個伺服器，這些伺服器記錄了用戶點擊的時間、地理位置、內容、超連結，以及用戶日誌等各種後設資料。

藉由社交媒體的雙重連結，人們得以在平台上進行永不停歇的交換、擴張、延伸、再交換，得以形成今日龐大、含括全球用戶的巨型社交網絡服務。這是網際網路成為今日全球各國基礎設施之必然性，倘若沒有網路，這一切交換都不可能發生。

對 Google、Facebook 等大型網路服務公司而言，他們更感興趣的是用戶資料，這些資料原本是促成連結的副產品。社交媒體公司為了想辦法讓用戶持續待在線上，工程師找出方法將用戶互動資料寫到演算法的程式裡，透過演算法來推薦個人化的內容，吸引用戶停留在平台更多時間，同時也可幫助品牌在線上獲得更佳社交性的市場。Facebook 強調人們的連結關係是社交的基礎，科技僅是方便社交活動的進行；然而，Facebook 的這種做法是讓人與人的連結成為一種資源，社交成為一種可販賣的商品，每一個用戶的朋友關係成為

Facebook 的珍貴資產，因為 Facebook 得以透過用戶與朋友的互動痕跡來計算、推薦其他內容。批評者認為，閱聽人在其中更加成為商品化，使用者則是用個人隱私交換更多樣的線上社交活動。

多數人在社交媒體上進行分享行為，對於訊息傳遞很重要。然而，社交媒體的分享行為並非自然形成，而是由技術的介入形塑出一種「分享」的意識型態，構成了社交媒體的標準生態模式。van Dijk（2013）指出，Facebook 在技術層面創造了讓線上社群容易互動的平台，它鼓勵使用者互相「加為好友」及「按讚」，這些都是具有「分享」意識型態的行為，讓「分享」形成為社會文化的一種主流價值。但並不是每一位朋友所分享的內容都有同樣機會讓用戶看到，Facebook 平台透過編輯過的內容排序、管理政策、商業模式，介入了使用者容易觀看到什麼內容，當然也包括使用者不容易看到哪些內容。

Jenkins、Ford 與 Green（2012）對社交媒體的分享文化抱持正面態度，當人們從他人處接收了分享內容，也產生新的意義，人們不再是思考內容生產者要傳達什麼訊息，而是思考分享內容的人到底想要傳達什麼意義，社交媒體的分享文化支撐了人和他人持續對話的意願，社交媒體分享帶來一種參與的文化，讓更多人可用簡單方式參與，並關注公共事務。

Facebook 透過社交媒體按鈕與資料分析平台，將影響力延伸至整個網路的野心，形成社交媒體的按「讚」經濟（Gerlitz & Helmond, 2013）。各種社交按鈕成為計算用戶參與的計數器，這些計數器可用來衡量用戶連結到不同網站的行為，按「讚」這個按鈕讓用戶產生的各種數據彼此流動，促進了網路的重組與聚合，計數器同時可跟蹤用戶行為，並將行為轉換為用戶參與的數據，網路的各種按鈕和插件將不同網站彼此連結，成為一種新形式的網路結構。透過推出社交插件，Facebook 用戶的互動，如喜歡、評論和分享不再侷限於Facebook，而是分布在整個網路，用戶能夠更廣泛的將網路行為連

接到他們的個人資料。

　　舉例來說，例如用戶的臉書帳號保持登入狀態時，當用戶在新聞網站上按讚時，臉書也追蹤了用戶在新聞網站的瀏覽行為。在這種情況下，外部網站不能被認為是離散的，而是一種基於相互作用的平台。這些社交插件讓網站可為用戶提供個性化的內容，並增加了用戶的朋友在網站中的參與行動。

　　除了社交按鈕之外，使用者在社交媒體上所建立的朋友關係，亦包含了技術介入的空間。Twitter 用「追蹤者」（follower）這個詞彙來描述用戶及其他人的關係，用戶與追蹤者可以是雙向訂閱，也可以是單向追蹤，後者往往比前者來得重要。一名具有眾多追蹤者的用戶，他所分享的訊號會被很多人看到，意謂他在社交媒體中越有影響力，因此，用戶擁有的追蹤者或粉絲數成為可量化的價值，像是名氣定律。當一個用戶在社交媒體上擁有越多追隨者，意謂他越有價值，且別人會認為他很熱門而願意跟他產生連結，像是現今的各類型網紅，某種程度成為網路上的微型意見領袖。

肆、社交數據與演算法

　　社交媒體把用戶的各種互動轉換為社交數據，目的是為了要將這些資料輸入演算法產生結果。演算法是社交媒體得以針對不同用戶產生差異化內容的核心技術。社交媒體演算法會隨著用戶的分享行為而適應、學習、回應與改變，將用戶行為的數據輸入演算法，以決定平台該推播到該用戶時間軸何種內容，此時用戶所看到的貼文不再是依照線性時間排列的內容，而是由演算法推薦給用戶的個人化內容，這個稱為演算法時間軸（algorithmic timeline）（Bucher, 2017）。演算法會影響人們對技術的預期與感知，當人們在社交媒體上採取某些行為時，他也會想像這樣的行為會使演算法推薦特定主題內容給他，最終用戶的各種情緒與互動就會形塑了他個人在社交媒體中所經驗的

社交世界。

Facebook 演算法看重貼文互動率、分享數等各種社交數據，透過按讚、表情符號、分享等各種社交按鈕鼓勵用戶參與，並可連結 YouTube、新聞網站等不同平台，讓用戶在不同社交媒體平台產生的各種數據彼此流動，成為演算法的參數。當人們對某些新聞或訊息按讚、怒、哭臉、評論、分享等各種情感與互動，這些集體行為會影響演算法推薦給人們自己或其他人後續的新聞與訊息類型。演算法推薦內容經常遵循三個主要原則：對全體用戶而言的熱門文章、經由朋友社群過濾的熱門文章、與用戶自身瀏覽歷史相關的熱門文章。

從另一個角度想，當人們預期到演算法的推薦方式，他也會調整自己的行為來達到預期的結果。例如當他知道某種貼文分享越多次，會被演算法推播給更多人看到，用戶就會刻意去分享這類貼文，並邀請朋友幫他大量分享；另一方面，當有些內容是用戶想看但不想讓別人或演算法知道，他會刻意壓抑自己對這些內容按讚，以避免讓朋友知道他看過這些內容，也不想讓演算法推薦這些內容給他，像是低俗笑話或情色內容。

因此，社交媒體的演算法決定了訊息的可見性，將朋友化約為可計量的節點。但每個社交媒體的演算法都是商業機密，無法對外揭露，外界只知道有上百個參數會影響演算法的運算結構，用戶只能嘗試並從經驗中推論哪些是容易增加貼文能見度的因素。社交媒體平台亦會因應商業目的，不斷修改演算法與使用者介面的配置，它改變了用戶體驗與社群行銷方式，這些設計影響了社交媒體中的人際互動與訊息流動。

伍、社交數據分析在政治和行銷之應用

每天有上億人口在社交媒體互動並產生大量的數據，這些數據除了供社交媒體自行使用外，在行銷與政治中也有很多絕佳應用。社交

媒體大數據分析的方法應用主要集中於下列幾個面向：

第一，使用資料科學方法分析社交媒體用戶生成的大量內容，像是社交媒體的輿情偵測與口碑行銷，這也是在政治與行銷領域最常見的應用。這個應用亦稱爲「社群聆聽」，像是分析政治人物在網路社群的討論聲量、網友討論母親節要送什麼禮物、品牌危機時的輿情偵測，透過社群聆聽瞭解網路社群滿意或不滿意的痛點是什麼，儘速提出解決危機的策略。透過自然語言處理，目前除了對大量貼文內容進行內容分析外，還可加上情緒與立場分析，找出公眾對於一個特定事件的正負面情緒，並偵測公眾對爭議議題的支持或反對立場。

其次，在分析大量貼文之外，若能同時蒐集到發文者資料，便可結合社會網絡關係分析，分析社交媒體大量用戶的群聚關係，找出具影響力的用戶以及他周圍的群眾爲何。若能有長期資料持續觀察社會網絡變化，也可進一步發現哪些是死忠的鐵粉、哪些是路過的粉絲，甚至也可透過社會網絡分析找出一些協同合作的假帳號，以辨識出帶風向的訊息操弄行爲。

第三，利用程式與數據追蹤用戶的數位足跡（digital trace data），分析用戶的線上活動記錄，例如追蹤用戶最常到訪的新聞網站或是電商網站，或是找出用戶在評論政治事件時最常引用或分享的新聞網站超連結。透過用戶的數位足跡，行銷人員可勾勒出每個網站的消費者輪廓，進而找出更適合的目標消費者，亦可運用數據找出特定目標者投放廣告，達成精準行銷的目標。但這個應用也是最容易侵犯用戶的個人隱私，一旦用戶使用臉書帳號作爲登入各個網站的帳號，無形中也讓臉書等社交媒體平台得知你的喜好。

🏛 陸、數據隱私與GDPR

由於社交媒體進入到每位用戶的日常生活，鼓勵人們在社交媒體分享與互動，它透過記錄用戶的各種數據來掌握用戶的行爲模式，甚

至是瞭解用戶的喜好、動機，甚至有人說「社交媒體比用戶更能瞭解他自己」，社交媒體的實踐影響了社會及文化常規，特別是影響人們對於隱私的態度，並模糊了人們對於數據控制的想像。

Facebook、Twitter 等社交媒體一開始創立時都有提供 API，方便第三方開發者在社交媒體上開發各種應用程式，包括各種小遊戲、心理測驗等。早期使用者在 Facebook 平台上玩了某款遊戲或心理測驗，Facebook API 不只授權第三方公司取得該用戶在 Facebook 的數據，同時也能取得這個用戶的所有 Facebook 朋友的相關數據。換言之，即便用戶本人沒玩此遊戲，只要你有一個 Facebook 朋友參與類似遊戲，就會讓你的個人資料外洩給第三方。

2013 年成立的劍橋分析公司（Cambridge Analytica）即利用此漏洞，開發一款免費的心理測驗，用戶在不知不覺中會提供居住位置、打卡位置、朋友名單、按了哪些貼文讚等資料給該公司。劍橋分析公司利用這種方式約取得至少八千七百萬 Facebook 用戶的個人資料。在 2016 年美國總統大選時，川普競選團隊聘用劍橋公司利用社交數據分析來預測美國選民的心理，針對選民偏好投放特定廣告，劍橋公司涉嫌以這種方式影響美國大選結果；在英國脫歐公投期間，支持脫歐陣營亦委託劍橋分析進行社交媒體數據分析與廣告投放。

當脫歐公投與川普當選結果公布之後，劍橋分析運用 Facebook 數據分析進行精準投放廣告的舉動才被揭露，這事件引起很大的爭議，主要關鍵在於各方事先都沒預想到透過社群數據分析來投放競選廣告的影響力有這麼大，甚至扭轉了投票前各種民調公司與選舉專家預測，劍橋分析事件也讓 Facebook 深陷使用者個資外洩的爭議漩渦。這起事件讓人們開始反思 Facebook 記錄了這麼多用戶在社交媒體的行為數據，並將這些數據給予第三方公司及自身公司運用是否造成隱私外洩問題？也因此美國及歐盟都展開調查並修改相關規範。

儘管社交媒體上的各種實踐活動已經改變了「隱私」之定義，許多用戶自願且樂於上傳個人照片、公開打卡地點、直播等，社交媒

體成了公開展演私人生活的平台。然而，使用者自願上傳這些資料，不等同於他同意社交媒體公司將這些資料挪為他用。各國紛紛開始討論如何制定或修改保護個人隱私的法案。其中最著名也是最嚴格的法案，是歐盟 2016 年通過的「一般資料保護條例」（the General Data Protection Regulation，簡稱 GDPR），透過嚴格的法案限制來保障個人隱私權利。這個隱私權法案適用於所有蒐集歐盟公民個人資料的組織，包含了這些以全球用戶為對象的各大社交媒體公司。

GDPR 的立法重點在於加重企業責任，強化當事人權利。加重企業責任意指若有企業或組織違反該法，最重可被處以全球營業額的 4% 或是兩千萬歐元的高額罰款；若有個資洩漏事件，企業必須在 72 小時內回報當地個資保護主管機關。GDPR 的適用範疇涵蓋也極廣，除了社交媒體，亦包含各種電商網站或線上服務平台（翁書婷，2018 年 8 月 3 日）。

GDPR 同時在規範中強化當事人權利，有三種權利與資料處理特別相關：第一、被遺忘權，資料當事人在特定條件下，有要求資料控制者刪除其個人資料之權利，例如要求搜尋引擎刪除與當事人相關資料的權利；第二、資料可攜權，意指個人對於自身資料擁有更多操控權利，例如可下載自己在社交媒體的貼文資料，或將個人資料在不同載具中移轉；第三、個資自動化決策的反對權，當企業以演算法自動化方式處理個人資料的分析與決策時，有責任告知資料當事人電腦演算法決策採用的評判標準或依據，當事人有權提出反對，以避免「演算法歧視」（翁書婷，2018 年 8 月 3 日）。

GDPR 在 2018 年 5 月開始實施後，Facebook 及 Google 公司皆因違反該法規定而收到多次高額罰款，迫使這些網路巨擘公司不得不謹慎檢視並修改其資料釋出與流通的各限規定，同時也限縮了 API 授權取得資料的權限，對網路使用者隱私也有更多保障。

柒、人臉辨識與人工智慧

近幾年對於圖像辨識的電腦技術大幅進展，成為社交媒體另一個重大的隱私議題。當人們在社交媒體上傳自己與親友合照時，各個平台都提供標記人像的功能，供用戶自行標記合照中的其他人，這些大量人工標記資料便成為機器學習的絕佳訓練材料。Facebook、Google、Instagram 透過這些資料來訓練人臉辨識模型，再由模型自動標記新相片中的人物，並請用戶確認是否正確，等於是再用人工進行除錯，經由上億張照片人臉標記的訓練後，如今各家公司的人臉辨識技術皆能精準找出某人，甚至可辨識某人從年輕到老的照片。

人臉辨識技術是近年熱門的人工智慧研究領域，包含資訊安全、治安或門禁系統等領域，像是蘋果智慧型手機可用人臉辨識來解鎖。但人臉辨識技術也引發了侵犯個人隱私的疑慮，像是政府可透過無所不在的監視器影像加上人臉辨識的技術，追蹤特定人物的出入行蹤，有侵犯人權的嫌疑。許多國家在人權團體抗議之後，宣布除非是有犯罪嫌疑者，停止將人臉辨識技術用於一般人。

此外，當用來訓練 AI 圖像辨識系統的資料庫存有歧視，所得到的人工智慧判斷結果亦可能承襲人類的偏見。美國麻省理工學院（MIT）的 Tiny Images 資料庫，是訓練人工智慧圖像辨識系統的公開資料集，它蒐集多達八千張圖片和相關詞彙，資料庫內容都是網路自動取得。但批評者指出這些標記內容常帶有偏見，例如將黑人和亞洲人與負面詞彙相連結，或是有性別歧視內容，開發者使用這個資料集進行人工智慧訓練，所訓練出來的圖像辨識系統就容易帶有偏見和歧視，特別是執法機關用它作為犯罪監控時更容易產生問題。MIT 於 2020 年 7 月對此公開道歉，並宣布移除該資料庫，也要求研究人員和開發者停止使用此資料庫訓練人工智慧，且刪除相關資料，避免以後再被人誤用。

　　此外，近年流行的「變臉」（Faceapp）應用程式，可輕易將人臉由男變女、由年輕變老人，它所使用的是另一個熱門的人工智慧技術——生成對抗網路（Generative Adversarial Network，簡稱GAN）。GAN 是一種深度學習的演算法技術，也是類神經網路的相關應用。「生成對抗網絡」可用來「生成」資料，透過大量的訓練資料，GAN 能夠學習到資料中的特性，並產生看似真實的「假資料」，例如提供大量人物圖像作為訓練資料，GAN 就能學習到人物的圖片特徵，並產生栩栩如生的假人物圖像。

　　變臉應用程式便是使用 GAN 技術，將使用者提供的人物圖片，針對人物五官等特徵稍加改變，使其看起來像是另一種性別。這類應用程式掌握了人們的好奇心，多數人都想知道自己變老之後、變成另一種性別看起來怎樣，因此它很容易在 Instagram 等行動社交媒體風靡。但用戶在「變臉」之際，也將自己真實的照片上傳給這些開發者，同樣有洩露個人隱私的疑慮。

　　開發者藉由類似的應用程式蒐集了上千萬真實人物的臉孔，可能挪為不當用途。舉例來說，犯罪集團可能盜用某人照片或是利用 GAN 生成全然不存在的人臉圖片，利用這些人臉照片在社交媒體開創假身分帳號，包含假經歷、假學歷、假的社交活動，再透過這些假帳號進行各種資訊操弄或詐欺等違法行為，被冒用相片身分的當事人就會遭遇很大的麻煩。

　　另一個與人臉相關的人工智慧技術是深偽影片（Deepfake），顧名思義是利用深度學習技術進行偽造，它可將現有圖像或影片疊加至目標圖像或影片上，是一種人體圖像合成技術的人工智慧應用。深偽技術常被用來偽造名人性愛影片和復仇式色情影片，也被用來製造假新聞或惡作劇。例如一則歐巴馬的深偽影片，操縱者可藉由影片中歐巴馬的嘴巴來講出任何話，但實際上歐巴馬從未說過這些話。一旦政治人物的深偽影片在社交媒體流傳，一般用戶幾乎難以察覺它是「偽造」而信以為真，而這往往會影響選民對於政治人物的態度或投票傾向。

🖋 捌、結語

社交媒體是人們日常溝通與展演的平台,雖然方便上手又好用,但如何用得聰明又用得安全,仍是每位使用者需要具備的素養。本文目的在於說明社交媒體使用背後產生的數據與應用有哪些,藉此提醒使用者在方便使用之餘,也能同時留意自己的隱私安全與保障。

每個人在使用社交媒體時對於個人隱私多半有不同程度的界定,隱私性最低的是可公開供所有人觀看的內容、隱私性中等則是僅供朋友觀看的內容、隱私性較高則是供親密友人或自己才能觀看的內容。

多數人都會根據這些隱私界定與目標對象選擇性張貼內容,但是要特別提醒使用者,切勿上傳個人的親密隱私照片到社交媒體平台或使用雲端儲存,即使你設定隱私權限只限於個人或親密伴侶觀看,但這些私密照片仍可能遭駭客入侵而外流,或被親密伴侶另外下載儲存,一旦雙方關係破裂,很可能成為對方用來進行報復的工具。

隨著技術的進步,人工智慧在社交媒體及各種網路運用必將日益普遍,唯有使每個人更加瞭解它作用的基礎技術與核心概念,瞭解可能的演算法偏見,我們才能提醒技術開發者避免偏誤,使得它有更多正向的應用,更少的負面效應。

> **BOX 1:應用程式介面API的意涵**
>
> 「應用程式介面」,也就是 Application Programming Interface(簡稱 API),扮演應用程式和應用程式之間的橋梁,它可以幫助開發者節省時間精力,快速達成目的。當開發者在使用 API 時,不需要知道其他內部程式運作的邏輯或演算法,只需要告訴 API 所需要知道的資訊,它就會把你想知道的結果帶出來。目前多數社交媒體平台都有提供 API 服

務，方便開發者透過 API 來讀取資料，但資料取得範圍也僅限於 API 所提供的服務範圍。舉例來說，在 GDPR 施行後，Facebook API 提供的資料大幅縮減，不再提供貼文下方的留言者與留言內容資料。

BOX 2：演算法

演算法在人工智慧的運用上指的是「程式資料處理的程序」，這個程序的好或壞會直接影響到人工智慧的性能。每個演算法有眾多參數來調校性能，演算法是社交媒體的商業機密，涉及數百個參數，因此有人稱為「演算法的黑箱」，意指當你輸入一些參數，演算法會算出一個答案，但它無法解釋這是怎麼算出來的，因此近年來有些學者試圖發展「可解釋的人工智慧」（Explainable AI），希望打開這個黑箱。

BOX 3：演算法偏見

儘管演算法是電腦程式判斷的結果，不像人有主觀偏見，但它仍可能加深人們的偏見。這是由於演算法必須透過訓練資料進行機器學習，才能得到人工智慧模型。如果原始訓練資料本身就帶有偏見，演算法計算出來的人工智慧模型也會有偏見。舉例來說，在既有犯罪資料中，黑人犯罪數量多，雖然這是由於低社經地位與歧視偏見，但演算法根據這些既有資料進行訓練所得出的模型，用來評估兩個條件相當的白人與黑人假釋犯的再度犯罪機率時，往往會認為後者比前者高，這是因為訓練資料本身就導致了演算法的偏見。

問題與討論

1. 假如你現在很想買一個東西，像是筆記型電腦、智慧型手機等高單價產品，你在網路上做了很多資訊蒐集，此時臉書市集向你推薦一些相關產品的販售訊息，你該不該相信這些訊息而向買家購買？或者你覺得該如何判斷訊息或買家的可信度，才能避免受到詐騙的風險？

2. 當政治爭議性議題的熱門期間，你在社交媒體看到很多針對特定議題的廣告貼文，而且這些貼文立場一面倒的偏向某一方，你覺得它可能的原因是什麼？你該採取什麼行動？

3. 當你在社交媒體看到一段政治人物演說的影片，是你從未在新聞媒體上看到的內容，而且演說內容又十分聳動，此時你要不要轉傳給朋友？或者應該採取什麼行動較適合？

參考資料

一、中文部分

陳子安譯（2018）。《圖解 AI 人工智慧大未來》。臺北市：旗標科技。（原書：三津村直貴 [2017].《図解これだけは知っておきたい AI（人工知能）ビジネス入門》。日本京都：成美堂出版。）

台灣人工智慧學校（2020 年 6 月 29 日）。〈換臉照怎麼做的？當紅 Face-app 背後 AI 技術大解析〉，《Inside》，取自 https://www.inside.com.tw/article/20184-technology-behind-faceapp-ai-gan

翁書婷（2018 年 8 月 3 日）。〈白話 GDPR：三個面向完全解析〉，《數位時代》，取自 https://www.bnext.com.tw/article/50110/gdpr-overall

鄭宇君（2016）。〈社交媒體之雙重性：人的連結與技術的連結〉，《傳播文化與政治》，4：1-25。

二、外文部分

Bucher, T (2017). The algorithmic imaginary: Exploring the ordinary affects of Facebook algorithms. *Information, Communication & Society*, *20(*1): 30-44.

Gerlitz, C., & Helmond, A. (2013). The 'like' economy: Social buttons and the data-intensive web. *New Media & Society, 15*(8),1348-1365.

Jenkins, H., Ford, S., & Green, J. B. (2012). *Spreadable media: Creating value and meaning in a networked culture*. New York, NY: New York University Press.

van Dijck, J. (2013). *The culture of connectivity: A critical history of social media*. New York, NY: Oxford University Press.

第八章

打破大數據信仰：
大數據的缺陷及影響探究

劉雅雯

　　近年來大數據（big data）此項技術炙手可熱，可以說是現今走在科技尖端最熱門的概念之一，各個領域舉凡醫療保健、金融財務、教育、企業或政府，紛紛廣用其資料探勘以及深入分析的能力來節省成本、增加效率或提升產值與品質（黃錦輝，2017）。而大數據的資料形式不僅只包含可計算的數值，也可利用文字探勘技術以及斷字系統，再輔以語用學來瞭解人類傳播互動時所產生的態度、行為。

　　然而在現今大數據蔚為風潮的氛圍下，任何服務或商品上只要冠上「大數據」三字，便儼然如同站在科技端的最前線，像是使用了最新興、進步且經過科學驗證的研究方法，必能提供精確無誤的研究結果與產品報告。例如《連線》（*Wired*）雜誌前主編 Chris Anderson（2008）堅信，只要從數據裡挖出什麼，就能客觀的反映事實，斷言只要「有足夠的數據，數字就能不言自明」。Pentland（2014）也認為，大眾在資訊社會下的各種行為都留下了「數字麵包屑」，這些數據讓我們的世界成為可以被預測的概率世界，更可以分析人類的態度和預估即將發生的行為，於此，便可建立起一個沒有種族歧視、宗教紛爭、暴力犯罪和剔除因權力鬥爭而貪腐的政治社會。

　　遺憾的是，大數據並非無懈可擊，在大數據被神化成為一種信仰的時代，利用大數據進行分析的社群聆聽也相對地成為眾人朝聖的標的。然根據多位學者（如 Jagadish, Gehrke, Labrinidis, Papakonstantinou, Patel, Ramakrishnan, & Shahabi）的研究指出，目前的大數據分析法仍存有諸多問題，數據在各個步驟上皆會面臨不同的挑戰，其中包括異構環境下的多樣數據、數據的不完整性、數據品質不一、數據時效性、判讀與分析缺失等等問題，而這些會影響數據分析效力的要素不僅只牽涉技術層面的侷限，也與分析專業和數據倫理有著巨大關聯（Jagadish et al., 2014）。

　　大數據之所以引起各界關注，甚至成為一種迷思，乃由於成功的大數據案例在經濟價值上擁有巨大影響，導致大多數人急於使用大數據這項技術為自己帶來成功或是引來潛在商機，但許多人對於大數據

的知識非常有限，在到處充斥著半吊子專家的錯誤詮釋之下，大數據不斷被美化與放大（Jagadish, 2015）。本章節除欲將焦點放在大數據鮮少人知的缺陷上之外，更立意探討大數據分析帶給社會的倫理道德衝突。

🌐 壹、不透明的大數據模型與演算法

大數據其一的重要特徵為樣本及母體，但其實 N=All 通常只是一個假設，不代表我們所擁有的數據就是一切（Kaiser Fung, 2013）。資料工程師在設計數據模型時，往往屏棄 N=All 的觀念，反而專注於 N<All 的方式。也就是說，他們只會把焦點放在最具統計重要性的少數資料上，針對這些小量數據進行變數觀察、統計分析和機器學習。因為數據海裡具有數據價值的數據可能只占全體的 1%，如果是要對全體資料進行清理和分析，其過程所花費的時間和成本會過於龐大，若只抓取一部分的數據當作建模樣本，就可大幅降低相關工具應用的成本，最後順利得出數據模型後，再以此模型運算剩下 99% 的資料（Perrons & McAuley, 2015）。

換句話說，大數據實為一種變相的抽樣法。現實中，數據環境的資料是分布不均的，數據的採集也並非隨機，第三方數據蒐集者因考量市場需求與成本效益，會優先挑選數據集密度高的範圍作為母體。以文字探勘的網路爬蟲舉例，資料工程師會選擇熱門的網站及網頁作為爬蟲目標，並非網域上所有的網站和資料皆會被納入分析資料庫，因此，數據集的選擇往往是那些數據密集度較高之處，人為選擇數據母體的動作造成部分數據被邊緣、被忽略，降低研究的代表性。以政府機關經常使用社群聆聽做施政成效與方針調整的參考而言，因臺灣存有區域性數位落差，網路上的群體本身就不能代表一個完整社會，以本質上無法涵蓋全體人口的數據集去做研究和判斷，必然會犧牲部分個體的權利，致使民眾權益的喪失。

　　另外，演算法模型基本上簡化了現實世界，當數據減少到適合數學模型計算時，通常這些數據是脫離背景的，尤其是當進行輿情分析的模型無法處理大規模的篇章文字，進而採取斷字來分割篇章時，這些非數字的數據就會脫離上下文的脈絡，導致數據失去價值和意義（Boyd & Crawford, 2012）。現實裡存在著許多複雜的變因，包含著政治經濟不斷更迭的變化、人類互動溝通時所生成的微妙關係，以上這些都是模型無法預測和編寫進去的（O'Neil, C., 2016）。儘管數據工程師是以科學標準創建模型，但世界上並不是每件事物都可以被數據化、以數字去衡量（Kaisler et al., 2013）。當人們執意以大數據去量化與預測各項事物時，就有可能因為無法預估的變動或錯誤使用，而毀壞人民的民主和公共領域。

貳、大數據並非那麼科學，其實帶有人為偏見

　　自大數據被廣泛應用後，機器的深度學習一直都是備受關注的焦點，許多機器學習的模型被期望可以被訓練成有自己的思考迴路，並且客觀的評判人、事、物的對錯。而這類模型的設計特點在於，一旦經歷過訓練樣本階段，以及前期與社會的實際接觸後，模型內的演算法就不需再由人類「教學」，會透過每一次所回收的數據回饋自行「成長」，發展成一套具有自我判斷標準的算法。然而，大多數的模型事先都是經人類以某特定目的為最終目標發展，也就是說，人類無法迴避一開始就存在的意識型態去設計數據模型，模型最終呈現出什麼樣的盲點與矛盾，即是反映出數據工程師與計畫制定者的邏輯、觀點（Mayer-Schönberger & Cukier, 2013; O'Neil, 2017）。

　　使大數據模型或是演算法自帶偏見的因素相當多，例如初始模型具有人為假設、系統存有瑕疵、預測結果也可能是基於錯誤而產生，但在大數據領域上，人為的參與不僅僅只在初始的設定與終端的分析，也包含了數據標籤與分類的關鍵步驟，大數據探勘的程序裡，超

過 80% 至 90% 的人力會被分配於手動的數據清理，這意味著人類在大數據過程中的參與，對分析結果的影響力絕對高過外界所想像的程度（Lukoianova & Rubin, 2013）。另一個重點是，不僅是標籤數據的過程令人產生疑慮，大數據自探勘、清理到分析的過程，每一個步驟都被裁切成一小塊一小塊的勞務，分割給不同人員操作，數據各項指標的標準、定義、參數範圍都會因人而異，產生些微的誤差值。

在數據分析產業中，儘管企業為了避免因個人的主觀意識造成數據偏見，在數據的建模及清洗上會採取定期的多人複數標記以稀釋數據誤差，並在產生意見分歧時，依照社會主流意見為定義標準，或降低數據的權重分數，但文字探勘所得之語言是種會因使用情境、使用族群而不停變化的動態資料，當數據蒐羅的範圍太廣，定義者又不熟悉特定領域時，就會形成建模及標記上的錯誤；遵從社會主流意見進行數據的分類分群，也會將具有偏見與謬誤的觀點再行複製。

最後，數據分析的詮釋結果並非絕對唯一的，針對同一問題，不同的分析師所得出的論述也會有所不同，數據分析師的專業程度與個人意識型態具有至關重大的影響力，若分析人員缺乏對研究問題的理解，或是缺少對社會結構與數據脈絡的敏感度和洞察力，將會導致終端分析的偏誤；個別分析師對同一數據擁有不相同理解方式的事實，反映出數據分析師不可能全然掌握數據之間的關聯與意義，如研究過程中缺乏足夠的團隊分析與整合，勢必會造成解讀之疏漏。

人們普遍對大數據缺點唯一的認知就是，偏誤的產生始自於數據集過於龐大，越是廣泛的數據越會包含不相關的資料，但為了追求更加巨大的數據規模，稍微不精準的分析結果是可以接受的。大數據對外界的不透明性、模型偏見、不周全的分析，都被「數據規模」這個理由給四兩撥千金帶過，只要數據圈的內部人員用加以修飾過的詞藻對外說明，不諳相關知識的決策者們很容易就會被說服，讓如此昏庸的解釋中斷大數據理應被質疑的重點，冰封並邊緣化對數據蒐集、演算過程的檢討，繼續讓大眾沉浸在「只需要大數據，就足夠讓我們預

測社會」的想像之中（Crawford et al., 2014）。

參、大數據樣本也講求品質良率

複雜且未知的資訊時代中，多數大型數據集通常都藏有瑕疵，會因為無法避免的數據中斷或技術上的數據測量不一致，致使數據的連結性降低。當百萬條的數據聚合成數據集時，數據間的錯誤和間隙就會被放大，且數據集的蒐集並不是隨機的，要在數據分布不均的環境下均衡的擷取可以說是相當困難，往往大數據樣本都是從某些數據密度較高或是人為選擇的特定區域蒐集而成，因此，由於數據的測量誤差和選擇偏差，讓數據樣本的品質參差不齊，進而無法完全代表整體的數據，以致影響研究結果，與真實世界的樣貌相差甚遠（Dunson, 2018）。

測量誤差的發生始自於新舊技術轉換的過渡期。舉例而言，五十年前測量天氣與氣候的設備、方法與現今相比，不管是在資料精確度或器材精密度上皆差強人意。但當時所測量的數據仍然會被保存至今，並輸入至大數據模型中，這中間的過程裡，資料的單位抑或是檔案格式都必須重新整理，直至可以與現在的程式相容。但更多的情況是，這些舊數據是被「硬性灌輸」進模型裡，使得昔日資料的數字或某些特性有所浮動，失去數據所代表的原先意涵。數據測量的儀器不同、新知識的發現，都可能會讓原先的資料不再適用於現階段問題，甚至形成數據誤差（Busch, 2014）。

數據的選擇偏差指的是，當數據結果的不確定性不是來自於大數據各個步驟的清理過程，也並非統計方法有誤，而是所選擇的數據集樣本過於狹隘或是本身就不具真實性，以至於無法推演至整個母體進行預測時的狀況（Maugis, 2018），其中又包含因選擇了片面的大數據樣本，以及假數據肆虐的問題。

一、片面的大數據樣本

2012 年 10 月，美國東岸因為颶風珊蒂（Hurricane Sandy）的侵襲，造成 157 個人死亡，經濟損失達 714 億美元（NOAA, 2017）。颶風肆虐的當下，Twitter 上溢滿了許多網友目擊天災，或回報自身處境的推文和照片，尤其來自紐約州曼哈頓的推文最多，讓美國其他州的民眾以為曼哈頓是受災程度最為嚴重的區域。但幾天過後，透過當地媒體的報導及統計，大眾才發現其實因颶風造成最多災害與傷亡的地區不是曼哈頓，而是皇后區的微風點（Brezzy Point）、柯尼島（Coney Island）和洛克威（Rockaway），但這三個地區的推文數卻不及曼哈頓來得多（Crawford, 2013）。造成外界認為曼哈頓為災難中心的錯覺原因在於，曼哈頓的智慧型裝置、電腦普及率較高，Twitter 使用戶也較多，因此可以相當容易的在某個特定的事發時間點，促起一波高密度、高數量的討論聲浪，且真正受害的地區因為電力中斷或是電信訊號問題，也根本無法透過手機、網路聯絡到外界，更不用提發一則推特文告知他人災區中心的情形（Maugis, 2018）。

另外，社群媒體所透露的活躍用戶數，也並不代表一個用戶帳號即等於一個存在於現實中的真實身分，有些人擁有多帳號，有些是多個人分享一個帳號，也有些帳號是「機器人」，用於自動生成內容，完全不直接涉及到個人，甚至部分人士從不註冊帳號，他們只透過網頁造訪公開的訊息，仍有更多的人低調地當「潛水族」。換句話說，可於社群媒體上得到的數據也僅限於積極在網路上發言表態的部分族群，社群媒體平台上所提供的數據也都是具有排他性，網路大數據看起來似乎很完整，但它實際上是一個有偏見的聲量地圖，因為那些無法以數位方式參與社交世界的人，比社群軟體的用戶還要來得多，少數個體的行為本身就不能代表一個完整社會的複雜動態，整體社會的結構遠遠大於網路所呈現的樣貌（Crawford et al., 2014）。

二、假數據

大數據蓬勃發展的時刻，數據生成最快速的場域在數位網路上，想當然耳，社群媒體、數位金融等領域的數據流動相當快速，也備受關注，逐漸成爲了一個「數據爲王」的市場。但在人們蒐集數據、倚重數據的情形下，一切的假設皆是建立在網路資訊具有高度眞實性的基礎上。然而，網路匿名性這一把雙面刃，幫助大眾無所畏懼發表言論的同時，也助長了大量假數據的產生。這些假數據有可能是試圖改變興論風向的留言，也有可能是影響評分機制的數值，一旦運用或相信了這些不具代表性、不眞實的數據，會使分析結果被誤導、使數據環境轉爲惡劣、使數位市場變得嚴寒（黃錦輝，2017）。

假數據的生成原因與大數據商機息息相關。數位媒體視數據爲績效、廣告優化業者以數據爲投放標準、產品評價系統用數據當標竿，人們只要擁有龐大的數據，或有能力改變大量的數據，就能爲自己創造更多的利潤與影響力，也因此，不少個人、機構爲了自身的利益，開始假造數據，操弄數據與市場間微妙的關係結構（沈艷，2016）。

例如 Apple App Store 與 Google Play 等應用程式商店，會提供熱門應用程式排行榜供用戶參考，但之後許多程式開發商發現，不管應用程式的好壞如何，只要程式的排名越前面，就越容易獲得用戶的注意，因而帶來更多的下載量與收入，因此，開始有些希望擠進排行榜的開發商付錢給「應用程式推廣服務」等的公司，其交易的內容就是透過幾萬組假帳號「刷榜」，以創造大量的下載量與偽造的使用者評價，好讓該開發商的應用程式在榜上的排名向上攀升。這種假數據不只讓奸巧的開發商賺取暴利、形成不公平的競爭環境，也可能導致用戶下載到不符合其名次與口碑的低劣程式。

這類試圖在網路上帶風向的口碑操作公司，在行銷步驟上的確創造了大量的假數據，不僅干擾了整體數據產業的分析脈動、引導大眾走向錯誤的認知，令人遺憾的是，從事口碑操作的人員也並不一定認

知到數據操作所帶來的影響，從業者僅把口碑操作視作單純的市場需求與提供，忽略了操作產業鏈下的巨大外部成本。

肆、大數據的個資問題及數據鴻溝

妥善利用廣大蒐集而成的大數據，可以提供民眾便捷的服務模式、給企業帶來龐大商機、幫助政府擬訂適切的政策，但大數據一直為人詬病，且不斷發生的個資外洩問題，以及資訊不對稱的數據蒐集方式，成為了外界對大數據信任感的絆腳石。

2018 年 3 月爆發的「劍橋分析（Cambridge Analytica）事件」，讓 Facebook 五千萬用戶的個資遭到外洩，起因為劍橋大學教授 Aleksandr Kogan 在 Facebook 上，利用分析性格測驗的心理遊戲，非法蒐集用戶數據，其中包含用戶本身在 Facebook 上的資料外，更是入侵用戶的個人信箱與通訊軟體，採集大量數據以影響日後美國總統大選、英國脫歐的輿論方向。除此，Facebook 創辦人馬克・祖克柏（Mark Zuckerberg）也坦承，為了優化程式在不同裝置上的體驗效果，將部分使用者的數據共享給華為、聯想、OPPO、亞馬遜等至少 60 家企業或裝置製造商，根據協議內容，Facebook 允許這些企業在用戶不知情的情況下，透過原始碼存取用戶的個資，這項合作不只打開了科技業間數據交換的方便門，也同時打開了國安疑慮的後門（羅鈺珊，2018）。

網路上個資竊取或遭外洩的案件愈發頻繁，人們仍然不斷的提供自己的重要資料給予各種數位媒體、社交平台，以註冊帳號或申辦線上服務。許多公司會極盡辦法的吸引大眾，讓他們自由地放棄自己的個資以換取更多服務，像是提供免費的電子信箱、免費體驗線上遊戲的帳號等諸如此類之方法，而人們時常在獲取各項服務的方便性或娛樂效果的同時，無意識的遞出個人資料做交換，但對企業如何運用他們的個資卻是毫無頭緒（Turow, 2006）。

企業取得大量具有商業價值的數據，資料提供者獲得更多不需花費金錢的服務，兩者之間的交易看似公平且均獲得目標利益，但這種交換框架的假設，是建立在人們清楚的意識到個資與產品交換時的權衡關係，並完全認同知情同意條款之內容，以及接受未來可能發生任何利害事件的風險。不過事實上，絕大多數的用戶並沒有完整閱讀並理解合約內容，甚至直接略過同意條款內文，這個事實點出了用戶根本不關心隱私問題、對個人數據的價值性沒有觀念，更顯示了用戶沒有能力瞭解充滿專業術語、用字艱澀又冗長的知情同意書，最終呈現出「學習無助」的症狀（The Economics, 2017）。然許多時候並不是用戶喜歡貪小便宜，而是他們缺乏選擇，當整個社交圈、工作工具被幾個企業龍頭壟斷，又缺乏其他資源時，用戶別無選擇，只能無奈的接受權益不對等的合約，若是不接受，就會被屏蔽於該程式或網站外，無法進行社交生活或是處理工作內容。

除此，巨量資料的世界裡，資訊的數量和種類都增加，我們能得到大量的資料，也能結合大量的資料「反匿名」、重新辨識用戶身分的案例。曾有研究者蒐集了 22,843 位行動裝置用戶的位置資料，內含直接共享位置的數據，例如明確的打卡地點，或是間接分享位置的數據，像是某人在距離學校活動中心方圓一公里內這樣的資訊，而這項研究結果發現，儘管直接共享與間接共享位置的行為依照用戶所分享的頻率和提供訊息的多寡程度不同，最多只會透露用戶 16% 至 30% 的真實個人資訊，但有心人士仍可以蒐集、累積不同用戶的大量位置數據，依照相似用戶所提供的資訊交叉對比出特定用戶的年齡、性別、職業、居住地區及受教育程度，且各個項目成功推測率皆超過五成，最高成功率可達 76%。這意味著即使行動用戶並沒有在社交網站上公開出全部個資，但透過已公開的大量數據和交互推測，用戶真實且機密的個資，有極大的機率被他人竊取、遭到外洩（Li, Zhu, Du, Liang, & Shen, 2018）。

在大數據相關的服務與產品上，除了個資問題值得關注外，大數

據鴻溝其實也逐漸在擴大，「大數據富有」與「大數據貧窮」變成了一種社會現象，以對大數據瞭解的多寡，人們之間建立起了大數據階級：單純的數據生成者、擁有蒐集數據技能者，以及具有數據分析能力者。在社會實踐的各個領域中，有明確利益又具備大數據相關知能的群體有可能控制大數據研究議程和決策，而那些被排除在外、無相關知識與技術之人，在大數據環境裡被操弄的問題即油然而生（Boyd & Crawford, 2012; Andrejevic, 2014）。這道鴻溝點出人們對大數據領域的知識不足，也容易遭受數據控制的權力問題，例如許多社交平台用戶或選擇使用網路上基本工具的使用者，對於個人數據的掌控權往往感到無能為力。

此外，大數據開啓了一個新興的「社會分類時代」，系統所給予的標籤和分數，可能影響著個人或群體未來的生活樣貌。大數據的應用已經遠遠超出以營銷為目標導向的領域，其過程中的分類與標籤步驟，逐漸成為一種橫跨商業、政治、醫療安全、社會信用與社會階層的新型態「社會評分機制」，而能夠訪問數據的人員則可透過大數據的標籤類別，做出影響他人生活方式、人生規劃的關鍵決策（Zwitter, 2014）。大數據系統根據數據提供者的生理特徵、所在位置、消費行為模式、態度與喜好的不同，進行歸類與標籤，用戶無法知曉自己所提供的資料、過去或當下所從事的行為和決定會如何影響系統把自己歸類成哪個類別、貼上什麼樣的標籤，之後演算法再因這些標籤和分類，產生出可嚴重影響數據提供者未來的決策及重大事件（Mills, 2018）。

要解決資訊不對等以及個資外洩的情形，應該要把風險及法律責任從用戶身上轉移到數據蒐集者和使用者，且不僅要在數據蒐集的步驟上進行法律創新，也要監管數據如何被使用，擁有大量用戶數據的企業也必須主動、積極的保護用戶的個資與隱私，像是實施數據加密系統，而非單單依賴於獲得用戶個人同意的知情同意書（Wu et al., 2013; The Economics, 2017）。

🏛 伍、轉身回看，大數據帶給社會的影響及省思

被炒作的大數據熱潮讓人們試圖以大數據量化所有具象的、抽象的物質，似乎認爲所有的事物都可以被數據化，然事實並非如此。爲了踩在大數據的浪間上，市場急於將大數據應用於影視文本、音樂、歷史等文學藝術上，卻忽略深層的社會脈絡及人文價值是難以被純粹量化的，文學層層堆疊的意涵、藝術賦予的情感意境，以及人際間微妙的關係都是模型無法預測及編寫的。要以冰冷僵硬的數據呈現人類文化與思維價值並非不可行，但其無法完美的達到與替代，甚至只會顯得荒謬且毫無意義。「並非所有的事物都可以被計算，也不是所有能被計算的事物都具有意義」（Not everything that can be counted counts, and not everything that counts can be counted.），延伸社會學家 William Bruce Cameron 的名言意義，它完美提醒了在大數據霸權下，我們應該擺脫數據的框架與迷思。

此外，大數據受到科技追逐賽以及市場導向的干擾，早已扭曲這項技術發展的初衷，然而，熟知大數據弊病的圈內人士依然繼續讓大數據方法帶著諸多缺陷去影響我們的社會。大數據分析最初的想法爲反映眞實的現象與社會情勢，並根據所得到的結果去防範災害、弭平差距、改善社會現狀並促進良好的發展循環。但在大數據的既有技術偏差、人因的意識型態下，部分數據分析產業冠上優化服務的名目，間接干預了社會各層面的走向，例如以大數據應用於商業、政治預測的現象愈發熱烈，然透過媒體片面擷取資訊，加上未盡詳說的傳播予社會大眾後，民眾只會誤以爲「網路聲量」的多寡等同勝選率的高低，而忽略參考正負聲量、傳播頻道等其他重要指標。在數據的錯誤解讀加諸大數據迷思下，當一般民眾必須在陌生領域做出決策時，作爲參考選項的大數據預測會干擾其決策方向，加諸網路的從眾效應後，這些大數據預測除了會強化同溫層的極端值，更會影響中間選民的決定，特別是當部分的中間選民並不瞭解大數據缺陷時，可能會誤入被神化的「大數據信仰」。數據產業裡一雙「看不見的手」，不僅

只代表數據科技受到政經力量的左右，更可以指稱數據產業在追求KPI（Key Performance Indicators，績效指標）的同時，忽視大數據存有的問題裂縫，經由不透明的演算法及分析篩選，以科技大數據之名伸手介入整個社會結構。

大數據技術本身不好也不壞，但自從與人類有所互動，緊密參與了整個社會的運作後，就早已不具有科技中立的本質。數據模型與演算法已經不僅是單純呈現當今情勢與現象的工具，而是可以積極主導人類生活模式、思想方向的影響者，技術使用所帶來的後續效應或後果，往往遠超過該項技術當初的實踐目的和預期範圍，究竟大數據是在反映社會又或是影響社會，成為了一個值得省思的問題。

以另一個角度來看，儘管民眾對大數據的基本認知僅止於表層，持有不正確的遐想或呈現資訊落差的情況，致使大數據產業可以輕易的以數據富有者之姿態影響大眾而不被質疑。然而，巨量數據的使用規範與倫理約束不該僅侷限於數據使用者或相關從業人員，正確的觀念和知識也應該同時落實於社會，教育大眾關於大數據的本質、代表的意涵，所能帶來的進步、風險，以及人類與科技之間最重要的發展平衡及倫理價值。一個新興技術良性循環的推進，必須依靠社會整體的集體意識共同努力，而非單方面的檢討與限制。

問題與討論

1. 在資訊落差及不對等的情況下，資訊貧瘠者除了面臨個資疑慮、缺乏數據掌控權的問題外，還遭受什麼樣的困境？

2. 數據模型與演算法依靠人們的數位足跡餵養成型，卻也積極主導人們的生活模式、思想方向，究竟大數據是在反映社會又或是影響社會？

3. 該如何更加全面的落實資訊教育，增加社會大眾對科技與資訊認知的普及率？

參考資料

一、中文部分

沈艷（2016）。〈大資料分析的光榮與陷阱——從谷哥流感趨勢談起〉，
《互聯網前沿》，32。取自 http://www.tisi.org/4456_50

許瑞宋譯（2017）。《大數據的傲慢與偏見：一個「圈內數學家」對演算
法霸權的警告與揭發》。臺北市：大寫。原書（Cathy O'Neil [2016].
*Weapons of math destruction: How big data increases inequality and
threatens democracy.* New York, NY: Crown.）

黃錦輝（2017 年 3 月 23 日）。〈「大數據」分析侷限乃傳統統計學問題〉，
《傳媒透視》。取自 https://app3.rthk.hk/ediadigest/ontent.php? id=2105

羅鈺珊（2018）。〈數據經濟下共融成長的挑戰：大數據的兩面刃〉，《經
濟前瞻》，178，87-93。

二、外文部分

Anderson, C. (2008, June 23). The End of Theory: The Data Deluge Makes The
Scientific Method Obsolete. *Wired*. Retrieved from https://www.wired.
com/2008 /06/pb-theory/

Andrejevic, M. (2014). Big data, big questions| the big data divide. *Internation-
al Journal of Communication, 8*, 17.

Boyd, D., & Crawford, K. (2012). Critical questions for big data: Provocations
for a cultural, technological, and scholarly phenomenon. *Information,
Communication & Society, 15*(5), 662-679.

Busch, L. (2014). Big Data, Big Questions | A dozen ways to get lost in transla-
tion: Inherent challenges in large scale data sets. *International Journal of
Communication, 8*, 18.

Couldry, N., & Turow, J. (2014). Advertising, big data and the clearance of the
public realm: marketers' new approaches to the content subsidy. *Interna-
tional Journal of Communication, 8*, 1710-1726.

Crawford K. (2013, April 1). The hidden biases in big data. *Harvard Business
Review*. Retrieved from https://hbr.org/2013/04/the-hidden-biases-in-big-
data

Crawford, K., Gray, M. L., & Miltner, K. (2014). Big Data critiquing Big Data: Politics, ethics, epistemology special section introduction. *International Journal of Communication, 8,* 10.

Dunson, D. B. (2018). Statistics in the big data era: Failures of the machine. *Statistics & Probability Letters, 136,* 4-9.

Fung, K. (2013). *Numbersense: How to use big data to your advantage.* New York, NY: McGraw Hill Professional.

Jagadish, H. V. (2015). Big data and science: Myths and reality. *Big Data Research, 2*(2), 49-52.

Jagadish, H. V., Gehrke, J., Labrinidis, A., Papakonstantinou, Y., Patel, J. M., Ramakrishnan, R., & Shahabi, C. (2014). Big data and its technical challenges. *Communications of the ACM, 57*(7), 86-94.

Kaisler, S., Armour, F., Espinosa, J. A., & Money, W. (2013, January). Big data: Issues and challenges moving forward. In *2013 46th Hawaii International Conference on System Sciences* (pp.995-1004). IEEE.

Li, H., Zhu, H., Du, S., Liang, X., & Shen, X. S. (2018). Privacy leakage of location sharing in mobile social networks: Attacks and defense. *IEEE Transactions on Dependable and Secure Computing, 15*(4), 646-660.

Maugis, P. A. G. (2018). Big data uncertainties. *Journal of Forensic and Legal Medicine, 57,* 7-11.

Mayer-Schönberger, V., & Cukier, K. (2013). *Big data: A revolution that will transform how we live, work, and think.* Boston, MA: Houghton Mifflin Harcourt.

Mills, K. A. (2018). What are the threats and potentials of big data for qualitative research? *Qualitative Research, 18*(6), 591-603.

National Oceanic & Atmospheric Administration. (2017). Costliest mainland United States tropical cyclones 1900-2017 Unadjusted for inflation. Retrieved from https://www.aoml.noaa.gov/hrd/tcfaq/costliesttable.html

Pentland, A. (2014). *Social physics: How good ideas spread-the lessons from a new science.* New York, NY: The Penguin Press.

Perrons, R. K., & McAuley, D. (2015). The case for "n«all": Why the Big Data revolution will probably happen differently in the mining sector. *Resources Policy*, *46*, 234-238.

Rubin, V., & Lukoianova, T. (2013). Veracity roadmap: Is big data objective, truthful and credible? *Advances in Classification Research Online*, *24*(1), 4.

The Economist. (2017, May 6). Fuel of the future: Data is giving rise to a new economy. Retrieved from https://www.economist.com/briefing/2017/05/06/ data-is-giving-rise-to-a-new-economy

Wu, X., Zhu, X., Wu, G. Q., & Ding, W. (2013). Data mining with big data. *IEEE Transactions on Knowledge and Data Engineering*, *26*(1), 97-107.

Zwitter, A. (2014). Big data ethics. *Big Data & Society*, *1*(2), July-December, 1-6.

第九章

網路口碑行銷與政治輿論控制：如何創造聲量、輿情監控與議題行銷

葉子揚、傅思凱、周昆璋

　　我們在網路上看到的社群討論都是真的嗎？這樣「帶風向」的起源又是什麼？根據實際訪談網路口碑行銷公司，無論在商業口碑或是政治輿論，確實部分有著操作控制的手法，在背後可能有個無形的推手影響著論壇的討論聲量與管理規則。當今網路輿論控制是如何進行的呢？民眾又該如何辨識這樣的操作痕跡呢？

　　臺灣早在 2013 年的「寫手門」事件，揭發了品牌廠和口碑行銷公司間的合作細節，企圖藉由網路論壇上一人分飾多角的使用心得和輿論，影響消費者的購買意願，甚至是打擊、醜化競爭對手品牌形象。公平會也依據《公平交易法》第 24 條的規定，認為影響交易秩序與顯失公平的行為，對品牌廠與廣告行銷公司做出裁罰，同時影響了商譽與對網路平台的信任感，這也讓民眾開始意識到，從網路社群媒體、網友評論、甚至到新聞內容，都很有可能帶有各種輿論控制目的，資訊也變得讓人真假難辨。

　　輿論操作同時也在政治議題上發酵，主要藉由輿情調查與聲量分析工具，掌握各類敏感政策關鍵議題，透過虛假帳號建立人工輿論的方式，快速反映議題需求並創造聲量，稀釋部分負面議題討論或是帶動民意的轉向，最後轉而有利於該黨派的支持言論。

　　這樣帶有金錢交易的經濟組織行為，囊括各類廣告行銷公司，無論是商業、政治形象，常都遊走於灰色地帶的輿論操作，試圖營造不同的網路風向來影響大多數讀者的觀點，也廣泛應用在不同的議題上，輿論操作也變得無所不在。

壹、商業口碑與政治口碑

　　當今網絡輿論控制大致上的面貌與類型，還是以商業組織為主。根據網路行銷公司的訪談，目前有以民生消費為主，也有專門操作政治的公司，各自經營板塊不同，依照市場上的委託，主要目的就是帶動公民討論，同時包含了監測、操作以及影響輿論的工作。

一、「造市」與「造勢」

商業上的口碑行銷，最終目的是創造買氣，可謂「造市」。當行銷公司想要針對一個商品或是一個議題去操作時，會促動手上的帳號或者是花錢購買臉書用戶來點讚、連結網路寫手、網紅、甚至是 AI 寫手去生產各種內容與文章，快速的衝高聲勢。

而政治上的操作更重視政營的氣勢，可謂「造勢」。然而，政治上的「造勢」與商業上的「造市」不同之處在於，政治上的造勢傳播時間相當短，要短期見效的話常常需要透過既有的人際連結，也因此很多政治行銷成功的案例是藉由政治人物與一些網路上的意見領袖（Key Opinion Leader）如「網紅」等合作，藉由網紅的既有人際連結來快速衝高聲勢。

二、「長士氣」與「滅威風」

在商業上當有一個廠商想要「造市」時，需要創造出大家都在討論他們的商品的聲勢，會發動寫手在相關的網路論壇網站、PTT，或是臺灣比較大並且不會被刪除文章的部落格網站發表文章，並且利用這些在其他網站中的大量文章與自己的網站連結，以達到「搜尋引擎優化」（Search Engine Optimization，簡稱SEO）的站外（Off-Page）優化目的，讓搜尋引擎因為自己的網站與許多其他網站內容相連結而認為自己的網站是重要並且權威的網站，並將排序排到較前的順序；又或者是將這些文章連結到如 Facebook 等社群網路平台上，然後用「買讚」來衝高人氣。藉由這些方法在短時間內衝高聲勢以達「造市」效果。

在政治上「造勢」的方法也和商業的「造市」類似。以 Facebook 上的政營粉絲團來說，這些粉絲團挑選會對其效忠的政營有益的文章 PO 到粉絲團中，以鞏固己方陣營的聲量。這些被 PO 到粉絲團中的文章常常會是立場接近的新聞或時事評論，若這些文章來自於

新聞媒體組織，經過編輯採訪制度的管控，則還有一定的可信度。但有時候這些用來衝高聲量的內容就不是那麼地值得信任，有的內容農場網站編輯或是假新聞網站中的使用者會去蒐集網路上的新聞，然後把它們改寫或是移花接木成有利於自己立場的文章，最糟糕的一種是無中生有的生產出一篇假新聞。混合著真與假、可信與不可信，眾多這種有明顯立場的文章被分配在服務各種政黨的臉書粉絲團中，交織出支撐每日聲勢的「造勢」骨幹。

然而，無論是「造市」或是「造勢」，聲勢不只有大聲與小聲的差別，還有好名聲與壞名聲，除了持續保持對自己陣營有益的討論聲勢之外，找到不利於對手的話題並且提高宣傳聲量「抹黑」對手也是選舉造勢的一環。

無論在商業上或是政治上，有時都會出現會嚴重傷害名譽、買氣或聲勢的負面聲勢，當這些負面聲勢的矛頭指向自己時，反而需要降低這些負面資訊的討論。以商業上的商品評論來說，有時會有一些對於商品的負面評論或者是負面新聞出現，由於 Google 搜尋引擎的策略是無論好或壞的評論都應該被排序在消費者可以看得到的前幾頁，所以要想辦法優化排序以壓下負面評論。商業上口碑行銷公司會藉由做更多的正面評論以壓下負面評論，讓搜尋引擎呈現較多的正面評論，顯得負面評論只是少數個案。萬一想要壓下的負面評論實在是太大了，無法藉由正面評論壓下它們的話，口碑行銷公司可能會利用其他負面評論，用比較無傷大雅的負面評論來蓋掉更嚴重的負面評論。在政治上也有著類似的操作，藉由創造其他話題以轉移注意力。

不分商業或是政治，輿論操作的風向瞬息萬變，風向操作的業者會時時監控風向的趨勢，隨時介入操作。並且操作的手段變化多端，不同的情境有著各種不同的操作方式，以假亂真的各種操作混淆民眾的視聽，讓網路時代民意風向難以判讀。

三、現在風向吹哪邊？網路時代的民意風向

　　多種對於網路輿論的操作，現實世界中的聲勢變得模糊詭譎，從表面上難以看到實際上究竟有多少支持者。或許有人會認為，如果無法從網路上知道支持者有多少，那我相信民調總行了吧。但是相信多數的人們都有著每個不同的組織所做出來的民調都不一樣的經驗，民調是抽查並非普查，從抽樣到問題的設計都能影響民調出來的結果。抽樣所用的方法使得抽樣結果在年齡上沒有符合投票人口特徵分布時，比方說若只在上班時間使用室內電話方式抽樣調查，可能將導致抽樣年齡層偏高，詢問到的多半是退休在家的高年齡民眾，詢問不太到上班族，結果可能就造成民調結果與實際支持率大相逕庭。又或者為節省調查成本，以網路問卷方式進行，也可能因為民眾科技近用的能力不同，導致有些民眾無法回覆問卷。許多抽樣方法上的問題將可能導致調查結果的偏誤，若只是無意的偏誤造成的結果偏差倒還好，更糟糕的是有意而為之，若是刻意利用這些抽樣上的偏差將民調導向成有利於某立場的「造勢」則是最要不得的。民調資料如今也已經是輿論宣傳的一部分，正確認知這些民調資料的結果與事實之間可能有一定程度的偏差，民眾不應將之作為事實視之，應建立起民調資料並非是絕對的，並且其背後也有可能有所偏誤的認知。

　　除了各種民調之外，專家（名嘴）在電視上的討論，網紅在網路上的評論，也影響著聲量的混亂。在詭譎的多元風向下，各個陣營的聲勢會形塑「棄保效應」。影響聲勢的指標諸如民意調查指數、網路聲量調查、專家（名嘴）評論，各政黨陣營近年因應民意調查也有著串聯選民的操作，如蓋牌等操作，也讓選舉期間民意調查結果變得撲朔迷離。由於各種調查都有解讀與操作的可能性，一般民眾難以解讀這些政治資訊以及政黨策略，並且政治的資訊過載也使得這些資訊真假難分。也因此近年來盛行將實際參與造勢活動的人數視為聲勢的指標，有的人會到造勢現場去拍攝現場參加活動的人數並上傳到網路

上。舉例來說，「四叉貓」就是以「現場直播」、「數椅子」、「空拍圖」等方式，扮演謠言終結者的媒體角色。

網路上過去也流傳著「有圖有真相」這句話，然而，現代圖片取得與修改容易，有時有圖也不見得有真相，人數實景照片也是可能被造假的，在媒體上的人數實景照片不見得是真的，有心人士可能以錯誤的或是移花接木的將過去或者是其他事件的照片充當實景照以誤導民眾。而且，即便照片是真的，也並不代表沒有偏頗，同一個活動中，在不同時間、不同角度、甚至不同焦距的鏡頭之下的照片之間也可以有極大的差異，刻意操作之下可以把僅有幾千人參加的活動拍得盛況空前，也能夠把萬人空巷的景觀拍成門可羅雀。如四叉貓等不同的社群內容眾多，他們各自是否為特定政治團體服務則不得而知，但其各自資訊背後有著其目的，用這些現場人數的照片讓己方陣營「長士氣」或是讓對手「滅威風」。

臺灣大體上呈現兩黨制的政治基礎，同樣為兩黨制的代表像是美國有共和黨與民主黨，英國有保守黨與工黨，臺灣則是國民黨與民進黨。經過政治演化，呈現以國民黨為主的泛藍陣營與民進黨為主的泛綠陣營，呈現複雜多元的競合關係。然而，另外近年來逐漸產生的「第三勢力」為臺灣的政治生態帶來新血，讓民眾可以有兩黨以外的新選擇，但另一方面卻也讓民眾解讀政治更為困難，「第三勢力」的出現跳出了過去慣以藍／綠解讀政治的二元框架之外，也讓「造勢」的風向多元，在新的多元政治生態之下，民眾應培養以多元的角度解讀政治風向的習慣，以及在政治資訊超載環境中對於政治風向操作的警覺性。

貳、假帳號：真假難分的熱情支持者與網軍

政治人物已經不再只是依靠線下的方式走入人群，或是透過傳統媒體的新聞廣告來做宣傳。如今在政治的網路社群行銷攻防中，參選

人會投入更多資源到民眾高度依賴的數位社群，試圖影響更多的人，藉此傳播個人政治理念和進行資訊戰。輿論控制延伸到各種主題的網路社群，過去傳統的網路口碑行銷會採用業界俗稱「小蜜蜂」的宣傳手法，意指如同蜜蜂採蜜般的四處散布資訊，目的是讓感興趣的民眾能夠接觸到這方面的資訊。然而，現代網路使用者已經不再只是被動接收口碑宣傳，同時也會主動參與各大留言區塊的互動，投入個人觀點在許多已經設定好的資訊評論。

　　Facebook、PTT、Dcard 等網站在臺灣人的網路使用生活中扮演著重要角色，越來越多人每天透過這些社群網站及論壇接收新聞資訊，這些網站也因而成為了網路輿論操作的兵家必爭之地。各陣營為了做到社群號召與動員，會在 Line 群組或是 Facebook 社團開始號召熱情支持者，網羅支持者群聚，並策動其在特定議題上發聲，頗有義勇軍的味道。

　　因此當操作者想要鼓動一個議題的時候，他們可能就會在 Line 群組、Facebook 社團、Dcard、PTT 等等各種論壇、社群平台上發起討論（有時也可能是多方進行相互連結的，例如由 Dcard 上發起討論後轉貼到 Facebook 社團、Line 或是 PTT 上）。隨著要操作的訊息以及平台不同，每次皆有不同的「帶風向」方法與策略，但其中最不可或缺的正是可以用來發文或留言的帳號，假帳號在操作的過程中扮演著重要角色，甚至不同假帳號彼此也有著不同的價值。以 PTT 來說，PTT 的帳號登入次數越多就擁有越大的發文權限，執行輿論操作的公司所擁有的這些假帳號的來源有些是自行養成，但要有效地進行輿論操作，並非只有一、兩個帳號即可達成，有時需要一定數量的帳號進行操作，才能成功的假扮成群眾。也正因為有這樣的帳號需求，也有人出售 PTT 帳號，並且根據不同的登入次數有著不同的售價。

　　但並非有了假帳號就萬事具備，如何「帶風向」是非常重要的。以 PTT 來說，由於 PTT 的頁面是由上往下的排列，在最上面是文章內容，下方是依照時間排序的討論，使用者在看完文章後常常會看到

最早的幾個人的留言，要「帶風向」時，搶下這幾個前幾名留言位置（頭香）就變得非常重要，所以在操作者發起討論後，要趕快攻占這幾個頭香位置，將討論導向期待言論發酵的方向。這時操作者就會出動帳號搶下前幾名位置，幫下面的討論設定好方向，這樣一來想要往其他方向討論的民眾在留言時也會開始擔心是不是和大家的想法不同，會不會留言之後卻成為眾矢之的。當操作者發現有不利的言論需要平反時，也會試著動員人頭帳號，前往這些地方來動員，並且又有時風向與期待不符合時比起直接違背風向，從旁側擊可能會來得更加妥善。

當然，風向並非所有的時候都帶得起來，不同的議題帶風向的難度不太一樣，有時則會需要動用到更多的帳號來帶風向，但網路風向的戰爭並非僅是靠數量即可取勝。首先，帳號並非是沒有上限動用的，因為要用來帶風向的發言要顯得真實難以識破，必須要有著嚴謹的選用帳號，也因此帶風向時為了不被識破，可動用的帳號數量是有一定限制的。除此之外，操作動用的數量也端看操作的版面而定，平時越多人參與討論的版面可以動用較多的數量進行操作，但平常人數就比較少的版面若用了太多帳號來操作就顯得相當奇怪了，要使用多少帳號來帶風向也是需要評估。網路輿論風向的操作可說是一門精密的技藝，除了具備操作風向用的假帳號外，還需要搭配相應的知識來分析資訊、擬訂策略，並且也需時時提防被識破的可能。

參、假帳號之亂的攻防戰

面對網軍來襲，網路上的人們並非對此沒有知覺，各種調查ID、IP 的工具隨之誕生，究竟是魔高一尺抑或是道高一丈，還是看應用的技巧而論了。現在從網路上搜尋即可找到許多 IP 查詢工具，在這些 IP 查詢網站中輸入目標的 IP，即可找到該 IP 所在的國家與地點。有些善用這些工具的網友會藉由查詢 IP 的方式揪出疑似網路輿

論操作帳號的不自然痕跡，比如說搜尋 PTT 上的某篇文章中搶頭香的幾個帳號登入的 IP 位置，看看有沒有好幾個帳號共享同一個登入地點，如果有這種狀況出現，那麼就很有可能是「搶頭香」帶風向；又或者是查詢某一個帳號近期活動的 IP 有沒有不自然的跡象，比如說上一秒登入還在韓國，下一秒馬上跑到印度登入，這種狀況可以懷疑這個帳號的使用者有刻意使用「跳板程式」、Proxy 代理伺服器或是 VPN 服務等方式隱藏自己的位置。然而，這種方式當然也為輿論操作業者所熟知，因應網友的搜查，輿論操作業者也會小心翼翼地保護自己的帳號 IP 以免露餡。

　　也因此 IP 並不能代表一切，還需要其他方式來找出假帳號的蛛絲馬跡，觀察帳號過去的活動方式也是一個不錯的方法。觀察帳號是不是新帳號、過去在哪一些版上發言與回應、發言的內容前後一不一致等等。如果有個帳號在過去時通常在美妝版發言，但突然間彷彿性格大變，大量頻繁的在八卦版發文回應；又或者是過去長時間以來發文與回應都偏向某一個立場的帳號，是否一夜之間突然跳槽變成另一個立場，若是出現這種「非人類」的跡象，我們也能懷疑這個帳號很有可能是由行銷公司所掌控的。此外，有些鄉民也會直接把帳號名稱拿到 Google 等搜尋引擎上搜尋，如果這個帳號曾經在網路上出售，就可以藉由搜尋的方式找到過去買賣的痕跡；或者是也能透過搜尋帳號名稱找出在不同的網站中是不是有相同的帳號名被註冊，以及這些同名的帳號過去的活動行為，藉由比對這些同名帳號之間的行為，以確定這些帳號的背後是不是真人。

　　然而，隨著口碑行銷業者操作技術越趨成熟，隨著公司的成長，這些口碑行銷公司所擁有的 PTT 假帳號甚至也越來越像真人。一些口碑行銷公司所擁有的 PTT 假帳號是在早期申請未被受限時就已申請，經過長年精巧的栽培偽裝，一個帳號有著基本的性別、年齡等等基本人格設定，並且以符合人格設定的方式培養這些帳號在 PTT 上的活動。比方說，某個帳號設定為 30 歲服務業的上班族女性的角

色設定，口碑行銷業者會嚴格的以符合人格設定的方式在美妝版、男女版發文與留言，培養出一個難以被辨識出是行銷公司所控制的假帳號。而這樣的帳號還不僅有五個、十個，一個規模較大的行銷公司可能擁有上百、上千個這種高度擬真的假帳號，並且透過專門的帳號管理系統與作業流程，記錄每個帳號過去在不同討論區和網站上的言論。業者建立了完善的帳號管理作業流程，一個網路虛擬帳號就包含了許多角色設定，從專業背景到各大論壇過往的留言紀錄，並設計了許多的分類，在不同討論區和社群網站的言論都會記錄下來，並且做了嚴格的把關，無論是提問或是回答問題，都跳脫不了已經設定好的人格特質。這些假帳號提供了口碑行銷業者冒充成群眾活動「造勢／造市」的機會，這些帳號堪稱口碑行銷業者最重要的資產也不為過，這些假帳號的管理系統與操作方法甚至被視為商業機密。

圖 9-1　口碑行銷業者的假帳號管理系統會詳細記錄與管理帳號的人格細節、背景、使用產品等發文紀錄（凱曜網路提供）

　　不僅是網路鄉民們主動面對假帳號問題，許多社群媒體平台也因應近年來選舉期間鋪天蓋地而來的假訊息之亂，祭出各種打擊假帳號的措施。PTT 在 2019 年 10 月起陸續清除異常帳號，至 2019 年 11 月 2 日，PTT 已清除了 1,154 個帳號，而這些帳號都屬於同一人或同一集團持有及使用（中時新聞網，2019 年 11 月 4 日）。Facebook

在 2018 年的第一季與第四季分別關閉了 5.84 億個與 10 多億個假帳號，並且在 2019 年第一季移除了 22 億個假帳號。除了假帳號以外，Facebook 的輿論操作依靠對粉絲專業以及社團的操作，Facebook 在 2019 年 12 月 13 日移除了臺灣 118 個粉絲專頁和 99 個社團，以及管理這些粉絲專頁與社團的 51 個多重帳號，官方提出的理由是管理這些社群的多重帳號，試圖以虛假手法提高貼文內容人氣，違反該平台的《社群守則》。Facebook 應是先觀察帳號如在短時間內在各社團及粉絲團貼相同文章的「協同性造假」等異常行為，再回過頭去處理這些帳號管理的專頁和社團（天下雜誌，2019 年 12 月 30 日）。除了 PTT 與 Facebook 以外，臺灣民眾常使用的 Dcard 和 YoutTube 等網站也都有針對假帳號進行處置。

　　然而，至今假帳號的活動仍然難以根絕，這些擬人的假帳號充當著網路上的意見領袖、在一旁搖旗吶喊的熱血民眾或者是冷言熱諷的反串角色，個人現在已經很難單靠發言內容判斷一個帳號是特定陣營指派的寫手或虛擬帳號，又或是如同你我一般的網路使用者。如今我們還有什麼辦法說我們能夠藉由一般方式確認網路上的每個帳號究竟是和我們一樣是一個個體，還是只是一個用來操作輿論所用的棋子？即便有著探查的方法，恐怕也並非是一般人們能夠輕易掌握的技術，也因此面對充斥網路世界的口碑行銷，我們有必要藉由認識口碑行銷的操作方式，以維持我們在網路上活動時的警覺。

肆、網路輿論的操作手法

　　網路口碑行銷的操作過程中，最重要的環節在於觀察輿論的趨勢以及應對操作。網路上各種社群網站、論壇與新聞平台眾多，想要掌控網友們在網路上的討論，單靠人力觀察難以照顧到這麼多的內容，並且也無法針對突發的狀況進行即時反應。因此，口碑行銷操作需要倚靠各類工具蒐集相關輿論的資訊整理這些資訊，以利操作者觀察風

向調整互動內容，並持續拋出溝通的切角，即時淘汰表現不好的議
題，留下反應好的內容類型，藉此拉來更多認同的支持者，並輔助支
持者到需要平反的地方進行辯論。這些工具可能會是口碑行銷業者自
行開發，也有一些專營社群網路輿論資訊分析公司開發工具提供給其
他公司或組織使用，如 Opview、iBuzz Research 等輿情公司提供的
服務。除此之外常見的工具還有 CrowdTangle 等，這些工具所依靠
的正是大數據技術，從新聞、社群、論壇、部落格等媒體來源中，蒐
集眾多網路媒體上使用者的互動資訊並加以分析，利用如透過語意識
別、情緒分析、分類與聚類等演算法，運算內容上下文的關聯性，幫
使用者洞察資訊。這些工具提供使用者以多種方式分析網路輿論，例
如觀察關鍵字之間的連結關係，以歸納整理事件或話題的全貌；以文
字雲的方式觀察當下最常被使用的關鍵字；混合時序以及媒體平台觀

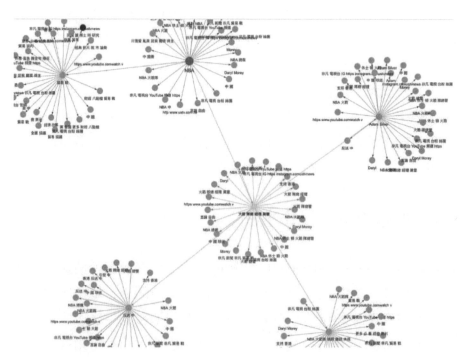

圖 9-2　以概念拓樸的方式對完全未知的事件歸納出概念（凱曜網路提供）

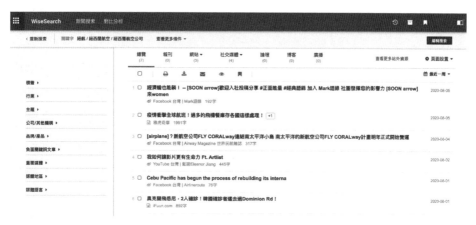

圖 9-3　以關鍵字搜尋網路輿論對特定主題的討論（凱曜網路提供）

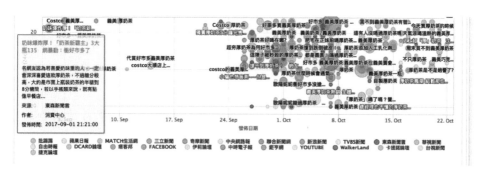

圖 9-4　根據時間與頻道分布，掌握擴散的成效（凱曜網路提供）

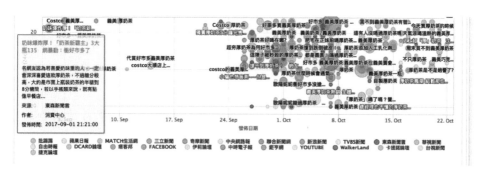

圖 9-5　以文字雲的方式觀察熱門的關鍵字（OpView 提供）

察主題擴散途徑等等，藉由多種分析方式觀看在網路上對於主題的談論狀況。

　　當然，這些工具也提供使用者設定重要的關鍵字，以自動追蹤網路輿論趨勢。當這些重要關鍵字被談論的趨勢產生變化時，會自動向使用者送出通知，讓補助使用者對網路輿論 24 小時即時監控。電腦自動化蒐集與分析大數據，提供了口碑行銷業者以更全觀的角度監控網路輿論，混合使用多種分析技術分析網路輿論的趨勢與走向，讓口碑行銷業者可以更精準的操控影響輿論。

口碑行銷業者藉由這些資訊分析哪些民眾族群、在何時、談論哪些主題，以及以何種方式討論，業者會對這些資訊進一步的分析，以決定要以何種方式更進一步的影響輿論。

經過分析後，口碑行銷業者會決定是否以及如

> 業者常會使用這些指標測量網路輿論：
> - 網路聲量：用以衡量議題的共鳴度。
> - 聲量走勢：搭配時間軸，衡量議題的持續性。
> - 正負評比：又稱 P/N 值，用以評估議題正面／負面的比例。
> - 關鍵詞組：在議題中摘取討論度高的詞句，用以深入頗析。
> - 族群分類：族群背景、興趣等資料與議題的各種關聯性。

何對議題更進一步的進行操作。並且在操作後，口碑行銷業者也會更持續追蹤議題的發展狀況，衡量操作的成效，並且進一步的決定後續的行動。藉由反覆的觀察與行動組織出針對議題的口碑行銷。

　　在進行口碑行銷時，業者會先擬訂這個產品的目標族群是哪些人，進行目標族群的分類，找出他們的族群背景。接著針對目標族群的背景擬訂如何進行口碑行銷，目標族群常逛的平台為何？在這些平台上對於這個議題通常會如何被談論？進而決定在各個不同平台要如何進行操作。

圖 9-6　口碑行銷的基本操作流程（凱曜網路提供）

　　舉例來說，有天有個口碑行銷業者要推廣一個防火的汽車內裝，這個防火產品的目標族群是經濟能力能夠負擔汽車的人們，年齡可能是 30 歲以上，他們可能較常逛哪些論壇。接著，口碑行銷業者會去分析在這些論壇中的討論狀況以決定口碑行銷的策略。例如口碑行銷業者可能藉由先轉貼汽車著火的新聞在這些論壇中，以激起目標族群的防火意識。然而在某論壇中這個產品可能會被嫌太貴，那麼口碑行銷業者可能會藉由在討論中插入對於「當你擁有家庭後就知道安全的重要性」這樣的論述方向，合理化產品的高定價，影響後續對於產品的討論。若口碑行銷業者今天想要推行的產品目標族群較常受到網紅的影響，這時，口碑行銷業者就可能會與目標族群常會接觸到的網紅合作，請網紅撰寫一些業配文；又或者是目標族群消費這類商品前常會去搜尋產品的開箱文，那麼口碑行銷公司可能就會出動帳號寫一些業配文或者是發一些業配影片。藉由多種不同的手段，如何針對議題與目標族群進行不偏不倚並且不引起注意的進行言論操控，是口碑行銷業者關注的重要課題。

伍、結論：提升媒體素養，降低操作渲染熱度

　　現今數位科技的進步，讓人們有更多的選擇可以溝通和發聲。然而，這樣的科技背景也同時給予了假冒成網友進行輿論控制的機會，不僅是口碑行銷業者能藉此假冒成網友進行商業行銷，更可能給予了抱持惡意的不肖人士與組織進行不實言論與虛假訊息的傳播，企圖引響人們的輿論風向。輿論操作的技術深入網路世界的各個環節，從社

群行銷、網紅、部落客到 SEO 關鍵字操作，整體都是環環相扣的。在非實名制的網路世界中，為了避免落入特定意識型態的陷阱，以及受到偽裝成素人的言論風向操作，建立良好的思辨態度非常重要，每個人在接觸到資訊的當下，都應該試著去理解，培養獨立判斷識別的經驗，思考是否為輿論控制的可能性。

目前社群網站也積極透過教育的方式來提升民眾媒體素養，像是臺北市電腦公會與 Facebook 合作推出「數位公民」（We Think Digital）培育計畫，目的就是希望能夠在網路上建立數位素養的文化，除了加強網路使用的資訊安全之外，也提升民眾的思辨能力，進而辨識不實訊息或是疑似帶有輿論操作的內容。

臺北市電腦公會法務長黃益豐也在 Facebook 數位公民計畫中強調「無論是接收或是發布資訊，至少必須要能想三件事」，其中包含了「想來源出處、想動機、想時間」，綜合這些資訊去判斷、分析，可以有助於減少不實資訊所帶來的傷害。

對於網路輿論控制，許多平台更新自身的規定，並且加強取締這些進行操作的假帳號，政府也藉由法律規則來嘗試管制。事實上為保有自由民主國家應有的言論自由，治理面也較難進行明確的規範。在科技面向上，未來人工智慧或許有機會協助閱聽人去分析判斷，或是社群網站平台提供各種辨識標籤，但技術層面仍十分複雜，並且若過度依賴科技幫助人們解決問題，反而更會讓落入喪失人類自主性的問題，更難以從根本上解決問題。也因此從素養教育著手，民眾應提高對於虛假資訊的警覺心，養成主動驗證資訊的習慣，提高自身對資訊的判斷力，提醒不要讓自己成為被帶風向的人。

問題與討論

1. 如果口碑行銷如此深入現代的網路生活之中，你應該如何應對而不受到口碑行銷的操縱呢？
2. 口碑行銷滲透網路社群的背景之下，網路社群還有什麼存在價值呢？

參考資料

吳家豪、趙婉淳、林子涵（2019 年 11 月 4 日）。〈PTT 大砍帳號　上千挺英網軍陣亡〉，《中時新聞網》。取自 https://www.chinatimes.com/newspapers/20191104000440-260118?chdtv

田孟心、天下 Web only（2019 年 12 月 30 日）。〈【2020 輿論戰】PTT 和臉書已落伍　網軍最新戰場：YouTube〉，《天下雜誌》。取自 https://www.cw.com.tw/article/5098365

第十章

境外力量與網路資訊戰
對國家安全之影響

傅文成

❀ 壹、前言

　　如今隨著資訊技術的應用，無論是社群網站或是即時通訊軟體，都成為民眾生活中不可或缺的一部分，其快速即時傳播資訊的效率打破過去傳統媒體生態。相較於傳統媒體，新媒體最顯著的特性就是「去中心化」。過往無論是報紙、廣播還是電視，都有一個核心機構作為對外傳布訊息的核心角色。所有的訊息都需經過一定程度的專業編輯、守門過程，才對閱聽大眾傳播。然而，網際網路的新媒體時代中，作為訊息集散地的核心機構已經消失，只要具備使用網路的條件，世界各地的閱聽大眾都可以自由的表達意見，並且跨越國界與時間的藩籬（Chan, Jones, Jamieson, & Albarracín, 2017），無時差地向特定的閱聽大眾發聲。

　　這種看似解構了國家機構對於媒體監管權力的去中心化過程，一度被新自由主義者認為網路的烏托邦與公共領域的時代已經到來，所有的社會大眾都是自媒體，自己除了是媒體訊息的消費者外，也身兼產製者的角色（Flynn, Nyhan, & Reifler, 2017）。就跟現在許多百萬訂閱的 YouTubers 一樣，即使沒有經營大媒體的資本，所產製的媒體內容依然可以影響數以百萬計的網民。

　　進言之，網際網路提供每一個使用者彷彿無限的「傳播能力」，透過電子郵件或者是社群媒體，每位網路使用者的意見可以跨國界的散布到世界各角落。而這種傳播能力，可以幫助人們迅速的把問題與意見呈現出來，並迅速的獲得幫助與回應，這就是網路發展之初，被眾人稱頌為烏托邦時代來臨的主因（Berinsky, 2017）。

　　這種跨越國界與全世界共享資訊的科技型態，已無孔不入的出現在日常的生活環境，包含社會、財經商務與政府治理等層面上。舉例來說，比特幣的通行，弭平貨幣交易中，國家、地緣政治與匯率波動設下的壁壘。這種新興貨幣去中心化的特質，以一種分散式的生產、

交易方法，不必經由銀行與政府操控，讓每個能夠自由上網者，都能重拾對貨幣、交易的掌控；至於維基百科等分眾式的知識共享技術，則是將知識生產的權力還諸於民。自古以來制定疆域、編撰史書皆是政府機構的重要權責，然而此刻，網路上幾乎沒有祕密，歷史也不再只有國定版的歷史，這些轉變，代表的是國家對空間、歷史詮釋的壟斷權力正逐漸向人民開放。

　　然而，這個烏托邦其實沒這麼樂觀與美好，看似多元選擇的網際網路其實沒那麼多元，它很可能依然被媒體巨擘諸如 Google 與 Facebook 等公司的演算法影響；更甚者，也成為部分國家影響散布假新聞，據以影響民意、政治信任或是社會穩定的溫床。在世界各國已將這種以假新聞等惡質手法操控民意、深化社會分歧、顛覆民主程序運作系統、動搖民主體制的可信度手法認為是一種資訊「武器化」（weaponize）（DoD, 2019）。

　　時至今日，經由社群媒體作為戰場發起的假新聞，早已被英、美國家認定為是複合式戰爭（hybrid warfare）的一種（Filip, 2017），是需要以國安規格嚴肅對待的重要議題。民主國家的體制中，政府施政的順遂與否，與民眾對政府的信任感兩者間呈現高度正向關聯。假新聞的傳播迅速破壞大眾對政府的信任機制，也已經扭曲了民眾對政府政策的看法，也影響了臺灣人民對於民主制度核心價值的堅持。換言之，新聞內容可能是假，惡劣影響卻真實存在，不只是干擾政策推動，對民主選舉、社會信任及國家安全都可能造成傷害（傅文成、陶聖屏，2018）。本章節將從網際網路發展與資訊戰的概念出發，透過解析各國面對網路假新聞操弄影響社會穩定的案例，提出我國可能的因應策略。

貳、社群媒體與新一代認知與資訊作戰

　　美國國防情報局（Defense Intelligence Agency）局長 Stewart

在 2019 年於「美國國防部資訊情報系統」（Department of Defense Intelligence Information System，簡稱 DoDIIS）年會中表示，新傳播媒體尤其是社群媒體在當代戰爭中的分量，遠比以往任何一個時代都要重要，甚至是「第五代戰爭」中，透過社群媒體影響民意，並左右政治經濟局勢，進而影響戰爭與國際情勢全局的重要環節（DoD, 2019）。

在第一代戰爭中，火力的發展於極大化乃為戰爭中決定勝敗的關鍵要素；第二代的戰爭思維則是認為跨兵科的協調合作，展現武裝力量的機動與靈活才是重點；時至第三代戰爭思維，除了快速應變與超前部署外，更講究靈活打擊；但到了第四代的戰爭思維，正規以國家為單位的武裝力量反而退居二線，取而代之的是非正規武裝力量為主要型態的不對稱作戰。至此，武裝力量的戰鬥人員與平民間的界線開始模糊且難以界定，戰爭的發起單位不再必然是國家，也不用透過代表民意的議會正式宣戰，而是以非正統組織的方式，如伊斯蘭國（ISIS）、武裝游擊隊等形式，向一般民眾發起攻擊。而第五代戰爭，則是透過社群媒體無遠弗屆、跨越國際界藩籬的即時通訊的特色，深化非正規武裝力量的特色，讓整體戰爭型態更具彈性且難以界定，重要的是，正規武裝力量已然不是第五代戰爭的必要條件（Partanen-Dufour, 2016）。

在最新一代的戰爭思維中，亦可稱為「認知戰」（cognitive warfare）或是「資訊戰爭」（information operation）。最主要的考量是花費最少的資源以獲得最大的國家利益，並且在戰爭前、中、後各期運用傳播媒體、社群媒體影響作戰地區的利害關係人，為武裝力量創造最有利的態勢（Dodds, 2018）。以俄羅斯 2016 年入侵克里米亞為例，捨棄以大規模的空降部隊或地面部隊作為戰爭主體的模式，也未採取空降與特戰等快速反應部隊，而是採取電磁作戰先切斷站區的通信系統後，巧妙運用克里米亞人民身處動盪中，亟需要穩定可信的消息來源的同時，以心理戰與資訊戰作為主軸，強力透過社群

媒體傳播克島已不需要烏克蘭統治，唯有俄國接手方能保障克島的人民與財產安全的言論，從社會大眾對於烏克蘭政府的信任度開始瓦解，並間接促使人民公投時選擇俄羅斯作為合法統治國家的選擇。在第五代戰爭的思維下，俄羅斯還未發動武裝力量攻擊時，早已立於不敗之地，因為作為國家維繫四要素的人民、土地、政府、主權的「民心」，早已導向善用社群媒體的一方。至克里米亞納入俄羅斯版圖為止，鮮少看見武裝力量在這場戰役中的投入，取而代之的是一看不見煙硝味的戰爭（Partanen-Dufour, 2016）。

　　進一步檢視資訊戰的本質可發現，其根本精神就是具備即時傳播與多元載具的社群媒體傳播。運用社群媒體「群我傳播」的特性，其挾帶遠較傳統媒體高的可信度與傳播速度，影響在民主社會中，對國家政治影響至為重要的主流民意，進而取得在整體戰略中的優勢。綜觀當前各國的戰爭經驗來說，早從美國的越戰、英國的福克蘭群島戰役、美軍在阿富汗境內的挫敗，其背後都包含著組成國家最基本的單位，也就是社會大眾的期待與支持。當民心與國防政策跟國家戰略方針向背時，即使傾全國之力投入戰爭，亦難以有預期效果。

　　運用社群傳播媒體的力量作為戰爭的作戰態樣（appearance），在世界各地屢見不鮮，從美俄與歐洲國家間的角力、中東國家極端恐怖組織的行動籌劃與人員招募訓練，乃至中共在 2016 年起將包含社群媒體運用在內的複合式戰爭納入演習驗證項目等例子可知，防範、反制、乃至於主動規劃新一代戰爭模式，乃是未來國家安全工作的重點項目。社群媒體對國內重要政軍情勢的影響是廣泛、深遠且快速。英國皇家綜合智庫（The Royal United Services Institute）的資訊戰分析報告依然認為，第五代戰爭與前四代都具備一個共同的特色，就是無論攻守雙方都需有良好的因應計畫（Ducheine, Paul, Osinga, & Frans, 2017）。換言之，我國安單位能否盱衡社群媒體在敵我雙方的發展態勢，以前瞻的思維擘劃具國際觀的戰略邏輯，並厚植運用社群媒體作為整體戰爭要素之一的能力，方能因應周邊國家不斷發展複合

式戰爭企圖影響我國民意與社會穩定的威脅。

🏛 參、演算法與虛假新聞的影響途徑

英國牛津大學大學網路研究所（Oxford Internet Institute）於 2019 年曾針對臺灣、俄羅斯、巴西、加拿大、中國、德國、波蘭、烏克蘭、美國等九個國家進行「網路輿論來源」研究。研究結果發現，包含我國在內的網路輿論存在著少數人或團體利用社群媒體的「演算法」企圖操作輿論，對政治商業競爭對手以臉書或推特為平台，大量產製謠言、假新聞、誤導資訊，並利用機器人大量按讚、討論，以製造「高人氣」或「全民共識」的假象（Mishra & Neha, 2019）。

具體而言，社群媒體的演算機制不外乎計算同一種類議題的「聲量」，包含瀏覽人數、發表看法人數、轉載人數等數據為基礎，作為判斷是否為社會的熱點議題。在社會大眾瀏覽社群媒體時，遭機器人大量灌水成為全民關注假象的熱點議題就容易出現在瀏覽頁面中。這種以社群媒體動態為平台的假新聞傳播方式除打破時間與空間的界線，讓身處世界任何角落的人都得以即時接收訊息外，也因為瀏覽的人來自四面八方，一般社會大眾無從判斷數千乃至數萬個「讚」背後，是否真是全民關注抑或是有心人士的刻意操弄。例如在上述牛津大學的報告中，發現美國總統最常使用的推特社群媒體中，在俄羅斯約 45% 的活躍推特帳號是機器人。俄國也利用社群媒體的假新聞企圖影響包含法國、美國等總統大選的結果，這樣的企圖早被許多國家視為影響社會穩定的重要威脅（Mishra & Neha, 2019）。包含蘭德公司在內的美方智庫研究人員就認為，接下來德國的重要選舉以及英國的脫歐公投在內的重要政治活動都將壟罩在駭客機器人所製造假新聞干預的陰影下（DoD, 2019）。

我國的電腦運算宣傳與假新聞可分為國內政治議題宣傳與境外

勢力操作等兩種態樣。根據牛津大學 2017 年假新聞檢核報告，發現我國自 2014 年臺北市長選戰起，社群媒體上政治機器人和反假新聞機器人的使用情況大量增加，促成可能影響縣市長選舉結果就是最典型的例子（De Keersmaecker & Roets, 2017）。在境外勢力的威脅方面，2018 年 12 月時，也利用微博以軍機艦繞臺的事件對我國進行假新聞的攻擊。雖然我國國防部隨後澄清這則消息是假新聞（黃柏欽，2019），然而，這個未經證實的假新聞已經在國內的主流媒體討論區與社群媒體，諸如 PTT、臉書、Line 等平台引起網民注目，並懷疑國軍情報能力。

　　早在還沒有網路媒體的時代，已經有假新聞或不實宣傳的存在，之所以現在被社會大眾廣泛討論，甚至我國政府還將其列為國家安全的重要議題的原因是，網際網路的快速傳播讓這個問題更加凸顯且難以處理。從以往經驗來看，假新聞具有包含「造假」、「試圖假裝為真」、「影響輿論方向」、「吸引大眾注意」以及「賺取廣告收益」等目標；且經常混雜著幾種類別，包含純屬虛構的消息、品質低劣的真新聞、假扮新聞的廣告等，企圖透過「操縱式新聞」只提供社會大眾片面事實，以影響其對政府的支持與觀感。

　　網路上的假新聞已為整體國家安全與社會穩定帶來不可預測的風險，雖然包含臉書在內的網路平台業者都願意投入研發網路言論的真實查核機制，歐盟與美國也透過第三方機構協助認定假新聞，然而，單只依賴業者或政府委任機構的「事後舉報」機制，常侷限在假新聞已造成傷害後的危機管理與損害控制（何吉森，2018）。

　　致力於打擊這種由特定團體操控假新聞的治本措施方面，多數國家政府機構都認為需從網路平台業者的自律、政府部門跨部會的合作等多元管道著手，深耕社會大眾的媒體識讀水準。進言之，社會大眾的媒體識讀資訊提供的選擇上，除透過大眾媒體頻道中，政府公共運用的時機加強宣導外，亦可與社群媒體等平台業者合作，提供使用者判斷假新聞的基礎知識；並將學校的媒體識讀課綱中納入駭客攻擊與

假新聞的課程，亦唯有多元、從教育基礎著手的前瞻做法能隨著傳播科技的發展彈性因應，除了解決當前遭遇的假新聞議題外，亦能應對下一個世代的網路不實謠言氾濫的負面影響（羅世宏，2018）。

肆、假新聞影響國家安全案例分析

一、中共軍機艦繞臺

臺灣與中國從 1949 年分治以來，一直面臨高度的軍事衝突的可能，即使兩岸分治已七十年之久，但臺灣海峽的軍事對立始終沒有緩和的跡象。尤其是中共改革開放以來，長期綜合國力的增長，導致解放軍從近海防禦，朝向遠洋護衛的戰略型態發展（Andrade, 2017）。隨著解放軍軍事投射能力的快速增長，改變長期以來兩岸軍力的平衡，再加上蔡英文總統上臺之後，否認兩岸交流的基礎——「九二共識」，更提升兩岸軍事的緊張關係（Bateman, 2018）。中共總書記習近平於《告台灣同胞書》四十週年紀念會的講話更強調，中國大陸不會在統一進程中承諾放棄使用武力。其次，為了實現統一目標，防杜台獨勢力增長，中國大陸採取一連串的措施，從劃設海峽中線以西的 M503 航線，到海空軍機艦繞臺等，目的在於減少臺灣防空預警時間，以增突擊臺灣的成功率（DoD, 2019）。

而以往臺灣對於海空機艦繞臺，多聚焦於解放軍對臺實施文攻武嚇，認為中國大陸對臺實施之心理戰，企圖透過軍事武力威脅，讓臺灣民眾屈服於武力威脅之下，弱化臺灣獨立的企圖，為未來兩岸統一奠定基礎（Bolt & Brenner, 2004）。事實上，解放機艦繞臺不僅日益頻繁，而且強度不斷加大，繞臺區域從海峽中線以東，延伸到南北海空域的宮古海峽及巴士海峽，再延伸到臺灣東岸的海空域，而且數量也從單機到多機編隊，從非常態到常態性繞臺（國防報告書編輯委員會，2017，p.38），目的是將臺灣周遭海空域納入例行性的巡航範

圍之中，以壓迫臺灣民心士氣，達到不戰而屈人之兵的目的。

　　然而，有部分學者卻提出不同的觀點（沈明室，2018），他們認為解放軍的機艦繞臺目的不在於弱化臺灣軍民的抗敵意志，而是要麻痺臺灣軍民的敵情警覺。藉由機艦繞臺的常態化，使臺灣軍民放鬆對機艦繞臺的警覺，為未來攻臺軍事行動取得更有利的心理態勢。換言之，解放軍藉由不斷的機艦繞臺，形成機艦繞臺常態化，讓臺灣軍方疲於奔命，同時也藉由媒體及民眾不斷傳播機艦繞臺資訊，讓媒體及民眾降低對機艦繞臺的關注，進而減緩對機艦繞臺的警覺性。我國國防部為避免落入解放軍對臺心理戰的圈套，國軍曾經一度停止發布解放軍機艦繞臺的消息，然而，這個應對中共複合式戰爭的方式卻存在諸多值得商榷之處。

　　此外，中共在 2018 年 12 月時，在解放軍空軍的微博上放了一張轟 6-K 飛行的軍機艦繞臺的照片，並透過討論區宣傳該照片背景的山景疑似是我國的玉山。雖然我國國防部隨後澄清這則消息是假新聞，照片中的背景並非如網路流傳的是玉山。然而，這個未經證實的假新聞已經在國內的主流媒體討論區與社群媒體平台引起民眾熱烈與廣泛的討論，並聚焦質疑我國的空防實力。此來，除影響國軍形象外，也削減了民眾對國防施政與建軍備戰的信賴程度。

　　前述由中共發起的假新聞型態有幾個共同的特徵，首先是新聞的內容有少部分是屬於事實，但重要的關鍵論述則是捏造而來。此來，一般社會大眾難以判斷新聞的真實性，並容易隨之起舞。其次，這樣的假新聞通常會利用新傳播媒體群我傳播的半封閉特性，以及比起一般媒體而言，具有更高可信度的特色快速進行傳播，可在短時間匯集執政當局難以忽視的輿論力量。有別於傳統媒體，以媒體公司為中心，向社會大眾傳播訊息的模式；社群媒體乃是透過朋友間的線上即時討論，達到一種類似人際傳播的重要特色，具備高可信度與高影響力的說服傳播能量，其傳播速度、影響層面不亞於傳統媒體，重要的是，這樣的網路假新聞傳播方式更難以進行管控。

民主國家的體制中，政府施政的順遂與否，跟民眾對政府的信任感兩者間理當呈現高度的正向關聯。透過新傳播媒體傳布的假新聞，其主要目的就是破壞大眾對政府的信任機制，如同蔡總統在 2016 年底對國內媒體的談話中所談及的，假新聞的傳播除了對兩岸關係的互動沒有幫助外，已經扭曲了我國民眾對政府政策的看法（鄭振清、段哲哲、楊子申，2018），也影響了臺灣人民對於民主制度核心價值的堅持。未來政府對這種非善意的假新聞傳播方式，應該參考各國做法提出更有效率的解決方式。

然而，中共運用複合戰爭概念所衍生的假新聞操作模式態樣不只存在於一般社群網路上，在政府部門經營的臉書專頁，諸如總統府、陸軍司令部臉書等匯集民眾輿論重要的媒體平台，早已可以看到假新聞的影響。總體看來，中共散布在我國社群媒體上的假新聞態樣可區分為兩大類。第一類的假新聞來源是中方媒體，運用網際網路跨國界的特色，經營內容農場、註冊假的推特與臉書帳號，尋找在國內爭議程度較高的議題，進行議題建構，透過互聯網一傳十、十傳百的特色，快速形成輿論。第二類的假新聞消息來源則是來自我國的媒體，透過包含資金轉投資在內的合作模式，與國內媒體取得新聞取材與報導取向合作的共識，製造各種統戰相關的議題，例如宣傳「中共學生勤奮求學，臺灣年輕一代遠遠不及」等系列相關論調的新聞，長期且潛移默化的影響我國人民對於中共的認知與態度。

無論是上述哪個種類的假新聞態樣，都可以看出中共網軍對於議題的選擇性上，都能夠抓緊臺灣社會脈動。例如日本農產品的進口議題，就製作了一系列真假難辨的圖表、懶人包，大量的在臉書社團、Line 群組內傳布，影響與所觸及的社會大眾範圍難以忽視。雖然假新聞與複合戰爭模式從 2010 年起才逐漸被俄羅斯與中共重視，然而，這樣的戰略傳播意圖對中共而言也並非全然陌生（Guess, Nyhan, & Reifler, 2018）。以往中共談及包含法律、心理、輿論戰等策略時，就具備了類似的概念。假新聞的操作就本質而言，就是橫跨了

輿論戰與心理戰的範疇，以新傳播媒體為載具，透過純熟的議題設定與議題建構，企圖影響我國的民意輿情、對執政當局的信任程度，進而達成影響國家安全目標。

二、俄羅斯假新聞的操控機制與複合式戰爭

　　根據大西洋委員會數位鑑識實驗室的報告，俄羅斯正通過類似的社群媒體買辦，躲在幕後操弄民意的手法，影響烏克蘭、美國、敘利亞、巴西、印度等國家的選舉。實驗室從俄羅斯網軍追到了「墨西哥假新聞之王」、「巴西假新聞工廠」，發現這是一個資訊武器化的精密作戰機制。俄羅斯透過網軍與假帳號在已經遭受收買的社群媒體粉絲團中製造假新聞，引導議題風向。以 2018 年進行大選的印度為例，臉書在選舉前宣布刪除數千個帳號與頁面，以避免臉書的服務被利用來操縱社會大眾，讓境外不明勢力影響重要國家政策（Dodds, 2019）。

　　觀察俄羅斯與中共的社群收買與假新聞的操作機制，有幾個徵兆可以判斷。首先是虛擬好友，在現實世界與真人展開互動。中共的網軍操作比以往更像真的線上朋友，無論是用辭、議題掌握程度，越來越難以從留言內容看出端倪，讓社會大眾有一種與真實至交好友互動的錯覺。

　　再者，假新聞與網站收買的操作，已然形成一條精密的產業鏈。以墨西哥的「假新聞之王」梅洛為例，經手在墨國大選散布假新聞有超過數百個「假粉絲頁面」、上千萬個機器人帳號，接受不同政治人物與涉外勢力的委託，提供機器人帳號管理、網路打壓、網路攻擊、產製假新聞網站等服務。其中多數帳號從馬來西亞、印尼等國的行銷公關公司出發，形成一條跨國全球「輿論交易」產業鏈，讓受到影響的國家難以追查真正假新聞的來源（DoD, 2019）。

　　歐巴馬政府曾在 2018 年下令中央情報局（CIA）針對總統大選

期間所有網路攻擊展開調查。其中，俄羅斯駭客是否企圖影響大選及其涉入的程度將是調查重點。白宮發言人舒茲曾明確表示，這項展開調查行動的主因是在美國總統競選期間，爆料網站「維基解密」（WikiLeaks）陸續公布了包含民主黨候選人希拉蕊在內多位政府官員電子郵件中的機密資料，這樣的爆料快速在網路上引起討論，匯集成重要的民意輿論，已相當程度影響總統大選的結果。CIA 徹查自 2008 年起，美國近年選舉時相關的網際網路攻擊行為，並查清駭客所採取的方法、目標、主要執行者，以作為美國政府將來因應的對策參考，並改善美方抵禦網路攻擊的實力。同時也顯示網際網路的時代，經由新傳播媒體平台進行沒有煙硝味的「複合式戰爭」的駭客式的宣傳型態需要各國嚴正對待（Partanen-Dufour, 2016）。

複合式戰爭是俄羅斯從突尼西亞開始的「阿拉伯之春」社會運動得到的啟發。從結果觀之，這波由青年發起，透過網際網路平台串連的社會運動，至 2016 年底已推翻了四個國家的政體。俄國當局認為，在新傳播科技發展快速的今日，如能像阿拉伯之春運動一般，透過網際網路快速匯集、形塑民意，將會對國家戰略目標有重要的幫助。俄羅斯透過研究與估計後，認為社會大眾對包含社群媒體平台在內的網際網路依賴程度日增，將可透過傳播科技的操作，再現以往宣傳模式的威力，並與當前的資訊作戰及武裝力量相結合，形成一種新的宣傳模式。這種奠基於傳播媒體的作戰方式有幾個重要的特徵，包含運用新傳播媒體平台，將大量且真實與虛擬的訊息交錯混合，用以混淆目標群眾對於真實情況的認知（Partanen-Dufour, 2016）。並且將這種介於真、假之間的訊息，不斷的重複且持續傳播至目標受眾，可有效影響社會大眾，對混淆敵國政府與軍隊的行動判斷將有顯著的作用。

從上述俄國運用傳播媒體的手段觀之，除宣傳人員巧妙的把握群眾心理的弱點外，並籌建經營網路宣傳的駭客團體，企圖在重要民意匯集的網路上形塑群眾力量。例如自由歐洲之聲與自由廣播的記者

曾強力呼籲，在網路上有數以萬計的假臉書、推特帳號是由俄羅斯官方宣傳團隊所經營，每日在每個媒體平台上出現大量虛構的貼文與討論，這些被社會大眾視為重要資訊來源，在無法進行查證下，真的民眾與假扮成民眾的網軍意見不斷被交互討論，進而形成一股滾雪球式的民意，影響整體局勢。

俄國當局運用社群媒體，讓社會大眾誤判主流民意，對戰爭或國際情勢有了偏差的認知與誤解。尤其是網際網路媒體依賴程度較高的青年族群，透過線上的動員與討論後，形成高度的支持與社會運動參與動機，透過網際網路朋友間具有高度可信度的交互傳播，以類似病毒式的擴散方式，將媒體宣傳訊息快速、及時且挾帶著強而有力可信程度的傳播模式傳達至目標受眾。由此，傳播媒體在當前國際戰略中的地位已悄然改變，從以往公共事務工作在戰爭擔任輔助角色，進一步走向幕前，成為整體武裝衝突行動的主角。

深入探究俄羅斯的宣傳型態可知，俄國政府利用社會大眾面對複雜的國際關係或是政治議題時，多數的社會大眾沒有全盤瞭解與研究的耐心，所以其立場與偏好較容易相信朋友或是常聽到的立場等特點，客製化最容易被接收與說服效果最佳的媒體訊息，快速大量的匯集可用之民氣，據以爭取國際關係的有利位置與武裝衝突的有利態勢。

俄國複合式宣傳戰爭方式效果良好的主因是，網際網路上的訊息量太過龐雜，對社會大眾而言，如同煙幕彈一般，無法一窺事件全貌。社會大眾往往無法有足夠的時間與耐心釐清事實真相。俄國所傳布的訊息策略都包含某部分的真實，讓目標受眾更難區別真假，也更容易取信於民。值得一提的是，俄國當局也深黯各種群眾心理的弱點，運用情緒性的用詞將更容易被充滿憤怒的社會大眾接受的特徵，透過煽動與情緒性的宣傳策略喚弄群眾的情緒，更加快速的匯集強大的民意力量，藉以達成俄羅斯國家利益的目的（Slavko Barić, Robert Barić, & Jugoslav Jozić, 2016）。

詳細觀察這種駭客干預選舉的手法可以發現有幾個重要的共通特色，首先是選舉駭客攻擊其實並非直接入侵投票、計票系統，而是透過散布假新聞的方式，大量的在社群媒體播送，並且引發主流媒體跟進，以塑造成全民關心的重要議題。這種不易察覺、潛移默化的軟性手段對於曾遭受攻擊的各國政府，造成了相當的困擾，同時，民主國家在顧及言論自由的考量下，在因應手段方面也較爲侷限。

伍、閱聽人因應策略與社群媒體責任

綜前所述，網路對民主最大的威脅，正來自網路本身民主的特質。網路訊息的高速及巨量使得假新聞四處流竄，造就了假新聞和仇恨言論蓬勃發展，以往孤掌難鳴的少數極端主義，現在可透過網路輕鬆找到同溫層，並且在如 YouTube、推特等網路平台可輕易壟斷資訊。這就是利用民主的特質來威脅民主。民主國家在經過網路濫用的過程後，會產生幾個層面的問題。首先，資訊技術的普及與數位落差問題。數位落差概念來自於網際網路的興起與應用。不同社經水準的個人、家戶、企業和地區，在其取用傳播科技的機會上，以及在他們使用網路從事各類活動上，必然有所差異。而「數位落差的縮短」，就是使人民有公平的資訊取用機會及具備適當、足夠的資訊素養和基本資訊應用技能，公平享受資訊科技所帶來的生活及工作上的便利，以免在資訊社會中成爲資訊相對弱勢。如老年人使用資訊科技的比例甚低，政治參與就很低。

其次，是公民素養的問題。公民的素養是民主社會發展的關鍵要素。但一個擅於操作資訊科技、甚至運用資訊科技參與民主政治活動的人，不見得眞正具有民主政治的素養。一個資訊化程度很高的政府，也不見得是一個運用資訊科技維護民主的政府；相反的，還可能用來箝制民主自由的發展。因此，資訊科技所能取代民主政治的部分絕大多數是「技術面」的問題。網路上的互動常是一種「匿名式的螢

幕對螢幕溝通」，網路空間缺乏理性溝通的實況，情緒發言謾罵等太多。假新聞的傳播大多靠電子資訊科技，由於人手一手機，傳轉快速，可說一夜之間，人盡皆知，新聞媒體無暇查證，這就是網路濫用之弊端（Tang, Miao, Zang, & Gao, 2018）。

　　爲解決上述網路濫用的影響，具體做法應可落實在兩個重點。首先，推動數位媒體素養教育。每個人在朋友圈、同溫層中都扮演重要角色，除了提升資訊素養之外，也應該倡導一種「情緒懷疑主義」，亦即不要放任自己的直覺反應，急於轉發分享支持自己想法的資訊，因爲人們在憤怒或恐懼情緒下往往會弱化批判思考能力。若很多人都做到這一點，社群媒體的假新聞汙染就會減少，至少發揮不了這麼大的作用。因此，政府和社群媒體平台龍頭如谷歌和臉書應挹注經費，用以推動數位媒體素養教育，幫助人們識別「假新聞」，避免被誤導，也避免有意無意間成爲假新聞擴散的「幫凶」。

　　其次，政府機構需立法強制社群媒體遵守「通知與更正／移除程序」。谷歌與臉書、推特等社群媒體平台過去長期自認是科技公司，極爲抗拒爲平台上傳播的內容承擔任何責任。而美國和歐盟各國現行法律對社群媒體平台採取低度管制政策，並不要求它們爲任何內容承擔法律責任；儘管在「違法內容」方面，歐美法律皆明訂社群媒體平台負有遵守「通知與移除程序」的義務，但並沒有相關的罰則，而且社群媒體平台也沒有主動發現並移除違法內容的責任。應尋求立法方式訂立清楚的罰則。只要落實上述從媒體識讀道德教育與立法規範社群媒體兩項措施，將可挽回當前網路濫用情形嚴重，以致影響民主社會穩定與受假新聞影響揮之不去的現況。

　　然而，這種人人都可以是自媒體的現象，也成爲假新聞變成影響世界各國社會穩定與威脅國家安全的原因。包含臉書、谷歌與 Line等媒體巨擘，都配合各國政府積極思考如何維持網際網路發展對人類世界帶來美好，而非是反烏托邦的災難。有學者即倡議「全球資訊網契約」八項原則，包含政府應確保「所有人皆能連結至網路」、

「網路始終處於可用狀態」、「尊重並保護人們的隱私和資料」；企業應「讓所有人皆足以負擔並使用網路」、「與使用者建立互信」、「開發最能有效支持人類的科技」；一般民眾則應「合作並創造網路資源」、「建立包容多元言論與人格尊嚴的社群」，就期望從政府法制與人民媒體素養的道德培養兩方面，根絕假新聞對社會穩定的危害（Berinsky, 2017）。

🏛 陸、結論

人類社會正遭逢傳播科技革命性巨變，過去藉由報紙、電視、廣播傳統媒體認知世界的模式，已經全然改觀。網路媒體徹底顛覆傳統的媒體概念，Line、臉書、推特等網路媒體變成社交、娛樂、認識社會的主要平台，同時也扮演形塑輿論的幕後推手。在此同時，網路與社群媒體也成為有心人士或組織散布無數假新聞的主要平台。社群媒體生產內容的成本低，常是假新聞製造者進行短期大量攻擊時採取的方法；再者，人們從手機等新聞窗口接觸這類新聞，沒有機會辨別真假；社群媒體的同溫層現象，使得人們更喜歡從社群媒體獲得資訊，更可能接觸到證據力較低的訊息。

境外勢力假新聞心理攻勢日趨頻繁且細膩，藉由假新聞、造謠等形式，對我國進行不利與不實宣傳，先前即藉軍機艦繞臺時機，傳散假新聞，發動宣傳攻勢，企圖混淆視聽，營造國人疑懼心理，分裂官民互信基礎，分化我內部團結。而這些假新聞的心戰攻勢與傳統軍事破壞有所差異，但對他國所產生的內部效用卻高度適用於現在的國際環境之中，不但巧妙的避開過去對於軍事衝突與戰爭的損失，反而更能對我國造成破壞，即便政府在日後已對於不實訊息作出釐清與解釋、甚至追出真相，但是在法律界定不明，以及在「新聞自由」政府不宜介入的多重考量之下，很有可能讓假新聞結合心理戰的手法不斷的衍生變化。在實際付諸於軍事行動之前，便透過宣傳手法，不只弱

化敵方戰力，更能激發敵對國家的內部矛盾，甚至是民眾對於政府的不信任，這都是當前我國必須面對的挑戰。

對我國來說，民主自由是重要的核心價值，但現今境外勢力有可能藉由民主自由的方式來對我國政權進行攻擊。對此，我國應建立以社群媒體與假新聞的心理戰攻勢因應機制，並建立闢謠管道主動對外發聲，降低不實訊息散播的可能。政府需整合科技、法律及傳播三大面向來探索人工智慧時代虛假新聞的偵防與干預系統，以「識假」、「抑假」、「破假」及「懲假」的四項策略為手段，期望透過人工智慧相關技術來支援傳播、法律等議題之發展，也建立訊息傳播及法律爭議等面向的互動探討機制。

在科技整合層面，聚焦於建立「識假」、「破假」之自動化機制以支援傳播與法律面向之系統服務。面對假新聞充斥的年代，如何減少假新聞對閱聽人的影響是相當重要的課題，然而在減少假新聞對人們生活的影響的前提，必須是閱聽人能具備「識別、辨認」假新聞，方能進一步查核、釐清。

傳播媒體素養教育層面則需以反制假新聞與心理戰及資訊戰為主要目標。假新聞除了誤導閱聽人對事情的認知之外，假新聞對於組織的負面影響更是不容忽視。假新聞快速且大量的傳散，讓組織公關或新聞事務處理人員變得更難以應處。在法理的架構下，以假新聞特徵與判別原則結合危機回應策略的機制，可嘗試結合人工智慧技術來自動產製澄清假新聞說明的新聞內容，如此，第一線新聞公關人員可針對自動產製的新聞內容進行修改，以達到新聞處理的目的，以及增進假新聞應處的效率。在法律層面，則需透過對於假新聞與心理戰過程的瞭解與對話，可以藉此觀察到散播假新聞之方式、管道與範圍，進而發展假新聞與心理戰等文攻武嚇手段所造成之危害與事後的究責機制。

總體來說，目前國際情勢詭譎多變，各國對於軍事行動更加謹慎，透過媒體宣傳應為心理戰主要戰場，特別是在網路科技的普及之

下，結合數位科技的網路輿情戰爭更會是各國關注發展的焦點，此一全新的領域勢必為未來各國積極經營的新領域，如何透過科技整合制敵機先、防範未來，甚至主動出擊占據數位心理戰的制高點，亦是未來我國需關注的方向。

> **問題與討論**
>
> 1. 面對境外勢力的假新聞滲透，閱聽大眾看到訊息時該如何查證？
> 2. 境外假新聞的主管機關應該是哪個部會？又應該有那些作為？

參考資料

一、中文部分

何吉森（2018）。〈假新聞之監理與治理探討〉，《傳播研究與實踐》，8(2)，1-41。

沈明室（2018）。〈中共航空母艦試航的意圖與戰略意涵〉，《展望與探索》，16(7)，24-28。

中華民國 106 年國防報告書編纂委員會（2017）。《國防報告書》（編號：1010602100）。臺北市：國防部。

黃柏欽（2019）。〈戰爭新型態——「混合戰」衝擊與因應作為〉，《國防雜誌》，34(2)，45-68。

傅文成、陶聖屏（2018）。〈以大數據觀點探索網路謠言的「網路模因」傳播模式〉，《中華傳播學刊》，33，99-135。

羅世宏（2018）。〈關於「假新聞」的批判思考：老問題、新挑戰與可能的多重解方〉，《資訊社會研究》，35，51-85。

鄭振清、段哲哲、楊子申（2018）。〈政治偏好、經濟利益與威懾感知——蔡英文執政時期台灣民眾「九二共識」立場影響因素分析〉，《台灣研

究集刊》，157(3)，10-19。

二、外文部分

Andrade, T. (2017). *The gunpowder age: China, military innovation, and the rise of the West in world history*. Princeton, NJ: Princeton University Press.

Allcott, H., & Gentzkow, M. (2017). Social media and fake news in the 2016 election. *Journal of Economic Perspectives, 31*, 211-236.

Bateman, S. (2018). *The Four Flashpoints: How Asia Goes to War*. Carlton, AU: La Trobe University Press.

Berinsky, A. J. (2017). Rumors and health care reform: Experiments in political misinformation. *British Journal of Political Science, 47*, 241-262.

Bolt, P. J., & Brenner, C. N. (2004). Information warfare across the Taiwan strait. *Journal of Contemporary China, 13*(38), 129-150.

Chan, M. S., Jones, C. R., Jamieson, K. H., & Albarracín, D. (2017). Debunking: A meta-analysis of the psychological efficacy of messages countering misinformation. *Psychological Science, 28*, 1531-1546.

De Keersmaecker J., & Roets, A. (2017). "Fake news": Incorrect, but hard to correct. The role of cognitive ability on the impact of false information on social impressions. *Intelligence, 65,* 107-110.

Dodds, T. (2018). Propaganda in Times of Social Media Warfare. *Canadian Journal of Communication, 43*(4), 647-652.

Ducheine, Paul A. L., & Osinga, Frans P. B. (2017). *Netherlands Annual Review of Military Studies 2017* (NL ARMS). Hague, NL: T. M. C. Asser Press.

Filip, L. (2017). NATO resilience strategy towards Russian hybrid warfare. *Journal of Defense Resources Management, 8*(2), 64-71.

Flynn, D. J., Nyhan, B., & Reifler, J. (2017). The nature and origins of misperceptions: Understanding false and unsupported beliefs about politics. *Advances in Political Psychology, 38*(S1), 127-150.

Guess, A., Nyhan, B., & Reifler, J. (2018). *Selective exposure to misinforma-*

tion: Evidence from the consumption of fake news during the 2016 U.S. presidential campaign. Retrieved from http://www.dartmouth.edu/~nyhan/fake-news-2016.pdf

Slavko Barić, Robert Barić, & Jugoslav Jozić. (2016). Hybrid Warfare - cases of Croatia and Ukraine. *Vojenské Rozhledy, 25*(Special), 104-122.

Mishra, Neha. (2019). Building Bridges: International Trade Law, Internet Governance, and the Regulation of Data Flows. *Vanderbilt Journal of Transnational Law, 52*(2), 463.

Partanen-Dufour, R. (2016). *How Russia Today supported the annexation of Crimea: A Study of the Media's role in Hybrid Warfare.*

Tang, Y., Miao, X., Zang, H., & Gao, Y. (2018). Information disclosure on Hazards from industrial water pollution incidents: Latent resistance and countermeasures in China. *Sustainability, 10(*5), 1475.

U.S. Department of Defense (DoD). (2019). *Annual Report to Congress: Military and Security Developments Involving the People's Republic of China 2019.* Retrieved from https://media.defense.gov/2019/May/02/2002127082/-1/-1/1/2019_CHINA_MILITARY_POWER_REPORT.pdf

第十一章

數位平台需要管制嗎？
政府應該怎麼做？[1]

羅世宏

1 本章部分內容改寫自羅世宏（2020）。〈關於社群媒體平台的批判與省思〉，《教育月刊》，314，頁4-16。

⊕ 壹、前言：數位平台的興起與支配

過去數十年來，資訊科技、網際網路與電信技術的進步，已將人類社會帶進數位匯流的新紀元。2020 年新冠疫情全球肆虐下，由於國與國、人與人之間的面對面交流驟然受限，更讓社會各領域的「數位轉型」（digital transformation）找到加速進行的驅動力。

在這個加速數位化的世界裡，隨著「數位平台」（digital platforms）的影響力越來越大，它們應該受到什麼樣的法律規範、應該承擔什麼樣的社會與道德責任，也開始受到討論與重視。

長久以來，網際網路很少受到政府嚴格的監理和管制（除了中國等威權或極權國家之外），而且已經富可敵國的數位平台也始終抗拒來自各國政府的監理和管制。因此，政府應該如何合理納管數位平台、如何在管制數位平台的同時不損及珍貴的網路自由、如何確保一個有利於科技創新與公平競爭的網路環境，無疑是相當棘手的問題。

先從 2020 年的一份公開聲明說起。5 月初，「無國界記者組織」發布聲明（RSF, 2020），呼籲數位平台在賺取巨大財富之餘，必須做出關鍵的轉變，不僅應該提供可靠資訊給社會大眾，也必須承擔基於民主原則的平台責任（platform accountability）：

> 因為人們有權獲取可靠資訊，我們呼籲皮查伊（Pichai）、祖克柏（Zuckerberg）、庫克（Cook）、朵西（Dorsey）、貝佐斯（Bezos）及其他人做出具有重大意義的轉型。

這項聲明的共同發起人包括多位諾貝爾和平獎得主，如希林·伊巴迪（Shirin Ebadi）和阿馬蒂亞·森（Amartya Sen），以及諾貝爾經濟學獎得主約瑟夫·史迪格里茲（Joseph Stiglitz）。

這份聲明之所以公開點名皮查伊、祖克柏、庫克、朵西與貝佐斯等人，並要他們為人們的資訊環境負起責任，主要是因為他們所經營

或擁有的社群媒體和數位平台，例如臉書（Facebook）、推特（Twitter）、YouTube、Instagram，已成為許多人日常生活中不可或缺的一部分。當然，首部智慧型手機 iPhone 的橫空出世，也與上述各種社群媒體相互為用，共同催生了現今人們正在經歷的數位轉型。但無論是臉書或是推特，其實都是過去十多年之間陸續出現的新傳播科技（如表 11-1），但人們現今已經幾乎難以想像沒有這些社群媒體的生活，而且其影響力已經滲透於社會與個人生活的方方面面，不僅對社會帶來廣泛的數位轉型衝擊，也影響著一般人工作、學習、社交、支付、生活、娛樂或接觸新聞資訊的方式。

表 11-1　相對晚近才出現的社群媒體與數位平台

時間	社群媒體與數位平台
2004	Facebook
2005	YouTube
2006	Twitter
2007	iPhone
2009	Weibo
2010	Instagram
2011	WeChat
2011	Snapchat
2013	Netflix推出自製內容（《紙牌屋》）
2016	抖音（國際版：TikTok）

　　儘管社群媒體與數位平台帶來諸多好處，但它們對當代社會帶來的挑戰與威脅也越來越無法被忽視。隨著社群媒體與數位平台的影響力越來越大，民主國家近年來逐漸正視監理管制數位平台的必要性，並且思索應該採取何種管制手段。

　　接下來，本章以目前全球最受歡迎的社群媒體臉書為例，對社群媒體和數位平台進行批判與反思。

BOX 1：何謂社群媒體（social media）？

　　人們日常生活裡普遍使用的「社群媒體」是什麼？它們又具有哪些特性？根據一般英語字典的定義，社群媒體是指：

- 用戶用以創造線上社群、分享資訊、想法、個人訊息和其他內容（如影音）的各種電子傳播工具（例如社交網站和微型網誌）。
- 用於社交網絡目的的網站與軟體。
- 讓人們得以使用網際網路或行動電話進行溝通和分享資訊的網站和電腦程式。

　　集體行動、溝通、Web 2.0、用戶生成內容（User-Generated Content，簡稱 UGC）的創意實踐、玩樂與分享等，是社群媒體最常被強調的幾種特質（Fuchs, 2014）。尤其不能忽略主流社群媒體（例如臉書、YouTube）作為商業平台的特性，以及用戶個人資料被平台業者用於營利的事實，並且將公眾傳播的公開性和親身傳播的私密性考量在內。

BOX 2：何謂數位平台（digital platforms）？

　　所謂「數位平台」，一般都具有以下特性：

1. 透過網際網路近用／接取的服務
2. 此一服務是雙邊或多邊（市場），至少其中一邊是面向公眾開放，並且允許公眾扮演多重角色（例如內容創造者和內容消費者）。
3. 這些服務享有特殊且強大的網路效應，平台的用戶越多，經營優勢和影響力越大（Feld, 2019, p.4）。

貳、數位平台支配造成的負面影響

臉書稱霸全球社群媒體市場以來，其所造成的諸多負面影響也逐漸浮出檯面，包括它對民主社會帶來威脅、造成新聞業和眞相的崩壞，它侵犯用戶隱私、涉嫌歧視，以及一心爲了追求利潤而忽略企業社會責任。

一、臉書帶給民主社會的威脅

在社群媒體與數位平台崛起之初，臉書或推特常被視爲有助於公民參與，甚至有助於推進民主政治的健全發展。然而，特別是從2016年以降，人們逐漸發現臉書等社群媒體已反過頭來對民主社會構成不小的威脅。正如美國政治學者戴雅門（Larry Diamond）所指出的，社群媒體快速傳播錯誤、仇恨和極端主義訊息的能力，加劇了美國民意中的這股危險趨勢，更不要說俄國等境外勢力，正居心叵測地利用美國政治的兩極分化與民心易受煽動的弱點，準備破壞美國的民主（Diamond, 2019）。

2018年3月，英國《觀察家報》和美國《紐約時報》共同揭露，劍橋分析公司非法濫用5,000萬名（後來發現不只此數，而是多達8,700萬名）臉書用戶個人資料！後續有更多資料顯示，該公司高度涉入川普勝選與英國脫歐公投，其掌握的大量個人資料與大數據分析技術，透過投放特定資訊，誘導選民行爲，甚至足以顛覆全球各地民主社會的選舉生態（Kaiser, 2019）。

醜聞曝光後，提供這些個人資料給劍橋分析公司的臉書，經歷了市值縮水的短暫打擊，創辦人祖克柏出面道歉，首席營運官桑德伯格（Sheryl Sandberg）也於2017年承諾「提高臉書廣告的透明度」（Guardian staff and agencies, 2017）。經歷危機之後，臉書至今仍是全球市值最高的企業之一，祖克柏個人財富依舊穩居全球十大首富之一（"World's billionaires list," 2020）。

二、臉書造成新聞業和真相的崩壞

首先，臉書在本質上是一家廣告公司，憑藉其一手掌控的用戶巨量資料，不僅將用戶個人資料當作商品轉售給各種政商力量，而通過人工智慧和演算法，臉書得以更為精準地幫助這些政商力量達成各自的目的，而且通常不管背後出錢的人是誰。

2017 年 6 月，祖克柏風光宣布，臉書的全球月活躍用戶數正式超越 20 億的里程碑（Chaykowski, 2017），也是全球最多人使用的社群媒體平台。截至 2020 年 10 月，臉書的全球月活躍用戶數更已達到 27 億（"Facebook by the Numbers: Stats, Demographics & Fun Facts," 2020）！這麼龐大的用戶數，換算成世界人口，已經超過四分之一，也超過任何一個國家的人口；而在全球網路用戶當中，更有超過一半的人是臉書用戶（根據國際電信聯盟 ITU 的統計，截至 2019 年底，全球已有 41 億的網路用戶，相當於全球人口的 53.6%）（International Telecommunications Union, u.d.）。想像一下，25 億用戶的個資、使用行為與偏好等資料，每天被臉書被賣給了多少想要購買影響力和注意力的人！

臉書強大的資訊過濾和投放能力，不僅代替人們開展正常的社交活動，也取代了人們自行選擇接觸什麼新聞資訊的決定權。除了「過濾泡泡」（filter bubble）、「同溫層」等常見的問題之外，年輕世代受到臉書等社群媒體的戕害尤其嚴重，而這種戕害不只是精神上的，也是身體官能上的。正如美國西北大學傳播學教授博奇科夫斯基等人的研究（Boczkowski, Mitchelstein, & Matassi, 2017）指出，因為社群媒體強大的中介與過濾作用，年輕世代和「新聞」的關係已經發生質變，不再保持與中老年世代相似的新聞視聽閱讀習慣，也越來越少主動尋求新聞，而是轉變成一種與「新聞」不期而遇的關係，接觸「新聞」至多只是他們浸淫在社交網路當中發生的附屬活動。他稱這個現象為「不期而遇的新聞」（incidental news）。對於深受社

群媒體影響的年輕世代來說，碎片化的資訊剝奪了他們對世界圖像有較全面理解的機會。長此以往，他們不僅欠缺對當下和歷史的深刻認識，也可能不再有認識的興趣。

但博奇科夫斯基等人所說的「不期而遇的新聞」，其實並非出於偶然，而是由於臉書刻意安排的操縱。更可怕的是，它讓原本愚蠢的人更愚蠢，讓偏執的人更偏執。無怪乎，臉書的繁榮，與優質新聞的崩潰、真相的瓦解，差不多是同步發生。

其次，正如臉書最早的天使投資人麥克納米（Roger McNamee）批評：「⋯⋯臉書（其實谷歌與推特也是）已經從兩個方面降低了媒體的自由度：一是它們正在侵蝕媒體業的市場，二是以假資訊取而代之。在臉書上，資訊真偽難辨，唯一的差別在於假資訊能創造更多的利益，所以更容易生存。」（McNamee, 2019）由於臉書用以過濾訊息的演算法機制並不公開透明，這就帶來一個嚴重的問題：不是你自己在決定看到什麼新聞，而是臉書在決定你看到什麼新聞，而且最終決定了流向新聞媒體的廣告多寡，以及新聞媒體的死與生。

根據「新聞媒體聯盟」（News Media Alliance）的研究報告，谷歌和臉書寡占美國數位廣告收入的六成以上，但卻未對新聞媒體支付分文。換句話說，臉書和谷歌免費利用新聞媒體產製的大量內容來獲取巨大利潤，但卻未承擔新聞媒體產製這些內容的成本。這種情況若未改變，終將造成優質新聞業的崩壞：從 1990 至 2016 年間，美國已有 3 萬個報紙就業機會消失，新聞媒體廣告收入在 2006 至 2017 年間減少了 300 億美元，並且導致過去十五年間有大約五分之一的報紙倒閉（Lipman, 2019）。美國之外，其他國家的新聞媒體也面臨類似的生存困境。

有越來越多人同意，谷歌和臉書的影響力已超過傳統廣電媒體，如果傳統廣電媒體需要受到監管，那麼臉書和谷歌也同樣（或更加）需要被監管。因為在當前的資訊經濟裡，谷歌和臉書已壟斷了公眾注意力和網路廣告營收，襲奪了過半連結至新聞媒體網站的流量，

而公眾注意力、網路廣告營收和流量，與傳統廣電媒體使用的電波頻譜一樣是屬於稀缺資源，理應受到更高強度的管制，並且有義務承擔更大的公共責任。

三、臉書侵犯隱私與涉嫌歧視

谷歌、臉書等新科技公司總給外界一種光鮮亮麗的形象，尤其是谷歌曾在 2000 年時將「不作惡」（Don't be evil）寫入該公司奉為圭臬的《行為準則》當中。然而，包括臉書和谷歌在內的新科技公司不僅曾經參與美國國家安全局主導的「稜鏡計畫」，近年來有關侵犯用戶隱私、差別對待用戶的醜聞事件中，主導社群媒體平台的這些新科技公司也都難辭其咎。

例如 2014 年即曾傳出臉書「偷窺」用戶臉書私信內容的事件，為的是對用戶私訊內容進行「資料挖礦」（datamining），挖掘出任何商業上有價值的個人資料，並且轉賣給第三方的網路行銷公司，而臉書這麼做卻完全沒有徵得用戶同意（Digital Strategy Consulting, 2014）。諷刺的是，臉書創辦人祖克柏格外珍視自身和家人的隱私，但卻視廣大用戶的隱私為牟利的金礦，巧取或豪奪也從來不客氣，以至於一再發生用戶個人資料外洩且遭濫用之情事。畢竟，沒有人比祖克柏更清楚隱私的重要性：根據相關報導，為了自家人的隱私，2013 年祖克柏曾花費超過 3,000 萬美元買下比鄰的四棟豪宅，並且打算改建成與周邊社區完全隔離開來的自家莊園；2014 年，他又另外花費超過 1 億美元，在夏威夷買下 700 英畝的大片僻靜土地（Bayly, 2016; Business Insider, 2019）。

又如根據美國非營利媒體《ProPublica》的調查報導，臉書允許廣告客戶避開若干少數族群，例如房地產廣告避開族群背景屬於非洲裔、亞裔或拉美裔的用戶（Angwin & Terry Parris Jr., 2016）。臉書的這項服務明顯違反美國 1968 年制定的《公平居住法》與 1964 年制定的《民權法》，因為臉書的做法已涉嫌在房屋租售廣告和就業招

聘廣告中排除特定種族和族群身分。根據美國《公平居住法》，禁止任何房屋租售廣告包含基於種族、膚色、宗教、性別、身心障礙、家庭狀況或國族身分的偏好、限制或歧視；《民權法》也禁止在就業招聘廣告中涉及類似偏好、限制或歧視。

　　臉書提供客戶在投放定向廣告（targeted advertising）時排除特定種族、性別和家庭背景群體的服務，不僅可能涉嫌違法，也形同針對弱勢群體實施歧視性的差別待遇；這種利用掌握用戶個人資料大數據之便而行使的差別待遇，恐將對社會造成惡劣影響。針對這個現象，美國傳播學者甘地（Oscar Gandy）提出的「全景敞視分類」（panoptic sort）概念相當有啟示意義（Gandy, 1993）。根據這個概念，我們可將臉書等社群媒體視為一個權力規訓和監控的系統，因為它實際上所做的，正是日以繼夜地對每一個臉書用戶進行指認、分類與評估。社群媒體上的定向廣告機制尤其是如此：透過緊密地監視用戶個人資料與使用行為，進一步指認和評估用戶的興趣，並且把他們分類為某個特定群體，最後對準他們投放定向廣告。

　　甘地指出，演算法的預測和控制，可能輕易地導致種族主義與其他形式的歧視。這種基於演算法和統計學的歧視，除了可能導致弱勢群體在住房、信貸和就業機會上遭受歧視，也可能發生在執法、行銷和保險業等方面，例如有色人種、貧窮、住在破敗社區、失業或生病，很可能會遭受歧視待遇，並且被資料探勘技術標記為「高風險群體」，在日常生活的每一個領域都持續遭遇各種歧視待遇。換言之，那些運氣較差的人可能會一直處於運氣不好的際遇，並非出於純粹是巧合的偶然性所致（Gandy, 1993）。影響所及，弱勢群體可能因為社群媒體掌握的演算法和大數據應用，而落入難以改變自身悲慘命運、難有實現社會階級流動的機會。

四、社群媒體平台的商業本質

　　臉書之所以持續「作惡」，可能有兩方面的原因：一是創辦人祖

克柏並未堅守良善治理的企業社會責任，二是臉書透過監控與剝削用戶數位隱私（digital privacy）和數位勞動（digital labor），以牟取最大廣告利潤的資本主義商業本質。

首先，雖然祖克柏是青年創業的成功楷模，但在他執掌下的臉書並未善盡企業社會責任。比方說，臉書在世界各地大鑽當地稅法漏洞，據估計，2013 年至 2015 年期間，臉書和谷歌就讓歐盟損失高達 54 億歐元稅收。除了逃稅漏稅，臉書在全球只僱用了總計約 2 萬名員工，實際創造的就業機會相當有限。

再者，臉書雖然被美國財經新聞網路媒體《商業內幕》（Business Insider）評選為「2017 年全美最佳雇主」，號稱工作環境優雅，提供高薪與優厚福利。然而，英國《衛報》揭露，臉書舊金山灣區總部的派遣勞工簡直等同於「次等公民」，不僅薪水微薄到買不起房子、食物與日常用品，還處處受到歧視，無法享受公司福利政策。在忍無可忍的情況下，目前已有超過 500 名臉書派遣員工籌組工會，為自己爭取權益（Wong, 2016, 2017）。

最後，為了擴張臉書的商業版圖，祖克柏曾經多次向極權國家獻媚，例如他曾頂著霧霾天在北京跑步作秀，也曾對有所謂「網路沙皇」名號的中共中央網信辦兼中國國家網信辦主任魯煒極盡逢迎（Li, 2017; Phillips, 2014）。以他年紀輕輕就掌握全球 27 億臉書用戶個人資料的權力，加上罔顧用戶權益、缺乏道德誠信和一再討好極權政府的行徑，豈不令人擔憂？

除了創辦人祖克柏本身無法令人放心，臉書這種商業社群媒體企業所代表的「平台資本主義」（platform capitalism）（Srnicek, 2017），也相當程度決定了它對當代民主社會構成的威脅。

近年來，多位臉書前高階主管紛紛表示悔意，因為臉書這個他們曾投入心力打造的社群媒體平台，如今已經變成一頭難以控制的巨獸：

- 2017 年 11 月，臉書前營運經理帕拉基拉絲（Sandy Parakilas）在《紐約時報》撰文指出（Parakilas, 2017）：「國會不該讓臉書自律，因為它不可能自律。……它更看重的是蒐集用戶資料，更甚於保護它們免於遭到濫用。」

- 臉書天使投資人麥克納米（Roger McNamee）現在已成為它最嚴厲的批判者之一：「我不認為他們可能做任何有損獲利的事情……，我們應該迫使他們這麼做。」

- 曾是臉書首任總裁的派克（Sean Parker）同樣指出，臉書這個平台在本質上就是設計來剝削人性的「脆弱」，而且投資人對此早已「了然於胸，但卻還是有意識的這麼幹」（Vincent, 2017）。

- 為臉書發明「按讚」機制的羅森斯坦（Justin Rosenstein）在接受《衛報》訪問時也說，應該監管「心理學操縱」的廣告，「如果我們繼續只關注獲利極大化，我們將快速墜入反烏托邦的境地。」他並且承認，他現在已經和這個他曾協力打造的平台劃清界線（Vincent, 2017）。

- 在俄羅斯利用臉書介入美國大選醜聞爆發之前，前臉書產品經理加西亞・馬丁尼茲（Antonio Garcia-Martinez）也曾公開表示，臉書不可能在用戶資料的使用上自我節制，除非公眾的憤怒到達無法遏止的程度（Vincent, 2017）。

- 去年底，在史丹佛大學商學院的論壇上，臉書前用戶增長部門主管帕里哈皮提亞（Chamath Palihapitiya）甚至建議人們斬斷社群網路的枷鎖：「我覺得我們創造了一種將社會撕裂的工具。」他強調，他的批評不僅限於臉書，也適用於更廣泛的網路生態系（Vincent, 2017）。

參、數位平台需要管制嗎？政府應該怎麼做？

2018 年 4 月首度至美國參議院接受聽證調查的祖克柏〔聽證

221

調查全文，詳見：Transcript courtesy of Bloomberg Government (2018)〕，在聽證過程中雖然承認疏失，但始終堅持臉書不是「媒體」，而（只）是一家科技公司。他這麼說，是因為他知道，如果承認臉書是一家媒體，而且是一家具有壟斷地位的超大型媒體平台的話，那麼它需要承擔的內容和社會責任，以及需要接受的監管強度，也將遠超過當下。

一旦臉書被認定為「媒體」，各種監管和問責也將接踵而至，甚至面臨因壟斷地位而可能遭到強制拆分的命運，而且它現在享有的低度監管待遇和超額利潤優勢也將因此動搖。

然而，所謂臉書只是「平台」、並未實際生產「內容」的辯解之詞，無法消解它的社會影響力已經超過主流新聞媒體的事實。況且，正如麥克魯漢（Marshall McLuhan）所說的，媒介的「形式」比它所傳播的「內容」還更加重要。臉書平台作為「媒介」本身就已經傳達了極為重要的「訊息」，並且早已高度介入真實世界，左右真實世界的發展（包括俄羅斯利用臉書介入美國大選、極端組織操縱假新聞散播排外歧視與非理性資訊、個人隱私資料外洩並遭非法利用等），完全不像它佯裝的「科技公司」那麼中立與無辜。

作為一家具有壟斷地位的超大型社群媒體平台，祖克柏的自辯之詞顯得很沒有誠意，但也很能說明問題癥結：祖克柏最害怕的就是臉書被當媒體看待，特別是必須承擔媒體社會責任，以及相應的更嚴格的法律監管措施。

過去，臉書這一套逃避責任的說詞很管用，而且臉書向來重視公關和國會遊說工作，讓原本更早該發生的「科技抵制」姍姍來遲。根據統計，臉書過去每年砸下大量金錢預防「科技抵制」，特別是花在遊說美國國會的公關費用相當驚人，2017 年花了 1,150 萬美元在國會遊說工作上，2018 年國會遊說支出增加為 1,260 萬美元，而 2019 年光是前三季的遊說支出即已達 1,230 萬美元，呈現逐年增加趨勢（Reklaitis, 2019）。當然，臉書不是唯一這麼做的，谷歌和亞馬遜

更是有過之而無不及。這些科技巨頭擔心的正是爲了防範美國國會站上「科技反制潮」的浪頭。無怪乎，根據 2020 年底被披露的一份文件顯示，谷歌與臉書早在 2018 年 9 月簽訂的祕密協議中同意一旦遭到反壟斷調查，將「合作並協助彼此」脫身（Cox, 2020）。

　　因此，在個人資料濫用及俄羅斯透過臉書介入美國總統大選的醜聞爆發之初，臉書除了在多家報紙刊登道歉廣告，還立刻額外僱用了 11 位國會專業說客，對美國國會猛下功夫。除了想爲國會聽證保駕護航之外，這些動作更是爲了防堵美國國會成爲「科技反制潮」相關立法的急先鋒。

BOX 3：科技反制潮（techlash）

　　「科技反制潮」一詞出自《經濟學人》執行主編佛蘭克林（Daniel Franklin），是 technology 和 backlash 兩字的合體縮寫字，被用來描述近年來興起的一股趨勢，亦即各國政府和公民開始反思並正視數位平台所代表的科技巨頭如臉書、谷歌應該承擔的法律、社會與道德責任。Franklin 在《經濟學人》年度特刊《2018 全球大趨勢》中指出，2018年最值得注意的議題是主宰市場的科技巨頭將會面臨來自國家力量的管制介入；這種趨勢不難預料，畢竟早在 2017 年2 月 11 日，《經濟學人》即曾推出「贏家全拿」（Winner takes all）的封面專題報導，同年 11 月 4 日再次推出「社群媒體對民主構成的威脅」（Social media's threat to democracy）的封面專題報導，數位平台襲奪了大部分的經濟發展成果卻未能雨露均霑，尚且還對民主政治本身構成了相當程度的威脅。

　　不過，在外界強大壓力下，祖克柏 2018 年 3 月在接受 CNN 訪問時首度坦承，他知道臉書必須更嚴格的自律，甚至不否認臉書有必要接受來自政府的監管，但他唯一不確定的是：什麼樣的監管才是正確的？

　　絕對的權力，造成絕對的腐敗。像臉書這樣具有壟斷性的全球社群媒體平台，長期處於不受監督、缺乏透明度又能因此獲得更大利潤的狀態，對全世界民主國家而言，應該都不是一件好事！因此，不管臉書是不是傳統意義上的「媒體」，已經無關宏旨，因為權力越大，影響力越大，理應承擔更大責任並接受更嚴格的法律監管。

　　如前所述，臉書不僅決定了網路廣告經費的分配，左右著第三方網站的流量，也影響了人們看到什麼新聞。它的影響力與日俱增，從政治選舉結果、公共議題、公共政策到社會心理狀態，幾乎都在它無所不在的力量籠罩之下，而且諸多研究也顯示，越是重度使用臉書的人，越可能不快樂或心理健康受損。

　　在此同時，我們也知道，大多數網路用戶已經很難完全不用臉書等社群媒體，因此呼籲用戶退用或刪除臉書帳號，或許不是可行的解決方案。雖然「刪臉書帳號運動」（#DeleteFacebook）一度因為名人加持而相當活躍，包括特斯拉的創辦人馬斯克（Elon Musk）、Whatsapp 創辦人艾克頓（Brian Acton）等人都曾號召刪除臉書帳號，但臉書用戶數量至今不減反增。因此，面對臉書這樣的社群媒體巨獸，與其呼籲個人拒用或刪除臉書帳號，不如思考制度性的政策改革方案。

🏛 肆、結語：數位平台管制，政府應該怎麼做？

　　該怎麼監管臉書和其他壟斷用戶資料和注意力等稀缺資源的網路巨獸呢？下面分三方面來說：防制仇恨言論與假新聞、提升演算法透明度監督，以及商業模式的結構性變革。

　　首先，在散布仇恨言論或鼓動暴力方面，德國的監管介入程度最積極。2017 年 10 月起，德國已立法強制要求社群媒體平台在接獲通知的 24 小時內移除仇恨言論或鼓動暴力等違法內容，否則將處以 500 萬（或最高 5,000 萬）歐元的罰款。同樣的，美國有必要以德國為師，不該繼續縱容仇恨言論在網路上恣意散布。

　　而在散播假新聞方面，社群媒體平台也有責任做更多事。在技術允許的情況下，社群媒體平台應有義務通知接觸過假新聞的用戶，並提供業經闢謠的正確資訊。可能做法是要求社群媒體平台應與更多第三方事實查核機構（third-party fact-checking organizations）合作，以增加人們接觸到真實內容的機會，並且減少人們誤信為真而錯誤分享轉發假新聞的機會。

　　同樣的，科技手段的解方並不足恃，畢竟演算法本身也是當下問題的一部分，臉書必須同步投注更多的人力審核成本，而這正是過去社群媒體平台不願意採取的解決方案。未來，各國有必要立法要求臉書等社群媒體平台提升演算法的透明度，並且接受第三方機構的技術監督。演算法並非不可知的超自然力量，它既是人為刻意的設置，就有必要接受透明度的監督。長久以來，社群媒體的演算法設置和調整，其目的都是為了將用戶使用時間和廣告利潤極大化，從而滋生侵犯隱私及出於政治和商業目的的不當操縱。

　　最後，有些學者認為，若不改變臉書等社交媒體的商業模式，將不足以根本改變這些網路平台巨頭被濫用的可能性。有些學者（Morozov, 2018; Tufekci, 2018）也建議，臉書等社群媒體應該改變它們的「免費」商業模式，摒除以廣告作為主要財源，改為直接向用戶收費。如此一來，不僅可讓散播虛假訊息的人無利可圖，也可降低臉書蒐集用戶個人資料並將這些資料轉化為「數據商品」（data commodity）的動機。

　　無論如何，只有在防制仇恨言論與假新聞、提升演算法透明度監督，以及商業模式的結構性變革獲得落實之後，才能真正將臉書和它

的巨大權力關到籠子裡面去。到那一天，臉書這樣的社交媒體平台才能具備更大的「公共性」，從而真正將人類連結在一起，而不再繼續成為撕裂社會和剝削用戶資料的邪惡媒體。

有人認為，有必要制定《數位平台法》（The Digital Platform Act），必須對社群媒體和數位平台課以法律責任，並且強調促進多元或壟斷防制的政策介入手段的正當性與必要性。而在歐巴馬總統時期曾擔任美國聯邦通訊傳播委員會（Federal Communications Commission，簡稱 FCC）的 Tom Wheeler 指出，數位平台至少有四個面向造成的影響需要受到外界監督：第一是「數位煉金術」（digital alchemy），將個人資訊變成企業資產；第二是平台公司藉由數據蒐集而創造近用數據的瓶頸，從而極大化將這些數據變現的能力；第三是阻礙競爭，提高了創新者進入市場的障礙；第四是這些控制數據的企業將擁有控制未來的力量（機器學習和人工智慧）。

所幸，近兩年歐盟、澳洲和美國已陸續開始採行實際行動，除了針對臉書、谷歌、亞馬遜等數位平台展開反壟斷調查，也著手制定相關法律以確保這些科技巨頭不會威脅或侵害市場公平競爭、租稅正義、隱私保護、民主政治及科技創新等公共利益，進一步遏止數位平台壟斷的現狀繼續惡化。其中，歐盟態度特別積極，正在試圖強化針對線上服務提供者及數位平台業者的課責要求，包括《通用個人資料保護規範》（簡稱 GDPR）、歐盟《數位市場法》（Digital Markets Act）、《數位服務法》（Digital Services Act），以及新修正的《視聽媒體服務指令》（簡稱 AVMSD）。目前，美國行政部門、國會與司法部門也已開始展開行政調查或司法訴訟，要求數位平台負起更大的社會責任，它們甚至未來可能面臨鉅額罰款或公司被拆解的命運。我國政府應該也必須以歐美諸國為師，正視數位平台的管制課題，以確保臺灣政治民主、市場公平競爭和公民消費者權益能夠得到充分的保障。

問題與討論

1. 讀完這一章，你認為社群媒體與數位平台業者需要接受外界監督及（或）來自政府的監督管理嗎？

2. 讀完這一章，你覺得社群媒體與數位平台需要受到什麼樣的法律規範？你覺得社群媒體與數位平台應該如何善盡社會與道德責任？

3. 讀完這一章，身為使用者／消費者的你在使用數位平台提供的「免費」服務時，有權利要求自己的個人資料不被平台濫用嗎？

4. 讀完這一章，你對「理想的」社群媒體與數位平台有什麼新的想像嗎？

參考資料

Angwin, J., & Terry Parris Jr., T. (2016, Oct. 28). Facebook Lets Advertisers Exclude Users by Race. *ProPublica*. Retrieved from https://www.propubli-ca.org/article/facebook-lets-advertisers-exclude-users-by-race

Bayly, L. (2016, June 30). Mark Zuckerberg Irks His Neighbors, Again, This Time in Hawaii. *NBC News*. Retrieved from https://www.nbcnews.com/tech/tech-news/mark-zuckerberg-irks-his-neighbors-again-time-hawaii-n601016

Boczkowski, P., Mitchelstein, E., & Matassi, M. (2017). *Incidental news: How young people consume news on social media*. Paper presented at the Hawaii International Conference on System Sciences, Hawaii, HI.

Business Insider. (2019, 7 May). Why Mark Zuckerberg buys up properties that surround his 10 homes. *South China Morning Post*. Retrieved from https://www.scmp.com/magazines/style/news-trends/article/3009010/why-mark-zuckerberg-buys-properties-surround-his-10

Chaykowski, K. (2017). Mark Zuckerberg: 2 Billion Users Means Facebook's 'Responsibility Is Expanding'. *Forbes*. Retrieved from https://www.forbes.com/sites/kathleenchaykowski/2017/06/27/facebook-officially-hits-2-billion-users/#356a7ff13708

Cox, K. (2020, 23 December). Google, Facebook reportedly agreed to work together to fight antitrust probes. *Ars Technica*. Retrieved from https://arstechnica.com/tech-policy/2020/12/google-facebook-reportedly-agreed-to-work-together-to-fight-antitrust-probes/

Diamond, L. J. (2019). *Ill winds : Saving Democracy from Russian rage, Chinese ambition, and American complacency*. New York, NY: Penguin Press.

Digital Strategy Consulting. (2014, Jan 7). Facebook sued for data mining private messages.

Facebook by the Numbers: Stats, Demographics & Fun Facts. (2020). Retrieved from https://www.omnicoreagency.com/facebook-statistics/

Feld, H. (2019). *The case for the digital platform act: Breakups, the starfish problems, & tech regulatioin*: Rooseveltinstitute.org in association with Publicknowledge.org.

Fuchs, C. (2014). *Social media: A critical introduction*. London, UK: SAGE.

Gandy, O. H. (1993). *The panoptic sort: A political economy of personal information*. Boulder, CO.: Westview.

Guardian staff and agencies. (2017). Sheryl Sandberg: Facebook owes US an apology over Russian meddling. *The Guaridian*. Retrieved from https://www.theguardian.com/technology/2017/oct/12/sheryl-sandberg-facebook-owes-us-an-apology-over-russian-meddling

International Telecommunications Union. (u.d.). Statistics. Retrieved from https://www.itu.int/en/ITU-D/Statistics/Pages/stat/default.aspx

Kaiser, B. (2019). *Targeted: My inside story of cambridge Analytica and how Trump and Facebook broke democracy*. New York, NY: Harper.

Li, A. J. (2017, 2 Oct.). Mark Zuckerberg's China dilemma: To kowtow or not? *The Boston Globe*. Retrieved from https://www.bostonglobe.com/opinion/columns/2017/10/02/mark-zuckerberg-china-dilemma-kowtownot/9P4ZpkrKBnhZDEXQCCL9KO/story.html

Lipman, J. (2019). Tech overlords Google and Facebook have used monopoly to rob journalism of its revenue. *USA Today*. Retrieved from https://www. usatoday.com/story/opinion/2019/06/11/google-facebook-antitrust-monop-oly-advertising-journalism-revenue-streams-column/1414562001/

McNamee, R. (2019). I Mentored Mark Zuckerberg. I Loved Facebook. But I Can't Stay Silent About What's Happening. *Time Magazine*. Retrieved from https://time.com/5505441/mark-zuckerberg-mentor-facebook-down-fall/

Morozov, E. (2018). After the Facebook scandal it's time to base the digital economy on public v private ownership of data. *The Guaridian*. Retrieved from https://www.theguardian.com/technology/2018/mar/31/big-data-lie-exposed-simply-blaming-facebook-wont-fix-reclaim-private-information

Parakilas, S. (2017, 19 Nov.). We Can't Trust Facebook to Regulate Itself. *The New York Times*. Retrieved from https://www.nytimes.com/2017/11/19/ opinion/facebook-regulation-incentive.html

Phillips, T. (2014, 8 Dec.). Mark Zuckerberg accused of 'kowtowing' to China for handing out copies of Xi Jinping's speeches. *The Telegraph*. Retrieved from https://www.telegraph.co.uk/news/worldnews/asia/china/11279309/ Mark-Zuckerberg-accused-of-kowtowing-to-China-for-handing-out-cop-ies-of-Xi-Jinpings-speeches.html

Reklaitis, V. (2019, 23 Oct.). Facebook discloses record lobbying spending as Zuckerberg braces for House hearing. *The Wall Street Journal*. Retrieved from https://www.marketwatch.com/story/facebook-discloses-record-lob-bying-spending-as-zuckerberg-braces-for-house-hearing-2019-10-22

RSF. (2020). "We call for decisive transformation by Messrs. Pichai, Zucker-berg, Cook, Dorsey, Bezos and others for the sake of the right to reliable information". Retrieved from https://rsf.org/en/news/we-call-decisive-transformation-messrs-pichai-zuckerberg-cook-dorsey-bezos-and-others-sake-right

Srnicek, N. (2017). *Platform capitalism*. Cambridge, UK: Polity.

Transcript courtesy of Bloomberg Government. (2018, 11 Apr.). Transcript of Mark Zuckerberg's Senate hearing. *The Washington Post*. Retrieved from https://www.washingtonpost.com/news/the-switch/wp/2018/04/10/transcript-of-mark-zuckerbergs-senate-hearing/

Tufekci, Z. (2018, March 19, 2018). Facebook's Surveillance Machine. *New York Times*. Retrieved from https://www.nytimes.com/2018/03/19/opinion/facebook-cambridge-analytica.html

Vincent, J. (2017, 11 Dec.). Former Facebook exec says social media is ripping apart society. *The Verge*. Retrieved from https://www.theverge.com/2017/12/11/16761016/former-facebook-exec-ripping-apart-society

Wong, J. C. (2016, 28 Jan.). Silicon Valley's poorest workers tell government 'we can't live like this'. *The Guardian*. Retrieved from https://www.theguardian.com/technology/2016/jan/28/silicon-valley-service-workers-poor-intel-tech-facebook

Wong, J. C. (2017, 24 July). Facebook worker living in garage to Zuckerberg: challenges are right outside your door. *The Guardian*. Retrieved from https://www.theguardian.com/technology/2017/jul/24/facebook-cafeteria-workers-wages-zuckerberg-challenges

World's billionaires list. (2020). *Forbes*. Retrieved from https://www.forbes.com/billionaires/#5f48400f251c

Part 4
科技、社會與文化

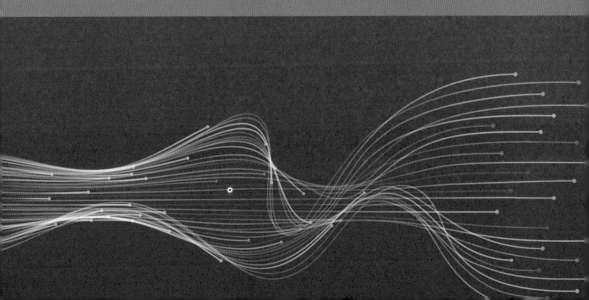

第十二章

社群媒體時代下的批判視覺素養

蔡蕙如

PTT 鄉民：「沒圖沒真相！」

壹、前言

本文將檢視數位媒介下的影像流通接收、使用與變造及再傳播的現象，並且透過數位視覺素養（Digital Visual Literacy，簡稱 DVL）的取徑分析當代數位影像流通與解讀的議題。在視覺與影像日益數位化／媒介化的社會脈絡，以及影像生產者、接收者、再製者與行動者之間的關係越來越模糊，這顯示因社群媒體平台興起的新習慣，改變人們與影像之間的關係，也模糊公私空間的界線。透過以上各面向子題的探討，進一步思考當代閱聽人／網民／產消者如何解讀、分析、共構新媒體視覺文化的脈絡。

貳、從圖像再現與生產到數位視覺素養

「沒圖沒真相！」這句 PTT 鄉民使用的流行用語，真相意味著「照片」，但在數位媒體時代下的「圖」，真的可以代表事實真相嗎？即便在數位時代之前，對於媒介再現圖像與文字是否呈現了真實，歷年來許多媒體與文化研究的研究者已針對新聞攝影、雜誌封面與電視新聞畫面等所再現的真實與意義、視覺再現背後的權力關係、產製結構與社會脈絡進行分析。

羅蘭・巴特在 1961 年的一篇短文〈The Photographic Message〉，探討照片所傳達的訊息，特別是在探討新聞照片呈現時，提到三個重要的層次：一是照片本身所蘊含著被神話化的客觀性，反映的是社會共感結構下的「常識」（例如社會對於異性戀中產階級家庭作為幸福家庭的形象如何再現於廣告影像）；二是新聞照片如何根據「專業」規則進行拍攝、挑選、加工與編排，並且與文本結構形成一個整體性的資訊（例如同一張照片在保守派報紙或在左派報紙上的意

涵會呈現出不同的意義）；三是公眾如何感知、接收與解讀圖像，某個程度上也回到大眾傳播文化的共感知識庫中連結解讀的路徑（例如近年來興起的網路迷因改圖也奠定在文化共感結構中）。

Stuart Hall 在 1997 年主編的《表徵：文化表徵與意指實踐》（*Representation: Cultural Representations and Signifying Practices*）一書中，提出文化循環（circuit of culture）的五個文化過程：表徵、認同、生產、消費與規管，形成一個循環。更進一步說明除了當代媒介化的圖像再現的意義分析，背後所構連的內容生產體系、影像內容消費型態、身分認同、市場管制與權力結構息息相關。文化循環的概念明確指出對於媒介影像再現的分析，不僅限於圖像內容的分析，而同時與圖像的生產過程編排結構與市場關係，社會大眾如何解讀認同與共感形成循環。Stuart Hall（1997）提問：「視覺語言是否反映關於世界的真相？還是透過再現世界，生產有關世界的意義？」（p.7）例如無論是當代廣告行銷業如何再現具有陽剛氣質的男性形象，為了符合新的消費文化與語言，媒體又如何持續建構新的男性身分（第五章）；以及博物館如何透過展示、再現「其他文化」的物件，產生意義，意義包含了進行展覽的人與被展覽的人之間的權力關係（第三章）。文化循環的概念，協助我們進一步理解影像生產、消費與認同的分析途徑。

Hall 在由 Sut Jhally（1997）導演的電影節目「表徵與媒體」（Representation & the Media）探討視覺表徵的作用與實踐。Jhally（1997, p.3）認為 Hall 提出表徵的新觀點，並且指出圖像有各種不同的意涵，圖像在創造之初即無法被保證它被解讀與運作的方式如昔（例如商業廣告或政治宣傳），這證明了傳播文化過程的複雜性（例如抵抗、順從與協商），但並不淡化媒體對於社會的重要影響，特別是社會上具有權力的群體會影響媒體應該再現什麼，以及怎麼再現，展現的是一種複雜的「圖像的政治」。這也說明了媒介再現訊息與圖像的運作過程是複雜的，並且與社會權力運作方式有關。因此，媒體

與視覺素養的目的，即提供公民得以解析辨識影像背後的意識型態，並進一步批判反思影像生產結構與社會常識，甚至成為具有批判意識的影像生產／再製者。

Kellner（2002）解釋，體認視覺影像為當代文化的核心，是發展批判視覺素養的第一步，特別是生活在各種媒體產製的大量影像世界，以及新的網絡媒體文化下由新科技工具生產的大量影像，連結視覺影像文化與政治經濟學之間的關係，並形成批判的視覺素養（critical visual literacy），促使一般人能夠理解並且具有創造生產力的使用或再製新的影像。Kibbey（2011）表示，視覺教育的重要性不在培育大眾成為未來的藝術家，而是每個人在數位視覺時代下，都需要學習圖像解碼與編碼的能力，也應該瞭解新的數位技術如何使用影像，影像又如何影響一般人的生活。對於 Kellner（2002, p.88）而言，批判的視覺素養，不只用來解析視覺影像與影像生產的政治經濟學，將影像再現政治與媒體景觀相互對照連結，但同時也扮演一個積極的多視角實踐，包括觀眾的各種解讀與反應，另類與非主流場域中的多元影像的創作，包含相對於主流的對立性與解放性意涵。在新媒體與網路文化發展下，Kellner（2002, p.89）認為，批判視覺素養應是電腦素養（computer literacy）重要的一環，隨著網路文化越來越蓬勃發展，在超文本的網路環境中，培養網路使用者具備網路文化素養的人（cyberculture literate），人們必須在學習如何讀影像、理解影像的意涵與相關的歷史背景脈絡，並且能產製與編輯圖像、定位與組織圖像的能力。

一、數位視覺素養

Spalter 與 Van Dam（2008, p.94）定義數位視覺素養應該具備以下三種能力：(1) 具有批判性檢視數位視覺素材的能力；(2) 判別數位視覺資料再現；(3) 使用電腦器材創作有效的視覺傳播。雖然網路原生世代（digital natives）已是視覺技術的老練使用者，但並不代表他

們具備數位素養能力（Ashman, 2010 November 1）。美國大學與研究圖書館協會於 2011 年（Association of College & Research Libraries, ACRL, 2011）提出：「視覺素養的培養，將促使個人充分參與視覺文化」，並發布高等教育視覺素養能力標準，進一步定義視覺素養為：

> 視覺素養是一組讓個人得以有效的搜尋、詮釋、評估、利用並且創造圖像和視覺媒體的能力。視覺素養技能促使學習者以各種脈絡的、文化的、倫理道德的、美學的、智識的和技術的面向，進一步理解與分析各種視覺材料。一個具有視覺素養的人，同時也是視覺媒體的批判的消費者和整體共享文化與知識的貢獻者。
> （ACRL, 2011）

　　ACRL（2011）認為，在高度視覺化的當代社會，視覺影像已不只是文字或其他類型訊息的附加品。隨著影像與數位科技的普及，讓幾乎任何人都可以簡易近用各種軟體或社群平台，收看、閱讀、創造與分享各種視覺影像，這種普遍近用的現象，並不代表人們已經有能力批判地看、分析與製作影像內容。況且，從 2016 年英國脫歐選舉與美國總統大選過程中的資訊亂象與假訊息蓬勃，然而在所謂「後真相」（post-truth）社會的資訊接收過程，各種社群媒體平台成為政治與商業假訊息、假新聞傳播的溫床。Naughton（2016 December 11）也指出，雖然年輕人使用新媒體通訊軟體和社群媒體游刃有餘，但實際上判斷真實的能力不足。Naughton 引用美國史丹佛大學在 2015 至 2016 年針對美國 12 州 7,800 名數位原生代（包括中學、高中與大學生）的調查指出，仍有超過80%的中學生認為網路上的「贊助內容」為真實的新聞內容。大多數年輕人以 Google 搜尋結果的排名當作真實性的指標，並且忽略網路內容背後所代表的贊助單位、廣告排序與作者背景（Wineburg & McGrew, 2016 November 1）。近

年來越來越多深僞影像與假新聞已滲透到日常社群媒體平台的閱讀與使用，因此，Thompson（2019）認爲，結合新科技工具，教學生如何利用批判的眼光評估數位影像，並且提高其數位視覺理解力與批判思維。英國伯明翰大學圖書館網站提供視覺素養的重要性、定義與策略，認爲具有視覺素養的人應該具備以下能力（University of Birmingham, 2019）：(1) 可以判斷所需的視覺材料的本質與範圍；(2) 有效查找所需的影像與視覺媒體；(3) 可詮釋、分析影像與視覺媒體；(4) 可評估影視與其來源；(5) 有效使用影像和視覺媒體；(6) 設計並創造有異議的影像和視覺媒體；(7) 瞭解與影像內容有關的倫理、法律、經濟和社會等相關議題。這也顯示了當代數位影像素養能力的重要性，特別是在數位影像傳播氾濫的時代，顯然人人可以近用各種數位影像，但卻不一定能辨讀並且有效創用。以 Thompson（2019）對於數位影像解讀的分類爲例——淺影像（shallow image）和深影像（deep image）兩種（見表 12-1）。淺影像指的是易讀、無害的貓狗旅行照，深影像是指有明確目的的新聞廣告圖片，需要批判能力辨讀分析。

表 12-1　社群平台上的影像

	淺影像（shallow image）	深影像（deep image）
內容類型	「典型」網路照片，例如貓GIFs、名人迷因、完美的旅行照片等	新聞圖片、廣告圖片或其他圖像例如迷因（memes）等
意涵	無害的、易讀的、不需批判思維、沒有更深涵義、可輕鬆瀏覽、不造成負面影響、也無持久的影響	需要更多質問、扮演不同角色與目的、不只是表面意涵
目的	娛樂	資訊告知、誤導、說服、販售

資料來源：Thompson（2019），由本文作者整理製表。

由於年輕人作爲社群媒體平台的重度用戶，但在日常瀏覽平台上的圖片時，並不容易意識到這兩種圖像的差異，特別是在社群媒體上的排版方式（例如臉書與 Instagram 上各種具有商業或政治意圖的

贊助圖像廣告與一般貼文混雜在一起），已經去脈絡化並且淡化了原本這些圖像的來源與意圖，平台上隨手滑動的大量影像，影響我們對於圖像背後可能的政治操弄與商業說服意圖的敏感度。Thompson（2019）認為，辨視淺影像和深影像則是進行數位媒體素養的第一步。此外，Thompson（2019）更以數位視覺素養取徑，提出數位影像方針（DIG 方法，Digital Image Guide, DIG Method），引發學生以批判的方式解讀數位視覺影像（見表 12-2）。Thompson（2019）的四個階段方法：分析、詮釋、闡述、理解，循序漸進地連結觀者與圖像之間的關係。從觀者對於圖像的直觀性反應，並且進一步思考圖像背後目的與脈絡；甚至在第三階段，以後設的角度促使觀者反思／回想自身對於圖像的第一反應的思考框架如何隱微地影響；最後一個階段，全面性地評估自己內在思維理路的框架，以及外在環境的設定，如何同時影響我們閱讀圖像的方式，並且揭露了圖像的脈絡與意涵。

表 12-2　數位影像方針（DIG 方法）

方法	步驟
分析	1. 評論並描述影像。你看到誰？什麼？何時？何地？被再現於這個圖像中 2. 評論文本，有哪些文本訊息被提供（例如標題、日期）？ 3. 對影響的反應。你對該圖像有何感受？
詮釋	1. 確認圖像的來源（創作者、發布者、網站）？誰創造這個圖片？誰擁有這個圖片？誰發布這個圖片？ 2. 確認圖像的訊息。有什麼訊息？目標群眾是誰？ 3. 搜尋其他可以理解有關這個圖像的脈絡（社會、文化、歷史、政治等）的線上資源。
闡述	1. 回想一下你對圖像的第一反應。你的反應如何影響你看這個圖像？ 2. 回到發布這張圖像的其他網站，這個影像是否被扭曲或被操縱？ 3. 圖像的可靠性與準確性。
理解	1. 根據以上的評估與可用的資訊，你將如何判斷這個圖像？ 2. 你的偏見與觀點是否影響你看圖的方式？如果會，你要怎麼辦？ 3. 這個圖像的目的為何（告知、指引、販售、娛樂、說服）？

資料來源：Thompson（2019, p.5），'The DIG Method'.

　　本節結束之前，將有一個活動，來自英國伯明翰大學圖書館網路資源《視覺素養》，特別針對網路與數位視覺影像能力培養的幾個步驟與建議，有助於教師將數位視覺素養討論帶入大學課堂，其中分成九個思考重點（University of Birmingham, 2019）：

1. 如何詮釋一個影像？
2. 如何定義影像的需求？
3. 如何尋找影像？
4. 如何評估影像與其來源？
5. 如何詮釋與分析影像？
6. 如何有效使用影像？
7. 如何創造影像？
8. 如何分享你的影像？
9. 如何符合倫理地使用影像並且正確地引用影像？

　　以上這九個面向，提供對於視覺影像的理解、使用、思考與創作的深入追問，反映的是目前數位化的媒體近用上，以視覺影像為核心的傳播行為中，各種常見的問題，這些面向不僅凸顯社群媒體時代下，新媒體影像製作、傳播與創作的內容與形式已有劇烈改變，同時也形塑了新的視覺文化傳播者與接收者，甚至各種新形式的網路政治參與（例如 YouTubers 與迷因現象）；也凸顯在新的視覺文化創作與再製，如何捲入商業化的網路平台空間的分潤模式，因而進一步激化了影像呈現的形式與內容。活動一為「如何詮釋影像」，從英國伯明翰大學圖書館網路資源《視覺素養》提出四大面向來認識影像與觀者的關係，包括：(1) 發訊人／作者／創作者；(2) 接收者／受眾／觀賞者；(3) 目的／意圖／目標；(4) 訊息／內容。我認為應再加入 (5) 媒介管道，進一步思考我們如何接觸到各種數位影像及其傳播方式，這樣有助於我們判別影像的全體樣貌與相關背景。

活動一：如何詮釋影像（University of Birmingham, 2019）

　　請先看以下這張照片。你的感覺如何？照片有傳達什麼意義嗎？如果有的話，你首先注意照片的哪個部分？

　　（這個練習並沒有正確答案，但試著用批判性思考的途徑對自己提問。）

圖像來源：蔡蕙如（2020），小黃，以手機拍攝於大崙尾山
　　　　　步道入口。

　　解釋與評估視覺材料時，應先思考「修辭情境」，由四個部分組成。

1. 發訊人／作者／創作者：由誰創作？影像所有權？你怎麼知道？

2. 接收者／受眾／觀賞者：誰是目標觀眾？創作者希望觀眾怎麼思考？你對圖片的個人反應？你的經歷背景與文化如何影響你解讀影像？

3. 目的／意圖／目標：作者創作與選擇影像時，打算或不打算做什麼？圖像中是否遺漏任何內容？或有任何操作？創作者希望觀眾怎麼思考？

4. 訊息／內容：這是什麼圖像？何時何地創作？你在哪裡找到這個圖片？來源是否提供任何背景脈絡？你看到什麼？前景與背景有什麼？是否有圖說或標題？

5. 通道：這個影像通過哪些媒介所傳達？鑲嵌在社群媒體平台上的一頁式廣告訊息？一般的新聞網站？商品官網？不知名的網站？該網站上主要發布哪些類型的資訊？

資料來源：英國伯明翰大學圖書館線上服務《視覺素養》和作者補充。

參、社群媒體上的影像共享、模板化危機與形象政治 —— 以Instagram為例

根據統計，2019 年每分鐘有 4,000 萬則訊息與 200 萬的照片被發送，Instagram（臺灣用戶簡稱 IG）的月活躍用戶已超過 10 億（Clement, 2019 August 27）；2020 年 4 月，臉書公布最新收益報告，並指出日活躍用戶已達 30 億（Hutchinson, 2020 April 29）。至 2020 年 1 月為止，IG 統計約有 500 億張照片已在平台上分享。臺灣網路資訊中心的《2019 臺灣網路報告》也指出臺灣是亞洲地區使用社群媒體率第一名的國家。根據該研究電訪結果顯示，臉書使用率 98.9%，IG 使用率排第二名約有 38.8%，12 到 29 歲有超過六成人口有使用 IG 的習慣。

社群媒體不僅已成為網路使用者瀏覽、傳播、上傳分享影像的

主要通道，特別是 IG 平台風格與高度社交互動設計、照片效果過濾器，以及超過 10 億的用戶，都已顯示出 IG 的影響力。然而當 IG 在 2012 年被臉書以 10 億美元收購後，不僅平台的經營模式逐漸改變，顯示有政治操控的問題與忽略侵害青少年權益的內容（Leaver, Highfield, & Abidin, 2020），並可能間接形成青少年霸凌的現象（例如惡意侮辱與威脅的留言，以及出糗的照片與影片被上傳嘲笑）。

黃哲斌（2019 年 7 月 26 日）認為 IG 使用造成三種副作用，包括「自戀文化」、「相對剝奪」和「助長霸凌」。這些副作用除了顯示出在 IG 演算法機制下，網路使用者在追蹤帳號的同時，可能也進入了更加背離社會現實的同溫層中，2017 年英國少女自殺事件引起全球關注，該名少女在 IG 上追蹤大量問題帳號，大多在吹捧美化自戕行為。此外，當大舉行銷公司產品置入到 IG 網紅名人帳號時，越來越多精美妝容、奢華生活、少見的壯闊場景，其實是網紅行銷商品、包含商業目的的展示時，IG 的使用反而加重一般使用者的焦慮與憂慮感。經濟學人指出，根據英國皇家公共衛生協會 2017 年的調查發現，臉書和 IG 等社群媒體嚴重影響 14 至 24 歲的英國人的身心健康。雖然社群媒體網絡提供新平台讓人們有更多自我表達與串聯社群的空間，但也加劇了焦慮與沮喪的情緒。調查也顯示出，有高達 63% 的受訪者表示使用 IG 後比較不開心；反而有高達 84-91% 的使用者對於使用電話、email 和視訊軟體 FaceTime 時的幸福感較高（The Economist, 2018 May 18）。

Instagram 作為一個以視覺導向的網路社群，主要的互動方式就是擊點圖片兩次表達你對該圖片的喜愛。不同於目前的臉書平台，有不同的情緒表達貼圖（例如憤怒與哀傷），Instagram 看起來似乎相對友善，因為只能按「愛心」（愛心代表正面情緒，代表喜歡該圖片），但實際上 IG 這種積極性可能才是問題所在。Hern（2018 September 17）指出，IG 鼓勵用戶呈現樂觀、歡樂、美好的、甚至是吸引人的生活圖像，召喚著其他用戶「快來追蹤我，快來看我美好的生

活」，這種不真實的視覺呈現，導致 IG 使用者的心理壓力倍增，無論是美到不行的居家角落、精美的食物與擺盤、遊艇派對與俊男美女、完美身材比例的健身網紅、環遊世界的奇景與絕景，這些有更多是商品置入行銷的虛構生活影像。這些類型的影像越來越多，因為用戶被鼓勵上傳「虛幻的生活照」，而這種行為從「分享生活美好片刻」變成一個相互競爭誰看起來比較幸福的社交平台。

> 如果臉書內容證明每個人都很無聊，推特證明每個人都很糟糕，那 Instagram 讓你陷入「每個人都是完美的，除了你以外」。（Hern, 2018 September 17）

社群媒體與新的傳播科技中介（例如手機）大幅度改變人們使用新媒體的方式，強化了人們對於接收訊息與影像，拍攝影像（例如手機相機）、調整影像（例如修圖軟體應用程式）與分享影像和定位系統（例如在社群媒體平台分享）的頻率與形式，這些流程都可以在同一支手機，甚至是同一個 App 介面上完成所有步驟。Frier（2020）指出，社群媒體平台上的照片持續放送某些夢幻的氛圍與色調、理想的生活情調，不斷給用戶一種視覺上引人入勝的風格型態與品味類型，因此反而策動用戶應該讓他們自己的日常生活更值得發布在平台上，這類型的照片稱作「值得在 Instagram 發布的照片」（insta-worthy）。

完美且色彩繽紛的食物照片上傳 IG 也形成風潮，同時改變我們飲食的方式。2017 年英國知名連鎖超市 Waitrose 的年度飲食消費調查報告指出，英國每天在 IG 上分享的食物照片超過 13 萬張，顯示將近 50% 消費者會因為上傳食物照片而對烹飪多付出一些心力。有三分之一的 18 至 34 歲的英國民眾，定期在社群媒體上發布用餐照片。而這種在網路上發布晚餐照片的趨勢，是一種新的自我表達的方式，被認為類似於「身上穿什麼衣服、開什麼車、聽什麼音樂」，作

爲彰顯個人風格與社交互動的方式，如今食物照片已成爲熱門的社群媒體貨幣。

　　餐廳也受到 IG 影響，現在越來越多網美餐廳或網美咖啡店的菜單至少要有一道是「IG 化的」菜（instagrammable food）。當這道餐點在 IG 上備受矚目後，消費者去用餐場所常常是爲了說他們吃過那道「IG 名菜」（Smithers, 2016 November 2）。Leaver, Highfield, & Abidin（2020, p.163）的研究也指出，IG 效應興起了新的 IG 餐廳經濟，出現不少公司專門包案改裝餐廳爲「IG 誘餌」（Instagram bait），提供量身訂做的 IG 美學風格包裝與設計服務。此外，越來越多用餐環境提供符合 IG 上傳照片的服務與環境，包括友善的拍照環境（例如餐廳在每個座位上提供可以調節光線以獲取最佳拍攝效果的照片）。Leaver, Highfield, & Abidin（2020, p.164）也發現亞洲某些知名的早午餐咖啡店，透過 IG 更新菜單，甚至菜單也是完全針對 IG 格式設計所有的空間與道具（例如彩色枕頭、亞麻窗簾、花園盪鞦韆）。IG 新功能 Boomerang（一種類似 gif 效果的循環短影片）讓消費者可以錄製食物短影片，爲此，餐廳創造新的更具視覺變化的飲食（例如可以透過顧客加入糖漿或熱巧克力讓飲料變色或會開花的甜點），餐廳也提供稀奇古怪的餐具與容器及複雜的擺設，並且服務人員提供更多服務顧客拍照的步驟與提醒，商業廣告推薦已經成爲「十大必去 IG 名店」、「十大必吃 IG 名菜」的基本配備。

　　英國《衛報》記者 Mackie（2018 July 12）指出，IG 影像風潮似乎也改變了人們空間設計的方式，除了餐廳與咖啡館之外，整個城市風景也 IG 化了，並且被稱作一種「彈出式的城市主義」（pop-up urbanism），意指在 IG 上所看到的城市風景，越來越多漆上粉色的房屋與牆壁，城市裡越來越多「自拍牆」與「網美牆」（例如越來越多畫在牆上的天使翅膀），甚至連各種活動舉辦也配合方便 IG 照片上傳布置與形式（例如常見的活動設計 IG 照片框）。越來越多城市的公共區域都布置了新的外觀，以因應 IG 照片上傳所需，景點與商

業場所懇求來訪者拍照上傳、標註地點，並且加上各種主題標籤（# hashtag）。這些精心設計的消費場景，成為為了 IG 設計而 IG 化的布置（designing from Instagram for Instagram）。

• IG、政治形象與影像行動

　　自從歐巴馬於 2009 年利用社群媒體打贏總統選戰後，社群媒體宣傳成為政治人物的標準配備。比起大眾媒體的再現，社群媒體讓政治人物呈現軟性與日常生活「人性化」的一面，而有更好的效果。除了臉書與推特作為政治辯論攻防與組織選民活動的平台，近年來 IG 變成政客追逐年輕選民的新場域，擺演私領域生活場景與親民的互動與姿態，形成新一代的「政治搖滾明星影響者」（Political rockstars echo influencers）（Hinsliff, 2019 March 10）。英國《金融時報》2020 年初針對美國政治人物轉向 IG 布局今年底的總統大選調查報導指出，IG 用戶比起 2016 年有成長兩倍，雖然目前推特仍是美國政客最常用的／最受歡迎的平台，但越來越多政客透過 IG 區別他們在臉書與推特上的內容，無論是曬貓曬狗或是直播對話，進行看似透明的生活切片再現（Murphy & Sevastopulo, 2020 February 22）。

　　Thompson（2019 January 7）指出，社群媒體似乎已經成為新時代的爐邊談話，並且改變政客演講的方式與對選民溝通的政治語言，評估 IG 上直播的政治人物，已經不只是過去電視辯論從演講臺上吸引觀眾的方式，政客因此必須學習新的技巧，以更「自然主義」、更具自我意識的新風格，創建出政客明星與觀眾之間的親密且封閉的新距離，例如越來越多政客會在家中廚房或餐桌上直播，一面啜飲啤酒，一面與寵物或家人互動，坐在手機面前與觀眾互動。

　　雖然政客使用 IG 獲得更多選民注意已經成為經營選民支持率與選戰的基礎，也成為選舉的常態。年輕人仍透過社群媒體以生活化的方式參與政治，冗長的辯論、演講與訪談在傳統大眾媒體仍占有一席之地。但是政治人物在 IG 上配合該平台的特質以及使用的習慣，將

各種訊息、影片、報導等內容重新剪接成秒數短、節奏快、吸睛的帶有引號的粗體字字幕與標題，快速地幫網路使用者提供最容易在很短時間消化的影像語言，與 IG 上的年輕族群互動。越能掌握年輕選民的生活風格與文化樣貌的政客，透過展現出具有個性化且表現出「我和你們站在一起」的相關貼文。政客使用 IG 作爲政治溝通的管道有利有弊，透過這種更私密、自然、直接的方式與選民互動，似乎強化了政客與選民之間的緊密感。這種針對年輕族群的新的 IG 化政治形象與溝通，將可能促成新的政治參與。

不可否認，近年來也有不少重要的民間政治行動，透過視覺化圖像的網絡，成爲全球關注的焦點，利用標籤（hashtag）與模組化的方式，吸引更多目光。例如 2020 年在美國發生的種族衝突事件，導致反對種族主義人士與黑人社群上街抗議警方長期以來對黑人社群不公平對待與執法過當的問題，並且在網路串聯劇烈擴大了自 2013 年起就發動的 #blacklivesmatter 的行動，此類社會倡議行動，受益於 IG 平台作爲絕佳的視覺展演場域。這些社會議題，試圖讓 IG 平台變得更加政治化。在充滿粉紅泡泡咖啡店與繽紛實物照片中，漸漸出現全黑的照片、抗議圖片與相關運動標語，透過上傳與轉發運動相關的圖像，越來越多 IG 用戶投入 #blacklivesmatter 的行動。Maka-lintal（2020 June 9）發現 IG 上那些精美食物照、家中高級室內裝潢設計與擺 pose 的自拍照，數量明顯變少。美國全國有色人種發展協會（National Association for the Advancement of Colored People，簡稱 NAACP）在 6 月這段期間，IG 追蹤人數從 5 萬人增加到 15 萬人，甚至超過 NAACP 的臉書粉絲頁人數（5 萬 5 千人）。Stewart 與 Ghaffary（2020 June 24）指出，隨著臉書使用人口老化，IG 成爲接近年輕族群接觸各種社會與政治議題的場域。運動人士表示，由於反對種族主義的議題在 IG 上的串聯與參與度越來越高，這些運動組織因此利用 IG 讓該運動有更獨特的表現形式，當時響應 #blacklives-matter 的用戶都上傳了全黑的照片，以表達對議題的關注。

　　不少論者（Makalintal, 2020 June 9; Stewart & Ghaffary, 2020 June 24）認爲，這次 #blacklivesmatter 串聯讓 IG 平台變得更政治化，透過視覺藝術的手段，越來越多人被這場運動號召。例如 Manassaline Coleman 在 IG 帳號 sa.liine 上進行一連串的行動宣言。在一則「虛擬抗議 101」（VIRTUAL PROTESTING 101，請見圖 12-1）的連續七張圖文運動說明，鼓勵人們傳達訊息，在第二張圖面中提到「是時候利用演算法來發揮我們的優勢了！」（Time to use the algorithm to our advantage!）。

圖 12-1　擷取自 IG 帳號 sa.liine

　　Makalintal（2020 June 9）指出，這篇貼圖短時間被轉發 35 萬次，觸及超過 200 萬人，引起更多討論，甚至出現瑞典語、挪威語、中文、俄語、德語、法語、西班牙語、義大利語和葡萄牙語的翻譯。不少呼應 #blacklivesmatter 的藝術家或圖像工作者透過 IG 平台創作各種具有抗議意涵的作品，平台使用者透過限時動態（Stories）與動態時報（Feed）的功能轉傳、散布這些抗議圖像。

圖 12-2　擷取自 IG 帳號 shirien.creates，圖像工作者設計的抗議藝術作品，
　　　　　易於轉發傳播

　　這些圖像包括對佛洛伊德（George Floyd）、泰勒（*Breonna Taylor*）等人的悼念，他們都是因警方濫用職權而枉送性命的人。Makalintal（2020 June 9）認爲：「透過這些藝術與設計，IG 的功能就像是大聲公，不僅爲抗議活動升溫，也打破原本在 IG 上對政治冷感的用戶的沉默。」人們以不再上傳自戀的生活照片，轉發「具有美感且意義深遠、內容豐富」的抗議圖像，可視爲政治行動的第一步。IG 抗議藝術傳播，提供了一種避免直視暴力威脅場景（例如當時 George Floyd 被警察壓倒在地逐漸失去氣息的影片與照片），也可以進一步、深度的方式瞭解運動目的。然而，這種在社群媒體平台上的轉發與串聯，仍需小心避免淪爲一種簡單的懶人行動主義（slacktivism），仍需蓄積動能促成平台上的使用者進行更多實質行動，並促成政治與社會議題改革。

肆、小結

　　本文從數位視覺素養出發，提出解讀、創造與傳播數位視覺圖像的各種文化、社會與政治的意涵。這不僅是爲了防治假訊息與假影像對我們的操弄與欺瞞，不只是爲了如何更有效地創作各種數位影像。

更大的議題可能是，在這種新的視覺接收與傳播的型態下，我們如何重新認識視覺圖像對我們的影響與關係。政治人物如何透過更爲流動、親密的社群視覺影像說服選民？繽紛的日常生活片段照片如何置入各種商業意圖？當視覺社群媒體模糊了公私領域之間的界線，在流動的影像之間，需要使用者更進一步反思圖像意圖、來源與意義，進而打破原有越來越僵化的視覺語言結構。

問題與討論

1. 數位視覺素養是什麼？爲什麼在社群媒體時代下，培養視覺素養有其重要性？
2. 如何辨別在社群平台上的淺影像（shallow image）和深影像（deep image）？
3. 以視覺導向爲主的社群平台 Instagram，如何影響我們的審美觀與拍照方式？

參考資料

一、中文部分

黃哲斌（2019 年 7 月 26 日）。〈當生活只剩 IG，她們最後選擇自殺〉，《天下雜誌》，678。取自 https://www.cw.com.tw/article/5096239

二、外文部分

ACRL. (2011). ACRL visual literacy competency standards for higher education. Retrieved from http://www.ala.org/acrl/standards/visualliterac

Ashman, T. (2010 November 1). Lessons for digital natives. *The Guardian.* Retrieved from:https://www.theguardian.com/commentisfree/2016/dec/11/digital-natives-cant-find-the-truth-on-the-internet

Barthes, R. (1961/1977). *Image Music Text.* (Heath, S. Trans., & Ed.). London:

Fontana Press.

Baylen, D., & D'Alba, A. (2015). *Essentials of Teaching and Integrating Visual and Media Literacy Visualizing Learning* (1st ed. 2015.). Springer International Publishing. https://doi.org/10.1007/978-3-319-05837-5

Brumberger, E. (2011). Visual Literacy and the Digital Native: An Examination of the Millennial Learner. *Journal of Visual Literacy, 30*(1), 19-47.

Chalabi, D. (2016). What Is Visual Activism? *Journal of Visual Culture, 15*(1), 32-34. doi:10.1177/1470412915619386

Clement, J. (2019, August 27). Social sharing - Statistics & Facts. *Statista.* Retrieved from: https://www.statista.com/topics/2539/social-sharing/

Cordell, D. (2015). *Using Images to Teach Critical Thinking Skills: Visual Literacy and Digital Photography.* Retrieved from http://publisher.abc-clio.com.ezproxy.lib.tku.edu.tw/9781440835162

Cordell, D. (2016). *Using images to teach critical thinking skills: Visual literacy and digital photography.* California, CA: Libraries Unlimited.

Hall, S. (1997). *Representation: Cultural representations and signifying practices.* London, UK: Sage.

Hern, A. (2018 September 17). Instagram is supposed to be friendly. So why is it making people so miserable? *The Guardian.* Retrieved from: https://www.theguardian.com/technology/2018/sep/17/instagram-is-supposed-to-be-friendly-so-why-is-it-making-people-so-miserable

Hinsliff, G. (2019 March 10). How Instagram became the politicians' playground. *The Observer.* Retrieved from: https://www.theguardian.com/technology/2019/mar/10/how-instagram-became-the-politicians-playground

Hutchinson, A. (2020 April 29). Facebook Closes in on New Milestone of 3 Billion Total Users Across its Platforms. *Social Media Today.* Retrieved from: https://www.socialmediatoday.com/news/facebook-closes-in-on-new-milestone-of-3-billion-total-users-across-its-pla/577048/

Frier, S. (2020). *No Filter: The Inside Story of Instagram.* Simon & Schuster.

Jhally, S. (Producer/Director). (1997). Stuart Hall: Representation & the Media. *MEF challenging media.* [Motion picture transcript]. United States: Media Education Foundation. Retrieved from https://www.mediaed.org/transcripts/Stuart-Hall-Representation-and-the-Media-Transcript.pdf

Kibbey, J. (2011). Chapter Four: Media Literacy and Social Justice in a Visual World. *Counterpoints, 403*, 50-61, Retrieved from www.jstor.org/stable/42981595

Kellner, D. (2002). Critical Perspectives on Visual Imagery in Media and Cyberculture. *Journal of Visual Literacy, 22*(1), 81-90. doi:10.1080/23796529.2002.11674582

Leaver, T., Highfield, T., & Abidin, C. (2020). *Instagram: Visual social media cultures*. Polity.

Mackie, B. (2018 July 12). Is Instagram changing the way we design the world? *The Guardian*. Retrieved from https://www.theguardian.com/lifeandstyle/2018/jul/12/ready-for-your-selfie-why-public-spaces-are-being-insta-designed

Makalintal, B. (2020, June 9). On Instagram, Artists Are Creating a Shareable Language of Protest. *VICE*. Retrieved from https://www.vice.com/en_us/article/xg8d97/on-instagram-artists-are-creating-a-shareable-language-of-protest

Messaris, P. (2012). Visual "Literacy" in the Digital Age. *Review of Communication, 12*(2), 101-117. doi:10.1080/15358593.2011.653508

Murphy, H., & Sevastopulo, D. (2020 February 22). Why US politicians are turning to Instagram ahead of 2020 election. *Financial Times*. Retrieved from https://www.ft.com/content/737d2428-2fdf-11e9-ba00-0251022932c8

Naughton, J. (2016 December 11). Digital natives can handle the truth. Trouble is, they can't find it. *The Guardian*. Retrieved from https://www.theguardian.com/commentisfree/2016/dec/11/digital-natives-cant-find-the-truth-on-the-internet

Sencar, H., & Memon, N. (2013). Digital image forensics there is more to a picture than meets the eye. Springer. https://doi.org/10.1007/978-1-4614-0757-7

Serafinelli, E. (2018). *Digital Life on Instagram: New Social Communication of*

Photography. Bingley, UK: Emerald.

Smithers, R. (2016 November 2). Hawaiian salad and watermelon juice 'to be 2017 food trends'. *The Guardian.* Retrieved from https://www.theguardian.com/business/2016/nov/02/hawaiian-salad-watermelon-juice-2017-food-trends-waitrose

Spalter, A., & Van Dam, A. (2008). Digital Visual Literacy. *Theory Into Practice, 47*(2), 93-101. Retrieved July 10, 2020, from www.jstor.org/stable/40071529

Stewart, E., & Ghaffary, S. (2020. June 24). It's not just your feed. Political content has taken over Instagram. *VOX.* Retrieved from https://www.vox.com/recode/2020/6/24/21300631/instagram-black-lives-matter-politics-blackout-tuesday

The Economist (2018 May 18). *Daily chart: How heavy use of social media is linked to mental illness. The Economist.* Retrieved from https://www.economist.com/graphic-detail/2018/05/18/how-heavy-use-of-social-media-is-linked-to-mental-illness

Thompson, D. (2019 January 7). The Political Question of the Future: But Are They Real? What happens when live-streams become the new fireside chat. *The Atlantic.* Retrieved from https://www.theatlantic.com/ideas/archive/2019/01/politicians-are-live-streaming-videos-instagram/579490/

Thompson, D. S. (2019). Teaching students to critically read digital images: A visual literacy approach using the DIG method. *Journal of Visual Literacy,* 1-10. doi:10.1080/1051144x.2018.1564604

University of Birmingham, Library Service. (n.d.). *Visual literacy.* Retrieved from https://libguides.bham.ac.uk/asc/visualliteracy

Wineburg, S., & McGrew, S. (2016 November 1). Why Students Can't Google Their Way to the Truth: Fact-checkers and students approach websites differently. *Education Week.* Retrieved from: https://www.edweek.org/ew/articles/2016/11/02/why-students-cant-google-their-way-to.html

第十三章

只是開玩笑，或隱含惡意？
「地獄哏」的社會與文化意義

蔡柏宏

　　2019 年 8 月，知名脫口秀演員、網紅曾博恩於私人喜劇俱樂部的實驗性時段「Open Mic」中談到：「我們在陽間燒的東西，在陰間都會出現一份，那陰間是不是有兩個鄭南榕？」內容由現場聽眾節錄，流傳至網路後引來質疑（陳秉弘，2019 年 8 月 9 日）。其中最具爭議之處即在於，這類經常被稱為「地獄哏」的玩笑，究竟是不必太過認真看待、無傷大雅的幽默可受言論自由的保障，或是隱含讓人感到不舒服、被冒犯惡意的元素，甚至挑戰了社會倫理與常規的界線？[1]

　　其實，今日你我得以透過網路有效傳遞資訊，甚至足以影響社會輿論的現況下，「地獄哏」正是相當爭議的議題之一，並時常與網路模因（Internet meme）的概念一同被提及。在仔細探討「地獄哏」是什麼之前，我們可以先釐清模因（meme）與網路模因是什麼，以及其為資訊社會帶來的影響。

🖲 壹、模因與網路模因

　　模因（meme）是一種片段的文化資訊，概念大致源於英國演化生物學家 Dawkins（1976／趙淑妙譯，2009）的著作《自私的基因》（*The Selfish Gene*）。就如生物透過基因（gene）遺傳親族特徵，人們的口耳相傳、模仿等行為，也會透過模因這樣的片段資訊，傳散特定的議題與觀點，從而帶來更多社會影響。具體型態之一，即是出於網友創作，或重組、後製既有素材而成的「哏圖」。透過網路傳散，「哏圖」成為極具影響力的一種網路模因（也就是口語上大家

---

[1]　曾博恩在表演中談及的爭議性玩笑，大致是基於 1989 年被指控涉嫌叛亂，但不願配合傳喚，最終於《自由時代週刊》社內自焚身亡的鄭南榕（1947～1989）。由於這樣的玩笑觸動許多國人的敏感神經，進而導致各界爭論。資料引自鄭南榕基金會官方網站：http://www.nylon.org.tw/。

熟悉的「模因」）。[2]藉由哏圖，網友傳遞了針對特定人物、事件的觀點，甚至諷刺。有時，哏圖也作爲一種幽默的表態，比方 Facebook 等社群中許多人熟悉的「黑人問號」（見圖 13-1）即是常見實例，在社群中時常伴隨網友與鄉民的貼文、留言一同出現，傳遞某些意義。

圖 13-1　「黑人問號」哏圖
來源：dailyview.tw/popular/detail/1133

　　不過，正如 Danah Boyd（2014）的觀察，網路作爲相對開放的資訊傳播環境，我們已很難預期，相同的網路素材，讀者會如何解讀。同樣的，網友透過哏圖傳遞的幽默，或基於嘲諷新聞時事、公眾人物言行時出現的創作，有時也因搞笑與惡意批評、攻擊間的界線太過模糊，而使諸多本意或許是「開玩笑」，未必出於實際惡意的哏圖、笑話，在不同的解讀下，呈現你我難以預期的面貌。

貳、網路模因與地獄哏

　　在理解網路的潛在風險後，我們得以發現，網路模因中特殊的一類──「地獄哏」（Hellish Gags），其隱含的疑慮或爭議也顯得其

---

[2]　meme 一詞在臺灣尚無正式、統一稱呼，常見說法包含迷因、模因、瀰等。在臺灣，較通行的說法雖然是迷因，但本文參照國內、華語圈學術期刊，仍將 meme 一詞統稱爲「模因」。

來有自。「地獄哏」之所以經常引來討論，重要因素即在於其「政治不正確」的解讀、看待當今社會中，處於弱勢、相對少數或經歷不幸的對象。針對性別、族群等先天特質所開的玩笑，也並不少見。共同之處在於，網路世界中出現這類笑話與哏圖時，許多網友會寫下「我要下地獄了」或「地獄列車要開了」等字句，半開玩笑地討論這些「笑了有點糟糕」卻依然令人「忍不住想笑」的話題。

這樣的特色，也與傳播學者羅仕宇的觀察[3]相符。羅仕宇認為，「地獄哏」挑戰的是傳統社會常規中，鼓勵對他人苦難表達同情的道德觀（陳映瑜，2017 年 11 月 26 日）。而值得注意的是，雖然「地獄哏」嘲笑的是他人的不幸，或難以輕易改變的先天特質，但也因為創作者呈現哏圖與笑話時，在敘事手法上發揮的創意時常超出常人預期、既有的價值與道德觀念，產生一定程度的突兀感（蕭惟友，2008），而讓人在心理上產生稍微「失諧」的感受，進而感到有趣。不過，這種失諧的感覺一旦太過強烈，則可能導致反感、震驚或憤怒等負面情緒，使得被稱為或聲稱是「地獄哏」的玩笑背後，時常存在著不同立場間的攻防，一旦有人指控傳散者「缺乏同理心」，不該取笑他人，便也同時伴隨訕笑對方缺乏幽默感、是「正義魔人」的聲音（陳映瑜，2017 年 11 月 26 日）。

「地獄哏」衍生的不同立場，各有擁護者。若要更深層地理解箇中意涵，或許我們可以先從「地獄哏」隱含的道德疑慮開始探討。同時，我們也可就網友、鄉民作為兼具使用者與資訊生產者的身分觀察，究竟這些哏圖、笑話為何如此吸引人？且得以接受、甚至擁護「地獄哏」的網友及鄉民，又是如何合理化許多現實社會中看起來並不那麼「政治正確」的話題？[4]

3　參見：https://castnet.nctu.edu.tw/castnet/article/11352?issueID=671。

4　依據《劍橋網路辭典》定義，政治正確（political correctness）的意義在於避諱可能冒犯他人的任何語言及行為，尤以有關性別或種族的議題最為常

🌏 參、包裝於「玩笑」的刻板印象與敵視？

　　首先，被稱爲「地獄哏」或宣稱是「地獄哏」的笑話中，相當常見的實例之一，即是基於刻板印象、甚至隱含對於特定群體的敵視，且時常在網路上以「只是開玩笑」的名義淡化了箇中疑慮。誠如 Drakett、Rickett、Day 與 Milnes 等（2018）發現的，許多「玩笑」連結女性與優柔寡斷、善妒與報復心強等特質間的關聯，無形中強化了性別二元的預設觀點。然而，這般論述卻經常被包裝爲玩笑，試圖淡化對女性等群體的歧視。值得注意的是，網路時代下，相似案例屢見不鮮。

　　舉例而言，像是黃上銓（2016）發現，PTT 等國內網路社群裡存在的「XX 不意外」，則同樣放大解讀現實社會既有的刻板印象，進而在八卦板（Gossiping）等看板成員討論到特定事件時，簡單而片面地將事件成因「歸因」（attribute）於特定對象。其中，「XX」可視鄉民當下討論的話題，填入不同的群體與特質。然而，此舉還涉及標籤化與刻板印象，藉此在字裡行間看似「合理」地描繪特定群體，使其作爲被批判、被檢討的對象。此外，一句「XX 不意外」不只是挖苦，更清楚地畫出界線，區分不同群體，表達針對不同身分、職業與性別者的另眼看待。以八卦板爲例，「文組不意外」與「臺女不意外」均屬常見例子，傳遞了鄉民認爲學習人文社會學科者不擅長數理邏輯，以及部分女性在道德、言行有所瑕疵的刻板印象，透過放大檢視這些鄉民筆下的「事實」，嘲笑、甚至攻擊特定的對象。

　　在此脈絡下，許多放大解讀刻板印象的網路笑話與哏圖，便也得到了諸多發展空間。像是基於「非洲各地戰亂較多」的觀點（如圖 13-2），以及「踩地雷」的多重意涵，加上前文談到的哏圖中超乎常

　　見。參見：https://dictionary.cambridge.org/zht/%E8%A9%9E%E5%85%B8/ %E8%8B%B1%E8%AA%9E/political-correctness。

人預期的呈現手法,「非洲哏」便成爲了喜愛「地獄哏」的網友、鄉民眼中「雖然不道德」卻又「忍不住覺得有趣」的玩笑之一。而事實上,就文化與社會的視角而言,這般玩笑的確深化了大眾媒體、網路等資訊傳遞管道再現出的面貌,乃至刻板印象。

圖 13-2 「踩地雷」哏圖
來源:https://www.ptt.cc/bbs/joke/M.1481167627.A.D7C.html

肆、另眼看待特定對象

許多被稱爲或聲稱是「地獄哏」的玩笑與哏圖,也經常源於網友、鄉民針對特定對象的「另眼看待」。就國內網路社群而言,最爲知名的例子之一,即是發生於 2015 年位於新北市八里區的八仙水上樂園的一起粉塵爆炸事件(以下簡稱八仙事件)所衍生的媒體、網路現象。事發造成多名遊客燒燙傷,甚至不幸身亡,但依然成爲網友產製哏圖與笑話(如圖 13-3),以及冷嘲熱諷的話題。常見的哏圖主要爲網友透過「熟人」的雙關義,半開玩笑地描繪、評論這起不幸的事件。爭議之處在於,即使創作方不見得抱持惡意,卻可能讓當事人或家屬感到被冒犯或不舒服。

圖 13-3　「熟人」哏圖
來源：https://www.ptt.cc/bbs/Gossiping/M.1522655016.A.FCC.html

　　此處，哏圖也應用了「超乎常人預期與道德規範」的呈現手法，造成網友即使覺得「不太道德」卻又「忍不住想笑」的結果。但與此同時，觀察 PTT 等虛擬言論空間中的「風向」，我們也不難發現，在大眾傳播媒體與網路社群中，八仙事件這類大型娛樂活動，經常被賦予較負面的樣貌。而參與這類太過「複雜」的活動者，便也看似自然而然地被貼上「嗑藥」、「淫亂」等標籤。即使在粉塵派對中受傷，甚至許多遊客不幸身亡，然而經過媒體、網路等資訊傳遞管道的中介後，卻形成了宛如一體的面貌，亦即只是「自己愛玩」，因此「活該受傷」的一群人。

　　除了負面形象外，心理學上的現象或許也可告訴我們一些線索。正如美國心理學者 Lerner（1978）的公正世界假說（just world hypothesis）觀察指出，人們大多傾向相信自己生活於穩定、公正且有秩序的世界，個人經歷均屬應得（deserved），就如你我熟悉的「善有善報，惡有惡報」（Rubin & Peplau, 1975）。然而，人們一旦發現所謂的「好人」也會經歷壞的遭遇，便可能在心理上造成矛盾或是不協調的感受，這種感受在心理學的觀點裡，通常被稱為「認知不和諧」（Festinger, 1957）。而為了降低認知不和諧帶來的不安全感，人們便可能透過醜化、責備受害人的過程來說服自己（Lerner & Miller, 1978），甚至試圖重新解釋事件真相或選擇性地忽視這樣的

結果（Benabou & Tirole, 2006），以回歸心理上「較舒適」的狀態。

　　基於這樣的心理因素，或許我們就不難理解，爲何大家有時會傾向「檢討被害人」，質疑經歷不幸的人是否「也有問題」，才導致負面結果。因此，即便涉及「地獄哏」的哏圖有其疑慮，使難以接受者多半視爲「不道德」或「檢討被害人」，但對相信參加粉塵派對者的負面形象或認爲「這些人」存在道德瑕疵的網友而言，這樣的不幸僅僅是「活該」，從而否認「地獄哏」隱含的爭議。

　　在此，我們得以理解，話題中的指涉對象，究竟是如何「被看待」或具備什麼樣的形象，深刻影響著其是否會被作爲開玩笑，甚或嘲諷、攻擊的標的。但值得注意的是，許多時候作爲讀者的我們，也時常深受大眾傳播與社群媒體中，經過篩選、重組與編輯的資訊影響，使得我們難以窺見事件的全貌，從而片面地解讀眼前所見的事。就八仙事件而言，部分傷者幸運康復後，卻因其他違法行爲（例如以下摘錄）再度登上社會新聞，然而這並非代表八仙事件中所有傷亡者的面貌。但值得注意的是，部分當事人在媒體、網路世界裡呈現的形象，便成爲網友解讀此事的重要資訊，而使諸多網友難以同情，從而嘲笑，甚或敵視、仇視地看待當事人。認爲八仙事件中的傷者「不該得救」或「浪費社會資源」等說法，從來並非少數。

作者 T3T（G.S.M.W.）
看板 Gossiping
標題〔新聞〕八仙塵爆「奇蹟男孩」吸毒涉凌虐！
時間 Tue Oct 22 09:17:40 2019

推 a27588679: 跑趴的不吸毒你在跟我開玩笑嗎？
噓 t19960804: 拿人民的錢去救跑趴的低端垃圾
推 jiaching: 跑趴仔不意外
→ ayrtonvitas: 在這國家當良民　本身就是白癡的行爲

→ stvn2567: 八仙趴不意外

推 hu6111: 所以說救這種人根本是危害社會

推 Philethan: 推推　台灣典範

（取自：〔新聞〕八仙塵爆「奇蹟男孩」吸毒涉凌虐！，PTT八卦板，
2019.10.22）

　　讀到這裡，或許讀者會好奇，我們從本章開始以來，便如此正經
地看待「地獄哏」。這樣的解讀觀點，是否也使我們變成網友眼中的
「正義魔人」，反而忽視了網路世界中許多網友創作中的趣味？「地
獄哏」的確存在著爭議，但除了「道德」與「不道德」外，其實還涵
蓋了一些有趣、值得細細品味的社會及文化意義。

伍、「不道德」也沒這麼嚴重？重要的是好玩與吸睛！

　　據教育部異體字字典[5]中的釋義，「哏」讀音「ㄍㄣˊ」，意指
滑稽、有趣的言詞或動作，常用於指涉言談中讓人忍不住笑出來的
「笑點」，也就是我們口語上時常說的「梗」。因此，「地獄哏」作
為一種「哏」，即便存有疑慮，但其「有趣」、「好玩」的一面仍是
其吸引人的重要因素。

　　除了前文我們談到的，哏圖背後描繪、呈現主題手法的創意及
獨到之處，「地獄哏」讓人覺得「有趣」的重要條件，同樣相當仰
賴創作者、讀者雙方對於圖文主題的瞭解，以及共有的知識。此處
我們若以同樣時常被拿來開玩笑的歷史事件為例（如圖13-4）[6]，政治
不正確地開玩笑，並透過圖片、些許文字，以超乎預期的方式敘事的

---

[5] 參見：http://dict2.variants.moe.edu.tw/yitib/frb/frb00315.htm。

[6] 參見：https://www.facebook.com/271808413322126/photos/a.271810019988
632/636907490145548/?type=3&theater。

哏圖中，決定其「是否好笑」的因素，便與創作者、讀者對於事件背景（亦即日軍曾於第二次世界大戰晚期攻擊美國海軍基地珍珠港的歷史）的瞭解相當有關。[7] 亦即雙方必須有來有往，一旦其中一方無法理解文本指涉的史實，這樣的「哏」便失去了意義，甚至「不好笑」，而使這幅哏圖開玩笑的效果大打折扣。「地獄哏」式的哏圖之所以「好玩」，重要的還在於其中「必須稍微聯想、腦筋轉個彎」才能理解的「哏」，亦呼應了「地獄哏」描繪特定議題時，手法上的獨特之處。

圖 13-4　「珍珠」哏圖

來源：https://www.dcard.tw/f/meme/p/231939471

　　在這樣的情境下，即使「地獄哏」存在著些許的「不道德」，不無遭到批評的風險，但有時圖文的「有趣」與否，對網友而言反而是更重要的因素。因此談及「地獄哏」時，其中牽涉的道德疑慮有時是被擱置的（即使產製、讀者雙方都知曉）。在此情況下，讀者反而

7　其實網路哏圖的傳散，進而受到討論、喜愛的背後，仍與時事、當下流行的話題密切相關。以圖 13-4 為例，其背景即來自於 2019 年國內大眾媒體與網路社群談及日本人迷上源於臺灣的珍珠奶茶，甚至衍生諸多創意料理，累積諸多媒體、社群效應的特殊現象。這幅「讓日本人為之瘋狂的珍珠」，即是重要例子。圖中即以我們先前談到的「超乎常人預期的方式」，連結食品中的珍珠（粉圓）與歷史上的「珍珠（港）」，對日軍在第二次世界大戰期間攻擊美國海軍珍珠港基地的歷史嘲諷了一番。

會因創作者發揮的創意所吸引，並將得以理解箇中意義的能力視作一種「技能」，成為與其他「不懂的人」最大的區別。而這般得以吸引眼球、關注的創意，以及極具創意、超乎常人預期地描繪部分史實的「幽默感」，在資訊傳遞、變化速度極快的今日，則成為許多創作者所追求的資源。

🏯 陸、政治「正不正確」，有這麼重要嗎？

讀到這裡，相信讀者已對「地獄哏」的範疇、隱含的道德疑慮，以及即使有所爭議，看似「沒有同理心」地看待負面的事，卻又十分受關注、喜愛的可能原因。不過，也許你仍會好奇，討論玩笑、網路哏圖背後的意義、牽涉的議題是否「政治正確」的同時，我們會不會因為「太過認真地」看待「玩笑」，反而扼殺了網路創作者的創意，甚至與言論自由的原則有所牴觸呢？

或許，我們可以從文化、社會氛圍的角度再次觀察，前文所提到的網紅曾博恩的脫口秀節目爭議。其實當時引來的爭議，有很大的一部分即與國內的社會氛圍及文化脈絡相當有關。雖然鄭南榕當年自焚的作為仍有爭議，但其生前支持臺灣獨立，以及呼籲政府應落實言論自由等公開言行，讓許多認同其價值的國人視為「先烈」或「殉道者」。而曾博恩在表演中隱含的「地獄哏」，則挑戰了鄭南榕在支持者心中的特殊地位，體現了「去神聖化」的過程。因此，由於鄭南榕所牽涉的議題，與國內社會過往歷經單一政黨執政，乃至白色恐怖等因素共同形塑的集體傷痕相當有關，這樣半開玩笑的說法，對許多臺灣人而言便顯得極具爭議，甚至有些冒犯。

然而，另一種立場，甚至質疑的聲音同樣存在。除了針對「地獄哏」的反感，當時也有人認為這類哏圖、笑話的確有疑慮，但對此批評，甚至要求曾博恩道歉，不免也存在著矯枉過正、影響創作自由的

可能。且為了非公開售票活動 [8] 中提及的玩笑要求表演者道歉，也難免面臨「政治正確干涉言論自由」的質疑。雖然能否用「言論自由」之名，同樣涵蓋具爭議性、時常被視為「政治不正確」的玩笑仍有爭議，但肯定的是，涉及歷史、文化以及社會存在的集體傷痕等議題的玩笑，仍有一定程度的道德疑慮，必須謹慎看待。

　　看到這裡，相信讀者已注意到，我們需釐清的始終是同一個問題——在日常言談、開玩笑等情境中，是否「政治正確」，究竟有沒有這麼重要？這仍屬極具爭議的議題，在當今的臺灣社會，恐怕從來不存在完全正確的答案。但必須肯定的是，像是 PTT 等社群存在的集體起閧 [9]、關鍵字鬧板 [10] 等現象，雖然看似十分「政治不正確」，對許多社會現象做出與一般社會常規、大眾傳播媒體相當不同、甚至有所牴觸的解讀。但正是鄉民、網友的創造力，以及今日你我得以透過網路彼此連結的便利，使得常人有機會透過自己的方式發聲、被看見，更對於過往看似代表主流、多數意見的大眾媒體表達質疑。對於言論、觀點的多樣性，仍有著無可取代的價值。此外，即使鄉民平時

---

[8] 亦即前文新聞資料提及，曾博恩引來的「地獄哏」之爭，其實源於他在私人喜劇俱樂部的實驗性時段「Open Mic」表演時提及的笑話。有論者稱，即使笑話的確有道德疑慮，但因表演場合並未公開售票，僅屬測試、實驗性的演出，因此網友要求曾博恩道歉的作為，在道德上仍然並非完全站得住腳。

[9] 正如黃厚銘、林意仁（2013）延伸 Durkheim 的「集體亢奮」觀點所指出，網路社群中，使用者集體參與的特定行為經常隨時可能興起，卻也來得快、去得快，便成為了獨特的「網路起閧」現象。並以「流動的群聚」（mob-ility）比喻之，強調鄉民之間時而各具異質性，時而卻又極具集體性的獨特現象。這也解釋了鄉民常於媒體大幅炒作的事件、各級選舉，或是運動賽事期間湧入特定看板大量發言，掀起一定的集體情緒與反應。

[10] 鄉民大量、集體基於特定關鍵字詞發文、推（噓）文的現象，事件規模不一，可能僅有零星數篇文章，也可能導致大量洗板，短時間內癱瘓特定看板的現象。參見：https://pttpedia.fandom.com/zh/wiki/%E9%A6%AE%E9%AD%8F%E7%9F%B3%E4%B9%8B%E4%BA%82 。

互不相關，看似各具異質性，但透過八卦板等社群裡的閒聊（比方八卦板的「問卦」文化），不少鄉民發現，與自己面臨相似困難、壓力（比方求職、薪資，以及感情關係、婚姻等）的人同樣不少，進而形成相當獨特、宛如「一體」的感受。諸多網路社群中的集體行為，即使看似毫無秩序且顯得相當不正經，卻也在眾多網友、鄉民參與其中的過程中，造就了獨特的網路社群文化。

但不可否認的是，諸如「地獄哏」等政治不正確的網路哏圖、笑話背後，的確存在著社會多數對於相對少數、弱勢，以及面臨不幸經驗等對象的刻板印象，甚至是另眼看待。許多時候更在「只是開玩笑，不必太過認真」的說法下，看似合理、合情化地包裝了些許惡意。即使創作者未必有此意圖，卻時常在網路的開放性下，造就了無法預期的解讀。

的確，「政治正確」之爭，仍屬當今社會難以輕易達成共識的難題。但這並不是說，「政治不正確」地看待各類議題，甚至隱含道德疑慮的「地獄哏」就不應存在，更不是強調你我必須扮演起過往臺灣威權時代下，存在於許多人心中的「小警總」，時時刻刻檢視著日常對話中可能隱含「政治不正確」的話題。重要的應當在於，部分玩笑、網路哏圖的確涉及了當今社會較不易接受，嘲笑他人不幸，或是觸碰特定文化脈絡下存在的集體傷痕，若要在玩笑、各類哏圖提及，勢必需要正視潛在的爭議。另一方面，即使強調「言論自由」的重要，甚至訕笑難以接受者是「正義魔人」的說法並非全無道理，但難以否認的是，抱持不同觀點者時常顯得各執己見，這實在無助於不同群體間的對話，更忽視了尊重多元文化等議題的重要。

柒、代結語：有趣，卻也從未停止爭議

透過本文，我們理解了網路模因從何形成、如何傳遞，以及帶來的社會影響。我們發現，網路模因中特殊的一支——「地獄哏」背

後，除了有其道德疑慮，更有著相當獨特的社會、文化價值。最大的爭議即在於，這類哏圖、笑話時常拿他人不幸的經歷、先天／非自願造成的特徵，或是半開玩笑地描繪過往被視為不幸的歷史事件等議題。「地獄哏」因其「不太道德」卻也讓人「忍不住想笑」的特質而吸引人，然而，在拿一般社會常規不易接受、視為禁忌的話題「開玩笑」的同時，便也賦予了其充滿爭議的一面。

「地獄哏」牽涉的層面甚廣，有時因不幸事件的當事人展現出的面貌，與社會多數人眼中的既定形象落差過大，從而成為「即使不太道德」卻也「沒這麼嚴重」的玩笑所揶揄的對象。有時則因開玩笑的對象涉及更深層、複雜的社會、文化，乃至特定社會群體曾共同經歷的歷史傷痕，在「政治正確」的前提下，社會不易接受這樣的玩笑，而使「地獄哏」不只是「好笑與否」，反而令人反感。這使得「地獄哏」隱含的「政治正確」之爭，從來都不易化解。

但正如上一部分所述，這並非代表我們必須時時檢視日常言談究竟是否「政治正確」，而是應當重視部分群體的確面臨著當今社會依然存在的挑戰，甚至是社會多數不友善之處，而非在「只是開玩笑」的說法下，產生且傳遞更多的敵意。

不過，即使我們觀察到，網路社群中的確存在著一些透過「地獄哏」等政治不正確的敘事手法所傳遞的爭議性話題，其中更有許多隱含網友、鄉民對於特定對象的另眼看待，甚至敵意。但正如前文談到的，我們仍不應忽視在 PTT 這類社群中，嬉鬧、狂歡式的起鬨依然是網路文化重要的一環，這屬鄉民社群高度的創造力與能動性的具體展現。若因為「地獄哏」等反政治正確風格的網路文本隱含的道德疑慮，而對 PTT 等線上空間貼上負面標籤，未免有些武斷，更忽視了鄉民文化對於當今社會輿論的形塑有著極為可觀的影響力。雖然「地獄哏」圖文出現時，部分網友在「開玩笑」的包裝下，檢討、攻擊特定對象的網路言論並不可取，然而，具體而言，哪些言論隱含的惡意「構成危害」？公部門是否應立法規範？又該如何規範？仍有待各界

對話與協商。

如此現況，也反映當今網路、資訊社會的重要現況 —— 資訊傳遞越快速、越容易，作爲身兼使用者與資訊生產者的我們，所需的媒體與資訊素養更顯得十分重要。在連上網路，參與議題討論的成本極低，造就諸多便利的今日，使用者更需審愼考量潛在後果，而非出於情緒與起鬨，讓針對特定群體的惡意，同樣在彈指之間帶來危害。同時，臺灣社會對於非我群者的另眼看待，相信不易在短時間內輕易消弭，但這亦代表大眾對於同屬社會成員之相對少數、弱勢者等群體的認識、理解與尊重，同樣十分重要，而非在「只是開玩笑」的說法包裝下，透過網路模因等型態，承載並散播更多的惡意。

問題與討論

1. 試討論「地獄哏」的生產者與傳播者可能的動機與社會文化心理，瞭解之後，你是否會對「地獄哏」產生不同的想法？
2. 在言論自由、創意與仇恨惡意之間，要如何拿捏界線與平衡？言論自由的底線應爲何？
3. 若「地獄哏」已涉及仇恨言論並傷害特定的族群，請問你覺得相關言論是否應加以規範？且應如何規範？

參考資料

一、中文部分

《教育部異體字字典》（無日期）。取自 https://dict.variants.moe.edu.tw/variants/rbt/home.do

黃上銓（2016）。〈有沒有酸民什麼都可以酸的八卦？〉，黃厚銘主編《婉君你好嗎，給覺醒鄉民的 PTT 進化史》，頁 171-221。臺北市：群學。

黃厚銘、林意仁（2013）。〈流動的群聚（mob-ility）：網路起鬨的社會心理基礎〉。《新聞學研究》，115：1-50。

陳秉弘（2019 年 8 月 9 日）。〈曾博恩為鄭南榕玩笑爭議致歉　夜夜秀換人主持〉，《中央社》。取自 https://www.cna.com.tw/news/first-news/201908095003.aspx

陳映瑜（2017 年 11 月 26 日）。〈地獄梗　模因的黑暗分支〉，《喀報》。取自：https://castnet.nctu.edu.tw/castnet/article/11352?issueID=671

趙淑妙譯（2009）。《自私的基因》。臺北市：天下文化（原書：Dawkins, R. [1976]. *The Selfish Gene.* Oxford, UK: Oxford University Press.）。

鄭南榕基金會（無日期）。取自 http://www.nylon.org.tw/

蕭惟友（2008）。《網路 KUSO 族的異想世界：一個語藝分析的觀點》。南華大學教育社會學研究所碩士論文。

關鍵字問卦、關鍵字之亂。取自 https://pttpedia.fandom.com/zh/wiki/%E9%97%9C%E9%8D%B5%E5%AD%97%E5%95%8F%E5%8D%A6%E3%80%81%E9%97%9C%E9%8D%B5%E5%AD%97%E4%B9%8B%E4%BA%82

PTT 實業坊 - 八卦板（2019 年 10 月 22 日）。〈〔新聞〕八仙塵爆「奇蹟男孩」吸毒涉凌虐！〉。取自 https://www.ptt.cc/bbs/Gossiping/M.1571707073.A.CB7.html

二、外文部分

Benabou, R., & Tirole, J. (2006). Belief in a just world and redistributive politics. *The Quarterly Journal of Economics*, *121*(2), 699-746.

Boyd, D. (2014). *It's complicated: The social lives of networked teens.* New Haven, CT: Yale University Press.

Cambridge Dictionary. (no date). Political Correctness. Address: https://dictionary.cambridge.org/zht/%E8%A9%9E%E5%85%B8/%E8%8B%B1%E8%AA%9E/political-correctness

Drakett, J., Rickett, B., Day, K., & Milnes, K. (2018). Old jokes, new media -- Online sexism and constructions of gender in Internet memes. *Feminism & Psychology*, *28*(1), 109-127.

Festinger, L. (1957). *A theory of cognitive dissonance (Vol. 2)*. Stanford University Press.

Lerner, M. J., & Miller, D. T. (1978). Just world research and the attribution process: Looking back and ahead. *Psychological bulletin, 85*(5), 1030.

Rubin, Z., & Peplau, L. A. (1975). Who believes in a just world?. *Journal of Social Issues, 31*(3), 65-89.

第十四章

智慧科技下的性別陷阱

張玉佩、陳維平

壹、前言：賽伯人的想像

在網路剛出現的年代，人們對於身體與心靈的分離，感到無限的好奇且充滿著想像。身體留在電腦前面，心靈則遠離身體的束縛，幻化為各種可能。舉個例子來說，留在電腦前的是身材嬌巧的女孩，可以在網路上變身為強壯威武的英雄，發揮她想像中的男性氣概。

更進一步的，網路上的性別選項，不再只有男、女兩種分類方式。當個單性的蕨類、可自我複製的無脊椎動物、沉默而冷硬的礦物石頭等，都曾經出現在網路性別選項裡。百花齊放的性別想像，出現在二十世紀網路傳播科技剛普及的年代。

這場科技革命，讓女性透過網絡獲得一個可以戲耍、嘮叨、抱怨、嘲弄的場域。後現代女性主義者提出賽伯人（cyborg）宣言，宣稱由機器與身體混種融合的賽伯人，是一種科學與社會的幻影投射。科技延伸了人類想要控制自然與改變現實的慾望，此種當代社會性共同科技幻想的實踐，讓人們產生扭轉身體生理限制的幻象，於是，女性身體成為泰勒主義（Taylorism）[1] 機器生產鏈。而此噩夢般性別身體生產鏈，卻經常被描述成夢幻的愛麗絲夢遊仙境（Haraway, 2000）。

「胸大即是美」，那好，讓隆乳手術便宜普及、女女胸部大若似山。

「生個兒子，才是好媳婦」，那好，精子分離術讓媳婦胎胎都生男。

「職業婦女要全能性的兼顧家務」，那好，自動化洗衣機、掃地

---

[1] Frederick W. Talor（1856-1915）為科學管理之父，他詳細為記錄每個工作的步驟及所需時間，設計出最有效的工作方法，並將人的動作與時間，以最經濟的方式達成最高的生產量。泰勒主義是指 F. W. Talor 將勞動過程原子化，並將人納入生產勞動鏈，忽略勞工意識與思考。

機器人、智慧型冰箱等，讓職業婦女回家後持續進行著第二份家務勞動。

當科技打破身體與機器的界線之際，也在創造人們對於未來身體的想像。然而，機器並不會自我發展、自我設計或自動變演成理想中的自我。我們不該將科技介入日常生活這件事情過度浪漫化，或是想像機器會自動發展成顛覆先驗性權威的科技工具。因此，Haraway（2000）認為，賽伯人迷思是人類對於地球控制的終極懲罰，是女性身體在父權中心戰爭祭祀的終極運用。

在賽伯人宣言提出後二十年的今日，人工智慧（Artificial Intelligence，簡稱 AI）的蓬勃發展，再度衝擊著人類與機器、物質與非物質的界線，微型化的機器發展（如晶片、奈米等）與智慧型的電腦程式等，讓人類社會生活與科技進行著更本質性的鑲嵌。在此當下，本篇文章嘗試檢閱智慧科技之下，可能存在的性別陷阱。

貳、數位傳播科技時代下的性別議題

性別議題的討論，經常牽涉到三個基本的概念，即：性徵（sex）、性別（gender）與情慾（sexuality）。性徵，是指身體生理上的性別，染色體、生殖器、第二性徵等均屬於此。性別，是指社會上建構出來的性別概念。而情慾，亦可理解為性傾向，是指性別個體對異性、同性或兩性產生的情感、愛情或性吸引的現象，包括異性戀、同性戀、雙性戀與無性戀等。

「性／別」文化，是同時包含性別與情慾的討論。為了行文方便，我們將之統稱為「性別」，但實際上是包含兩者。

數位傳播科技時代下的媒體文化和活動，具有什麼樣的「性別」意涵？為什麼要深入瞭解傳播科技的變革，就必須要瞭解「性別」在其中扮演的角色？在回答這類的問題之前，我們不妨先思考：新型態的傳播活動讓日常生活中哪些矛盾或爭議更加凸顯出來？

在許多強調公共／隱私、互動、人性／科技的數位傳播科技中，不管是從閱聽人的身分認同或是相關的消費和生產切入，我們都可以觀察到厭女、恐同或者其他類型對特定性別少數的刻板印象、歧視和暴力，轉而以更加深刻且幽微的權力協商、甚至是剝削的方式存在。換句話說，數位傳播科技和相對應的文化實踐，是觀察當代性別文化的一個重要場域；另外，如果缺少對性別的體察，我們對傳播科技、甚至是現代社會的認識也會不夠完整。

在過去數十年中，傳播研究者藉由關注媒體文化中的性別權力關係，累積了許多重要的討論，其中主要涵蓋媒體文本中的性別再現，以及閱聽人的文化消費和產製。而近年來隨著媒體數位化，包含互聯、互動、行動、穿戴等傳播技術上的變革，文本和閱聽人的概念皆有所改變。這些變化同時也連帶影響傳播科技和性別文化的互動關係，並反映在相關研究中。儘管數位傳播科技在流行文化的論述中，通常和「移動」或是「轉型」等概念共存，但值得注意的是，性別文化和其中的權力不對等，往往具有深沉的歷史文化背景，且和特定的社會價值緊密綑綁。

性別和數位媒體研究涵蓋跨學科的討論，其中媒體研究對於閱聽人能動性（agency）日漸增加的重視，恰好和 1970 年代起第二波女性主義性別研究強調「作」性別（doing gender）的轉向兩相呼應。在這個理論視角下，性別被視爲較不具單一固定意義的文化概念，且閱聽人的主體性（subjectivity）被認爲應該是鑲嵌在特定社會文化脈絡、論述和互動中。受到 Erving Goffman（1956 / 1990）符號互動論的啓發，傳播文化中性別認同的建構成爲相關領域研究者所關注的重點之一。

數位傳播科技強調互聯和互動的特性，也更加凸顯性別的展演和盤根錯節的社會規範，以及主體間動態的相互關係密不可分。舉例來說，在某些社群媒體、互動式影音、線上遊戲、手機等平台中，我們可以觀察到與性別有關的再現或展演，相較於其他平台來得明顯。也

就是說，性別權力互動的張力會反映在類型各異的媒體消費和產製活動中，並進一步挑戰或者鞏固主流的社會規範。

的確，隨著網際網路和數位傳播科技的發展，許多女性的媒體經驗已經不再是被動的消費，更包括主動的參與和產製內容。因此，有部分研究者透過媒體再現和社會運動的實例，將傳播科技視爲賦權（empowerment）的工具。然而，女性主義研究者對於傳播科技能否確實鬆動主流的性別文化仍是抱持保留的態度。舉例來說，研究者認爲女性爲了累積個人經濟和社會資本，傾向在社群媒體上透過消費文化中特定的商品（如美妝或生活風格），持續展示情慾化（sexualized）和性別化（gendered）的自我（Banet-Weiser, 2012）。換句話說，伴隨傳播科技發展而來的自我呈現（self-presentation），往往也服膺全球化下資本主義的邏輯和特定性別文化。

🏛 參、智慧科技下的性別陷阱

由於性別文化不平等的權力關係，經常是隱藏在被視爲常態的威權中心底下，包括相信相同性別會擁有共同的性別經驗、忽略性別多元性和差異性、以二元對立性別體系等。因此，粉碎父權主義、本質主義、殖民主義等權力意識網絡，放棄渾然天成的性別根源信念，承認歷史和社會建構下的身體概念，是解放性別文化不平等的基礎。

在傳播科技發展之下，對於科技的美好想像，經常溢散到性別議題上，遮掩了性別角色再生產的權力關係。接下來，本文以拆解智慧科技下的性別陷阱爲目標，提出五個性別陷阱。

一、性別陷阱之一：母職與監督

首先，傳播科技的使用不太可能會完全改變固有的性別社會角色。例如女性透過使用傳播科技，並不能有效減輕自身作爲家庭主要

照護者的勞動負擔；相反的，這些科技延伸、擴展、加強、甚至監控了母職的內容和範圍（Lim & Soon, 2010）。無論是掃地機器人、還是自動洗脫烘衣機，決定、判斷與執行地板清潔與洗衣工作的仍然是媽媽的任務。

同時，行動傳播中介下的教養活動，更可能讓親密關係中的監控變得更加理所當然，並且讓不採取類似方法教養孩子的家長，尤其是母親，身負育兒失敗的焦慮（Cark, 2014; Leaver, 2017）。親職教育體系裡的家長會，教師均會諄諄囑咐要管制孩童看電視與網路使用量，即便電視有 V-Chip 與手機有遊戲監控 App，這些問題依舊可能是媽媽心頭上的重擔。

更進一步來說，數位時代下的母職反映出照護教養和科技近用密不可分，但這兩者都必須仰賴一定程度的社會和經濟資源。女性若無法運用傳播科技熟稔地在她們的社交網絡中去揣摩或展示如何當媽媽，很有可能也會被認為無法勝任母職而相悖於主流框架下的女性氣質。

二、性別陷阱之二：機器人性別

在人工智慧快速發展的今日，我們可以發現負責線上客服的聊天機器人或是家中的智能設備，通常伴隨相當程度的女／陰性氣質（femininity），如 iPhone 手機裡的 Siri 小姐，清楚而明確的回應使用者的提問。除了名字、聲音或是頭像之外，這些「智慧助理」（AI assistant）的任務多半反映了女性的家務勞動史。也就是說，我們在「新」傳播科技中所面對的性／別挑戰和轉機，反映出的很有可能是固有權力結構底下的矛盾和衝突，比方說祕書助理就該是「女性」擔任。

此外，在數位遊戲世界裡，無論是玩家角色或是電腦人工智慧的角色，包括怪獸（robots 或稱 mobile objects）或機器人（Non-Players

Characters，簡稱 NPC）等，性別特質更是牢牢鑲嵌在二元對立的性徵上。張玉佩與邱馨玉（2010）對於線上遊戲「仙境傳說」的分析指出，遊戲角色會隨著玩家的經營而逐漸成長，成長表現以「性徵的顯露程度」作為標識，等級越高的玩家，擁有越明顯的性別特徵。換言之，男性角色等級越高，身材則越高大勇猛，穿戴的護具與武器越精緻完善，盔甲與長褲會凸顯身體肌肉曲線；女性角色等級越高，則越風騷性感，短裙、短褲、低胸上衣與吊帶網襪等衣著符號，襯托豐滿胸部、細腰與翹臀。

　　在網路上所展現出來的性別魅力，是累積自當代科技使用技能下的性別展演。行動交友軟體（mobile dating apps）裡，個人大頭照、簡短自我介紹或是心理測驗配對等功能，讓身體形象、心理狀態或是性別、族群認同所傳達出的視覺化資訊，在親密關係中的資本交換變得更加重要（Barker, Gill, & Harvey, 2018; David & Cambre, 2016; Duguay, 2017; Illouz, 2007）。在這個脈絡下，女性的「魅力」尤其受到嚴格的審查，因為擁有魅力，被認為能有效提升她們的「行情」（Dobson, 2015; Gill, 2008）。換句話說，傳播科技不僅中介了親密關係，也中介了當中的性別權力關係。

　　數位時代下，科技和身體是融合和共謀。如果重新檢視女性主義理論，我們也可以發現身體（body）無所不在；無論是身體的物質層面，或是身體對應到的一系列知識體系，都是性別研究者的核心關懷。從許多日常生活和性別認同息息相關的實例來看，人們的身體經驗（embodied experiences）也在數位時代中被轉化成為可供政府、企業、媒體集團、社福機構等單位取用的資訊。也因此，傳播科技和性別的相關討論，有必要將身體經驗放回特定的性別和科技脈絡一併檢視。

三、性別陷阱之三：厭女

性別權力不對等所引發的騷擾和暴力事件，在傳播科技的學術或日常討論中屢見不鮮，而受害女性往往必須爲性暴力的發生負起責任。研究者大多認爲，數位時代下的性別議題，恰好反映出社會長久以來的「厭女文化」（misogyny）。這個文化認爲，女性（氣質）是較次等的認同和經驗。同時，厭女文化傾向將男性／女性或是陽剛／陰柔視爲兩套對立、同質且不能逾越的概念和經驗。

一如 Michel Foucault（1975／2003）提出的「規訓權力」（pouvoir disciplinaire）概念強調權力在生活各個層面的部署，或是 Judith Butler（1997）指出仇恨語言的暴力施展是透過將主體排擠到一個從屬的社會位置，厭女論述和性別倡議在傳播文化中往往也是同時並存、相互對峙。舉例來說，一個爲女性安全考量打造的行動追蹤定位程式，也有可能被她們的親密伴侶或家庭成員用來作爲監視和控制的工具（Abu-Laban, 2014）。當兩情相悅的親密自拍遭到無意或惡意外流時，當中女性的身體、外貌、經驗和情慾展現的方式往往引來較男性更多的責難。

值得注意的是，研究雖指出女性是容易成爲受害者的群體，但也強調眞實上演的性暴力並不只透過某些形式表現，也不只侷限在特定的性別、年齡、階級（Bartlett, Norrie, Patel, Rumpel, & Wibberley, 2014; Jane, 2016）。這些暴力威脅不僅危害到特定群體或個人的安全，更可能因爲特定群體的噤聲而讓更多元的公共討論受到限制（方念萱，2019）。

上述種種情況，都讓性別壓迫變得更加隱晦難辨。在這個理論視角下，研究者傾向不再將「線上」和「線下」視爲二元對立的兩個時空，他們認爲傳播科技活動中發生的暴力，像是霸凌、歧視、騷擾、跟蹤、威脅或虐待，並非只是單純的網路安全問題，而是一個社會性別權力關係的延伸。

　　然而值得注意的是，社群媒體的蓬勃發展和 1990 年代後期開始占據流行文化的後女性主義論述（post-feminist discourses）正好相互呼應。相關論述認為，當代女性已經從過去性別的束縛中被解放出來，所以能夠在自身的身分認同上和日常生活中流露出高度的自信和冒險心（McRobbie, 2004）。而且在這樣的脈絡之下，女性，尤其是年輕女性，除了必須隨時留意和調整自身的女性氣質，更被認為應該要在社群媒體上充滿自信地展現和推銷自我。

　　「流行厭女症」（popular misogyny）正是指出後女性主義文化中，許多人認為女性已經因為她們頻繁地在數位媒體文化中現身不再受到壓迫，而男性則會因性別平權失去權力的想法（Banet-Weiser, 2018）。但事實上，女性卻又往往因為透過社群網站尋求關注，而受到同儕和其他網路社群參與者的嘲笑和譴責（Dobson, 2015），或是遭遇物化（objectification）和「蕩婦羞辱」（slut-shaming）（Banet-Weiser, 2018）。

　　如果我們再次停下來思考數位媒體中的「網紅文化」，就可以發現在社群中的「能見度」確實能夠為某部分的人轉換出相應的收入，而且往往獨厚某些服膺於特定性／別、族群、階級的自我呈現（Banet-Weiser, 2012, 2018）。換句話說，這個資本交換的過程，也意味著一連串代表差異、認同和品味的文化消費經驗，勢必互相競爭和區隔。

四、性別陷阱之四：仇女

　　仇女文化經常表現在帶有性別歧視、甚至是人身威脅的仇恨言論中，又或者透過「性玩笑」的方式在網路上進行傳布。一方面，從女性的心理和生理層面加以攻擊，如批評女性的外型美醜、學識高低、情緒問題（Jane, 2014）；另一方面，又以惡搞或戲謔的姿態在強調匿名性的數位媒體文化中廣而流傳（Cole, 2015; Drakett, Rickett,

Day & Milenes, 2018），例如從「敗犬女」到「肉食女」，女性單身在網路上引發的討論不僅只是關於結婚與否，更連動更龐大的性別文化體系。值得注意的是，網路內容審查也可能反過頭來助長厭／仇女文化，像是原本設計用來過濾網路上具性別歧視意味留言的演算法，如果缺乏對於多元的性別文化的考量，反而可能會限縮性別倡議的可能。

　　傳播科技中介的親密關係，從網路聊天室、約會網站，一路發展到目前的行動交友，都引發研究者對親密關係商品化（commodi-fication of intimacy）的現象提出反思。當代的約會文化是在市場邏輯中形成，而親密關係則被視爲人與人之間價值的交換（Illouz, 2007）。舉個例子來說，情人約會過節所需要的資本，從巧克力交換到「浪漫」燭光晚餐，又或者，手機、網路交友文化把伴侶配對形容成在「人肉市場」挑選心儀的另一半，都是市場邏輯結構下的親密關係展現。

　　由於行動交友軟體像是 Tinder，使用起來快速、方便，經常被認爲是助長「約砲（勾搭）文化」（hook-up culture）的原因。但事實上，我們也不能忽略流行文化中的後女性主義論述在其中也扮演非常關鍵的角色；相關的論述借用了 1970 年代性別運動認爲親密關係雖有機會成就浪漫愛情，但不必然要走向終身承諾的概念和理想，進一步預設年輕女性理當享受性自主和愉悅（Bogle, 2008）。

　　值得深入思考的是，女性通常比較容易因爲性活躍而受到批評或威脅，進而助長了仇女文化。在約砲文化看似日漸平凡的背後，不同性別、性取向、種族、甚至是階級的人們在回應或實踐這個概念時，並不會得到相同的評價。男性、異性戀、歐美白人是主要研究經驗的來源（O'Riordan & Phillips (Eds), 2007; Mowlabocus, 2010; Madi-anou & Miller, 2012）。在約砲文化研究中，女性、非異性戀者仍然是沉默的一方，如同其他情慾文化一樣，弱勢者總是屬於噤聲、被特殊標示或汙名化的那一群。

五、性別陷阱之五：實名、匿名與性別極化

社群網站（SNSs）和相關文化，已經成為我們日常生活的一部分，包括性別在內的身分認同，也隨著傳播科技使用的變革受到更嚴格的管制和監控。換句話說，社群網站上個人資料的呈現方式，依循身體經驗和身分認同等社會規範而定。其中，「脈絡崩解」（context collapse）（Marwick & Boyd, 2011）是傳播科技和性別研究關懷的面向之一。Facebook 在 2014 年嚴格推動「實名制」（real-name policy）後，引發跨性別、性／別少數和暴力受害者的強烈反彈，官方因此而進行政策調整。

因為實名制引發的衝擊，研究者開始重新思考匿名和化名機制在傳播科技和性別中的意義，進而提出某些另類社群網站，的確因此鼓勵性別非主流的參與者分享個人的看法，並凝聚起弱勢群體間的交流和互動（Fink & Miller, 2014）。因此，社群媒體的姓名驗證機制，可能迫使人們在無論面對的是家人、朋友、同事或長輩時，都必須把自我呈現壓縮在一個連貫的身分中，這對已經在日常生活中因自身認同遭遇重重限制的弱勢群體（如未出櫃同志或跨性別者）來說，無疑是另一層壓迫。

網路的匿名制，打破了「身體／心靈／自我」（body／mind／self）之間固定、永恆的連結關係。這是一種弔詭的論述，預設身體是人們互動經驗的一種限制，彷彿缺乏身體象徵線索，「人們就可以成為他們想像的任何一種可能」（One can be whomever one can imagine.）（O'Brien, 2000, p.83）。問題是，當我們面對他人時，會將此人與心裡熟識的名單相對：這人值不值得信任？我的權力會大過於對方嗎？我可以呈現自己或是應該武裝自己呢？除非將對方歸類進意義系統內，不然無法進行互動。換句話說，在溝通互動之前，我們必須先將他人分類入基本認識基模。而性別，經常是彼此互相定位互動方式的第一步驟。

因此，在性別模糊的網路空間裡，「重新性別化」（re-gendering）是為了減低彼此互動時的不確定性。因為網路缺乏身體線索，所以人們必須透過文本生產的運作，來告訴對方自己的身分。此種將細緻複雜的性別屬性，轉為文本或圖像的方式來呈現，經常呈現出一種「性別極化」（hyper-gendering）的展現（O'Brien, 2000）。在網路上試圖進行性別轉換者，無論是男變女或女變男，都需要將自己描述為兩性極端的一方，人們透過腦海裡的刻板印象來展演所欲的性別角色，想要成為男生的人要雄壯威武具有男性氣概，想要成為女生的人要嬌羞可人具有女性特質。因此，線上互動將經常落入性別刻板印象的再製造，是性別極化的展演。

🏛 肆、結論：人工智慧時代下的性別期待

人工智慧，簡單來說，是指製造智慧（intelligence）機器的科學與工程，特別是智慧型電腦程式，是類似用電腦計算方式來理解人類智慧。但現今發展的範疇不再是以模仿人腦運作為目標，可能是超越人腦、以數學邏輯的演繹方式來進行推理並達成目標（McCathy, 2007）。

1950 年英國數學家圖靈（Alan Turing）發展出來的「圖靈測試」（Turing test），是個關鍵性代表。圖靈測試提出，要判斷機器是否具有智慧，是以實際上人的判斷為基準。也就是說，測試者 C，在面對電腦程式系統 A 與另一個專家學者 B，如果 C 無法區分出 A 與 B：何者為電腦？何者為人類？那麼，此電腦程式系統 A 便可以視為是具有智慧的。人工智慧系統發展至今：從 1960 年麻省理工學院發展出來的心理諮商系統 ELIZA，試圖讓人們透過與人工智慧系統扮演的諮商師，獲得心理支持。1974 年史丹佛大學建立的 MYCIN 系統，透過人工智慧系統辨識疾病感染原的病菌，推薦使用的抗生素種類，並依照病患體重建議劑量（Wolfe, 1991），到現今在金融、國防、

醫療、教育、平台服務等日益普及的應用。

在這些人工智慧系統發展的過程中，有兩個觀念是傳播科技學術體系裡所應該認識到的事情。

第一，人工智慧系統對於現實世界的表現方式，是以數學邏輯語言為核心，人工智慧所能解決的目標是要可以被計算或電腦化（computational）的部分。在傳播理論裡的「再現」（representation），是指「現實事件如何被媒體再度呈現」，媒體可能如鏡子般的反映現實，也可能如哈哈鏡般的放大部分現實，媒材更可能包括文字、影像、互動媒體等，而意識型態與再現更是互相扣連的。但是在人工智慧系統裡，「representation」是指「表示法」，通常是數學邏輯的語言，作為表現這個世界現實的方式。換言之，要進入人工智慧體系裡，傳播媒體裡原本複雜細緻的意義傳遞系統，必須轉換為數學邏輯，以便進入程式語言。

第二，人工智慧系統的建立，是依賴專家系統（expert systems）。專家系統是由知識工程師採訪專業領域的專家，試圖將他們的知識體現在電腦程式中，以執行相關任務，達成目標。任務的執行效果，取決於任務所需的智力機制，前面所提到的 MYCIN 系統，即是工程師將細菌、症狀、治療方案等資訊放入程式框架裡，由系統將資訊予以分組歸類，進行推論。此種將多種資料來源彙整、分組與歸類的方式，即為啟發式分類（heuristic classification）。

專家知識體系對於人工智慧系統能達到「深度學習」（deep learning）是重要的基礎，而此基礎對於性別進入科技體系更為重要。如前所述，現階段已知之科技系統裡的性別陷阱已處處存在。性別的概念可否進入數學邏輯的程式語言？性別的專家知識體系該如何建立？這處處挑戰著人工智慧系統是否成為維持既定威權秩序體系的幫凶。

於此，我們想要借用 Kenneth Clatterbaugh 在討論男性氣概觀點時提出的四個概念（劉建台、林宗德譯，2003），進一步思考人工

智慧系統裡的性別議題。

1. 性別角色：性別角色是指在社會裡既存的性別行為模式，通常在可辨識的性別群體裡，可以找到一整套的行為、態度與條件等，即是該歷史社會條件下的性別角色，如母親或父親、女兒或兒子等。

2. 性別刻板印象：性別刻板印象是指多數人認為該性別是什麼的籠統概念，例如女性都是溫柔體貼、柔順的、喜愛小孩與小動物的，再如男性都是堅強、具有領導能力或是武斷堅毅等。

3. 性別理想：性別理想是關於該性別該扮演的性別角色的普遍概念。比方說大家廣泛相信女性到了適婚年齡就該結婚，或者是男性到了一定年紀就該有經濟基礎等。

4. 性別認同：性別認同是個人對自己性別的自我定義，個人對於性別所該表現出來的特質，顯然地可能不同於性別角色、性別刻板印象或性別理想，就像不是每個女性都想要邁入婚姻，或者部分男孩也想要穿裙子一樣。

性別角色、性別刻板印象、性別理想和性別認同，四者並不相同。

性別角色是社會上普遍存在的現實狀況。行政院主計處（2017）調查，臺灣女性在婚後離開職場的比率為 29.92%，婚後婦女每日無酬家務勞動為 3.81 小時，包括照顧子女、老人、做家事等，而她們的丈夫只有 1.13 小時。這些是臺灣社會的性別角色現況，而現階段實際上存在的「實然面」，而不是理想上合理而正確的「應然面」。

性別刻板印象與性別理想通常來自於大眾傳播媒體的形塑，一方面散布著大眾對於性別的「常識」，另一方面也確保著性別權力的宰制關係，如邊緣化女性與其他男性（例如具柔性特質的男性或同性戀者）、強調強壯且暴力身體特質的「霸權男性氣概」（hegemonic masculinity）（Connell, 1987; Mackinnon, 2003）。

性別認同是在自我個體思辨之中，透過不斷自我對話、回應他人凝視、反覆演練與規訓的結果，應該是流動且多元的。但是性別認同

亦可能會受到性別角色、性別刻板印象與性別理想的前導影響。

　　這些複雜而細膩的權力關係與思辨體系，都挑戰著當今人工智慧體系裡的專家知識系統與數學演算邏輯。如何避免成為當今父權威權秩序維持的幫凶，是人工智慧體系在性別議題裡基本該具備的責任，更進一步的，促進性別桎梏的解放也應該納入人工智慧體系發展的思考方向。

　　最後，我們對於逐漸邁向人工智慧系統蓬勃發展的數位時代，提出兩點性別文化與改革上的期許。

　　第一，打破二元對立的差異體系，包容性別特質多元特質。

　　差異（difference）系統的建立，是區分正統與非正統的正當化權力工具。透過男性因為生殖器、染色體、荷爾蒙等生理差異，而使得男性必然強壯、具侵略性與高於女性的說法，僅是透過生理差異合理化壓迫關係的說詞。二元對立的差異體系，不只提供父權威權秩序的正當化藉口，也強迫女性需接受彼此皆具有共同的本質經驗。白人女性主義者忽略他者而存在的普同性女性理論，不僅在定義差異上失敗，也忽略差異經驗的多樣性。即便同樣都是女性，也可能具有多元的性別特質，性別特質也會隨著個體經驗而流動。

　　無論是二元對立的差異體系或者是一統化女性特質的無差異性體系，當經濟與社會地位認定性別系統的差異體系時，此種差異會變成一種自我完成的預言，個體會馴服於所屬群體的規則，讓剝削、壓力變得容易且合理（Rakow & Wackwitz, 2004）。所以，我們的第一個期待是希望人工智慧體系在建構關於性別的專家知識體系與操作化數學邏輯語言程式時，能謹慎而小心的評估所有的性別差異系統，打破二元對立。

　　第二，讓原本邊緣化的性別主體獲得「發聲」（voice）的可能。社會上的人們，其所處位置包括教育、家庭、工作職位等，造就了其說話的能力、聲量與影響力，形成在社會上不均等的話語權。話語權是一種說話、傳遞想法的權力。擁有話語權，就等於擁有發聲的權力。

當今社會文化氛圍，是以父權、異性戀為主要性別秩序，被邊緣化的性別主體經常受到社會輿論的汙名化和制度性的排擠而難以獲得發聲的權力，例如 LGBTQ+（女同性戀者 Lesbian、男同性戀者 Gay、雙性戀者 Bisexual、跨性別者 Transgender、酷兒 Queer 與對性別認同感到疑惑的人 Questioning）。因此，我們的第二個期待是希望人工智慧體系不只不成為鞏固既有威權體制的幫凶，而且可以在建構未來科技想像的藍圖裡，為被邊緣化的性別主體，保留一塊打破邊界、承認矛盾、容忍混沌、可以戲耍嘲諷的夢想樂園。

問題與討論

請運用本章所學，在傳播科技如直播、交友等各種跨媒體平台中，進行觀察與分析，並回答下列問題：

1. 在此平台上，性別分類體系如何建構？人們如何描述自己、建構自我形象？平台科技提供資源為何？請蒐集六個個別案例，加以分析歸類。

2. 在此平台上，人們是如何進行性別互動？誰在人際互動上先採取主動角色？使用何種方式表達關注或吸引他人關注？請觀察三組以上的互動。

3. 上述的性別建構與性別互動，涉及什麼樣的性別權力關係？受到什麼樣的規範？或是溢出什麼樣的性別框架之外？請彙整出三點性別規範並討論。

4. 在多元性別的價值下，如何開拓出一個可以對話或協商的科技使用脈絡？妳／你的想像是什麼？請試圖描繪出性／別文化的理想，並嘗試規劃可能的科技平台。

參考資料

一、中文部分

方念萱（2019）。〈無人加害、純粹活該？女性數位性私密影像如何成為厭女的報復式色情〉。《這是愛女，也是厭女：如何看穿這世界拉攏與懲戒女人的兩手策略？》。臺北市：大家出版。

行政院主計處（2017）。《婦女婚育與就業調查統計報告》（編號：1010600956），臺北市：作者。取自 https://ebook.dgbas.gov.tw/public/Data/771217174890V10W9I.pdf

張玉佩、邱馨玉（2010）。〈遊戲媒體文化之男性氣概探索：文本結構與玩家詮釋〉。《傳播與社會學刊》，12：111-146。

劉建台、林宗德譯（2003）。《男性氣概的當代觀點》。臺北市：文秀。（原書為 Clatterbaugh, K. [1996]. *Contemporary perspectives on masculinity: Men, Women, and politics in modern society.* Boulder, CO: Westview Press.）

二、外文部分

Abu-Laban, Y. (2014). Gendering Surveillance Studies: The Empirical and Normative Promise of Feminist Methodology. *Surveillance & Society*, *13*(1), 44-56. https://doi.org/10.24908/ss.v13i1.5163

Banet-Weiser, S. (2012). *Authentic TM: Politics and ambivalence in a brand culture*. New York, NY: New York University Press.

Banet-Weiser, S. (2018). *Empowered: Popular feminism and popular misogyny*. Durham, UK: Duke University Press.

Barker, M.-J., Gill, R., & Harvey, L. (2018). *Mediated intimacy: Sex advice in media culture*. Cambridge, UK ; Medford, MA, USA: Polity.

Bartlett, J., Norrie, R., Patel, S., Rumpel, R., & Wibberley, S. (2014). *Misogyny on Twitter*. London, UK: Demos

Bogle, K. A. (2008). *Hooking up: Sex, dating, and relationships on campus*. New York, NY: New York University Press.

Butler, J. (1997). *Excitable speech: A politics of the performative*. New York, NY: Routledge.

Clark, L. S. (2014). *The parent app: Understanding families in the digital age.* Oxford, UK: Oxford University Press.

Cole, K. K. (2015). "It's Like She's Eager to be Verbally Abused": Twitter, Trolls, and (En). Gendering Disciplinary Rhetoric. *Feminist Media Studies, 15*(2), 356-358. https://doi.org/10.1080/14680777.2015.1008750

Connell, R. W. (1987). *Gender and power: Society, the person and sexual politics.* Oxford, UK: Blackwell.

David, G., & Cambre, C. (2016). Screened Intimacies: Tinder and the Swipe Logic. *Social Media + Society, 2*(2), 205630511664197. https://doi.org/10.1177/2056305116641976

Dobson, A. S. (2015). *Postfeminist Digital Cultures Femininity, Social Media, and Self-Representation.* London, UK: Palgrave Macmillan.

Drakett, J., Rickett, B., Day, K., & Milnes, K. (2018). Old jokes, new media – Online sexism and constructions of gender in Internet memes. *Feminism & Psychology, 28*(1), 109-127. https://doi.org/10.1177/0959353517727560

Duguay, S. (2017). Dressing up Tinderella: Interrogating authenticity claims on the mobile dating app Tinder. *Information, Communication & Society, 20*(3), 351-367. https://doi.org/10.1080/1369118X.2016.1168471

Fink, M., & Miller, Q. (2014). Trans Media Moments: Tumblr, 2011-2013. *Television & New Media, 15*(7), 611-626. https://doi.org/10.1177/1527476413505002

Foucault, M. (2003). *Surveiller et punir: Naissance de la prison.* Paris: Gallimard.

Gill, R. (2008). Culture and Subjectivity in Neoliberal and Postfeminist Times. *Subjectivity, 25*(1), 432-445. https://doi.org/10.1057/sub.2008.28

Goffman, E. (1990). *The presentation of self in everyday life.* New York, NY: Doubleday.

Haraway, D. (2000). A cyborg manifesto: science, technology and socialist-feminism in the late twentieth century. In D. Bell & B. M. Kennedy (Eds.). *The cybercultures reader* (pp.291-324). London, UK: Routledge.

Illouz, E. (2007). *Cold intimacies: The making of emotional capitalism.* Cambridge, UK ; Malden, MA: Polity Press.

Jane, E. A. (2016). *Misogyny online: A short (and brutish) history*. Thousand Oaks, CA: SAGE.

Leaver, T. (2017). Intimate Surveillance: Normalizing Parental Monitoring and Mediation of Infants Online. *Social Media + Society*, *3*(2), 205630511770719. https://doi.org/10.1177/2056305117707192

Lim, S. S., & Soon, C. (2010). The influence of social and cultural factors on mothers' domestication of household ICTs – Experiences of Chinese and Korean women. *Telematics and Informatics*, *27*(3), 205-216. https://doi.org/10.1016/j.tele.2009.07.001

MacKinnon, K. (2003). *Representitng men: Maleness and masculinity in the media*. New York, NY: Oxford University Press.

Madianou, M., & Miller, D. (2012). *Migration and new media: Transnational families and polymedia*. Abingdon, Oxon ; New York: Routledge.

Marwick, A. E., & boyd, danah. (2011). I tweet honestly, I tweet passionately: Twitter users, context collapse, and the imagined audience. *New Media & Society*, *13*(1), 114-133. https://doi.org/10.1177/1461444810365313

McCarthy, J. (2007, Nov 12). What is artificial Intelligence? Retrieved from Stanford University, John McCarthy website：http://jmc.stanford.edu/artificial-intelligence/index.html

McRobbie, A. (2004). Post　feminism and popular culture. *Feminist Media Studies*, *4*(3), 255-264. https://doi.org/10.1080/1468077042000309937

Mowlabocus, S. (2010). *Gaydar culture: Gay men, technology and embodiment in the Digital Age*. Farnham, UK: Ashgate.

O'Brien, J. (2000). Writing in the body: Gender (re)production in online interaction. In M. A. Smith & P. Kollock (Eds.), *Communities in Cyberspace* (pp.76-106). New York, NY: Routledge.

O'Riordan, K., & Phillips, D. J. (Eds). (2007). *Queer online: Media technology & sexuality*. Peter Lang.

Rakow, L. F., & Wackwitz, L. A. (2004). Difference in feminist communication theory. In Rakow, L. F., & Wackwitz, L. A. (Eds.), *Feminist communica-

tion theory: Selection in context (pp.13-27). Thousand Oaks, CA: Sage.

Wolfe, A. (1991). Mind, Self, and Computer: Artificial Intelligence and the Sociology of Mind. *American Journal of Sociology, 96*(5), 1073-1096.

第十五章

網紅正夯：試析全媒體下直播主的社會文化意涵

林富美

◎ 壹、前言

2016 年起，在臺灣，直播產業月平均的市場規模約 2 億元，一年市場規模達 24 億元，吸引不少直播平台商與直播主加入市場競逐，搶食新商機（楊伶雯，2018 年 12 月 26 日）。根據愛卡拉（iKala）觀察，2019 年以降，品牌廣告主在臺灣網紅身上花費的預算，相較 2018 年已成長足足兩倍（唐子晴，2019 年 11 月 2 日）。

更有趣的是，在此浪潮下，孵化了很多新興的職業類別，諸如「小編」、「網紅」、「直播主」、「KOL」、「YouTuber」等等。二十年前，我們無法想像有一份叫「小編」或「直播主／網紅」的工作（創新拿鐵，2019 年 6 月 12 日）。

而根據中國新華網的調查，1995 年後出生的孩子，有 54% 想從事網紅、主播工作；在英國，16 歲到 25 歲的年輕人，夢想職業第一名是成為一名 YouTuber 或 Vlogger；在日本，YouTuber 也是國中男孩長大後最想從事的前三大職業（張嘉祐，2019 年 7 月 4 日）。

在臺灣，網紅只要在 Facebook、Instagram、YouTube 等任一平台，擁有逾 1,000 名粉絲，就會被愛卡拉的網紅搜尋引擎「KOL Radar」納入資料庫，迄 2019 年有高達 15,000 人被納入，足見網紅已成時下的「夯」工作別（唐子晴，2019 年 11 月 2 日）。

在這網路＋平台＋社群＋手機的環境下，任何素人都可以一夕翻紅的時代，我們該如何看待？該現象所呈現的社會意涵為何？是本文欲討論的重點。

貳、關於全媒體時代下的網紅、直播主

名詞定義

(一) 全媒體（One Media, Numerous Integrations，簡稱Omni）

所謂全媒體，基本上囊括以下的創新：(1) 載體的匯流：網路、社群、媒體、行動載具相互匯流；(2) 表達型態多元：創作者可以靈活運用文字、聲音、影像、視訊、動畫等多種媒材，傳達給其目標客群；(3) 過程中傳播者與受眾相互交融互動，共創文本；(4) 閱聽人能在任何時間、任何地點、使用任何載具來享用傳播服務；(5) 個體、組織或平台，可以透過此創新，建立其跨界、匯流的產銷模式（陳順孝，2018 年 1 月 25 日）。

(二) 自媒體（We Media）

所謂自媒體，係指在全媒體的基礎下，個人可以透過不同的載體，進行傳播或「影音直播」。閱聽人從「接收者」變成「傳播者」，從「旁觀者」變成「當事人」。是以，人人都可以擁有自己的「網路報紙」、「網路廣播」、「網路電視」。一夕間，「媒體」變成了個人所屬物件，隨時可以自主的在自己的媒體上說、唱、書寫與表演，建構自己的媒體內容與社群關係。自媒體成了平民大眾張揚個性、表現自我的最佳場所，可以互動，發展品牌，更能成為電商平台（林富美，2017）。

(三) 網紅（Internet celebrity）

網路紅人（簡稱網紅）是指因網路而出名的人物，可能是透過經營社群網站或影音網站提升自己的知名度，並且以此為業的人物，或是從影片、新聞中爆紅的素人，經營網路部落格有成的人，亦或是

在特定、專業領域中擁有響亮名聲的人；在不同媒體平台崛起爆紅的新星等等，皆可以稱爲網紅。網紅可以是一個人、一個虛擬人物或是一個動物等等，只要具一定知名度與粉絲群，都可以是網紅（維基百科，2019）。

(四) 直播主（Streamer）

直播主又稱「播主」、「主播」或「實況主」，係指可以透過不同平台進行影音直播，觀眾可以透過彈幕流言、按讚、訂閱、打賞等方式與直播主即時互動，直播主可以根據觀眾回饋，即時調整節目內容或取悅觀眾（維基百科，2020）。

有些「實況主」僅透過後製，而非線上直播、串流等即時性的方式來播送影片內容，僅能算爲 YouTuber（YouTube 影片上傳者）或遊戲玩家（Gamer），不能算作直播主。而目前 YouTube 也提供了直播服務，讓內容製作者有兩種生產內容管道（同上）。

(五) 關鍵意見領袖（Key Opinion Leader，簡稱KOL）

關鍵意見領袖係指在特定領域、議題、群眾中，有著發言權以及強大影響力的人，他們的意見受到族群的認同及尊重，足以推動或改變群眾的決定。知名的網紅、直播主、明星、名人、企業家、政治人物一定是具有影響力的 KOL，但 KOL 卻不限於這些名人，只要具有對某一族群的影響力皆可以是 KOL（同上）。

(六) 影音創作者（YouTuber）

YouTuber 其實只是網紅的一種，指僅透過 YouTube 發布影片，而吸引到群眾觀看影片的影片生產者。YouTube 於 2011 年開始提供線上直播服務，2016 年始推出手機直播功能（同上）。

網紅、KOL、直播主與 YouTuber 在影音直播的全媒體時代，意

涵多所交融。本文以可以即時互動、商業模式較多元，具粉絲群，也是網紅的直播主（網紅）為主，進行該樣態下所呈現之社會現象與意涵的分析。

參、直播主（網紅）的社會意涵

直播已成為全球關注、所有人躍躍欲試的營銷管道，而以影音直播方式產製內容，也成為全媒體內容產製之主流。Facebook 執行長 Mark Zuckerberg 表示：「我們正進入影片的新黃金年代，我相信往前快轉五年，很有可能 Facebook 上的使用者每天分享的內容幾乎都是影片。」（蔡孟傑，2016）

根據 M17 Entertainment 官網上發布的消息指出，截至 2017 年 17 直播的使用者觀看總時數高達 120 億小時，而全球所累積的直播主高達 4,000 位。另外，根據 Uplive 的資料中心顯示，其用戶的總觀看時數已達 140 億小時，不僅全球主播人數高達 10 萬人，用戶人數也突破 6,000 萬人。有趣的是，Uplive 直播平台從 2016 年成立以來，使用者已送出超過 2 億個虛擬寶物（價值約 80 億新臺幣）給直播主（蘇嘉薇，2019 年 3 月 31 日）。而據 EBC 東森新聞影音（2019 年 9 月 21 日）的報導，全臺直播主約 4,000 人，年產值破百億。直播主靠什麼賺錢、其金流與商業模式反映出的社會文化意涵為何，是以下分析的重點。

一、直播平台的商業模式

直播平台商業獲利模式為：用戶購買平台虛擬物品、充值會員、打賞主播，平台獲得營收；廣告公司在平台網站或直播間刊登廣告，支付相應的廣告費用；遊戲運營商委託經紀公司或直播平台進行遊戲推廣，平台收取推廣費用。直播主收入為：訂閱抽成、流量與廣告

分潤、產品置入行銷與打賞送禮等（中商情報網，2018 年 10 月 19
日）。常見模式如圖 15-1 所示：

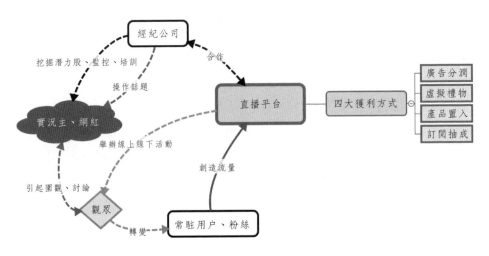

圖 15-1　直播平台的營運模式
資料來源：林富美（2017）。

二、商業模式所反映的社會文化意涵

(一) 直播主（網紅）價格由粉絲規模決定

　　直播主（網紅）的收入有多種來源，點擊流量超過多少，平台會
依廣告置入，依流量來拆分潤。早期在 YouTube 成名的「網紅」們，
很多都是透過廣告點擊流量賺錢的，故在 YouTube 上看影片，很常
會遇到中間穿插廣告，且廣告要播放到一定的長度，才會算是有被觀
看。在臺灣，「網紅」們影片中的廣告，約每千次觀看能有 0.6 至 1.4
美金的收入（中央社，2017 年 4 月 26 日）。但如果觀眾都選擇「跳
過」廣告，那麼就算影片被觀看的次數再多，「網紅」們還是收不到
任何錢，故不少網紅都會懇請觀眾們花時間看廣告。
　　有鑑於廣告收入少且不穩定，Twitch 實況直播就讓「直播主」

有更多賺錢的方法。除了廣告（約每千次觀看 2 美金）之外，還讓「粉絲」們透過訂閱喜歡的頻道，用金錢表示對直播主的支持。直播主／網紅只要能夠得到足夠多的粉絲訂閱，直播主就不需要擔心經濟來源。Twitch 最初只提供一種訂閱方案，就是每月 4.99 美金。2017 年，Twitch 增加了每月 9.99 美金以及 24.99 美金的方案。一般來說，Twitch 會和直播主平分訂閱費（如果選擇 4.99 美金方案，直播主就可以收到 2.50 美金）。但對有名的直播主，Twitch 也願意調高拆潤方案（創新拿鐵，2019 年 6 月 12 日）。

流量和按讚數雖然重要，但社群的互動率、留言數及分享數更重要，與粉絲關係越緊密，變現能力就越強。當內容創作者可以在某個特定領域成爲關鍵領袖，推薦的商品不只能讓商家受惠，自己也可以經營銷售管道，讓消費者直接購買。如中國大陸「柴犬 Nana 和阿楞的一天」有 58 萬粉絲，變現模式以內容生產爲主。但同樣以寵物頻道爲主要內容的中國網紅 Sylar 家有神犬，目前擁有 68 萬粉絲，還開了一間自有的淘寶店家，販售 173 項寵物用品，前五名產品累積銷售各超過 100 件，可見其背後的粉絲經濟力量有多龐大（陳書榕，2017 年 11 月 10 日）。

故作爲直播主／網紅都深悉其收入的價格都是由流量、按讚、訂閱會員與粉絲規模來決定，過程中如何吸睛、讓觀眾駐足停留、產生好感愉悅，願意掏錢買單，是直播主／網紅的產製與互動的常規，需受制於「市場起伏」來審視其演出的價值。

(二) 「我訂閱，我存在」的互動式消費

傳統閱聽人看電視，無論是再喜歡的節目主持人、來賓或新聞臺的主播，往往會讓閱聽人覺得有些「距離感」。直播主／網紅透過直播，其互動性就是即時，尤其直播主若是素人，就會讓用戶倍感親切（蘇嘉薇，2019 年 3 月 31 日）。

在直播時，只要閱聽人點下「訂閱」按鈕，直播主／網紅就會親

切地念出該名使用者的 ID，並說：「謝謝訂閱！」此舉會讓觀眾有「媽呀！我上電視了！」，享受一種「我訂閱，我存在」的愉悅。雖然這種感覺很短暫，直播主很快就忽略了訂閱的你，但這種忽略卻也會讓用戶為了再體驗這種快感，而會去「送禮」給直播主，以再次引起直播主的關注。這種透過直播主關懷的互動，這種周而復始的打賞或「斗內」（Donate，贊助），反映了時下很多人透過消費找尋存在感的社會心理（同上）。

在此，消費已經不能只看成是資本主義對消費者的操控和剝削。事實上，消費者藉由消費，創造「我是誰」和形塑自我的認同。Baudrillard（1998）將消費比喻為一種「永無止境的行為」，如果它真的只是一種耽溺、一種深陷，那應該終究會滿足，但我們不論有錢沒錢，還是會想要消費更多。這種永難滿足的慾望，透過直播主與用戶的互動中被表徵（signifies），不容易停止。

(三) 透過「價格」產生的「價值」

除了廣告與訂閱，粉絲們也可以透過「小費」來表示對直播主的支持。小費沒有上限，對直播主（網紅）來說，機會無限大。看直播的人都知道，可以通過直播平台付費充值購買禮物，然後打賞給自己喜歡的主播。

禮物的金額不定，直播主有觀眾緣的話就有流量，流量越大，收到的禮物越多。如 Twitch 上，這些小費又被稱為「Bits」（小奇點）。粉絲們在購買了小奇點後（1 美金 = 100 小奇點），就可以在觀看直播時使用「Cheer」（歡呼）的指令，為直播主加油（創新拿鐵，2019 年 6 月 12 日）。

每次的「歡呼」，畫面上就會出現特定的「符號」，吸引直播主的注意。粉絲還可以決定每次「歡呼」中花費的「小奇點」數。越多的「小奇點」，畫面上的「符號」就會越「炫」，這就更容易吸引到直播主的目光。在直播時，有非常多的粉絲想要和直播主互動，但是

直播主一定無法回應每一個訊息，因此在訊息中附上「歡呼」，是粉絲用來吸引直播主的好方法。而越「炫」的「歡呼」，就越能夠讓直播主看到。

　　為了鼓勵粉絲們持續給小費，直播主在看到「歡呼」時都會好好的感謝支持的粉絲。而在看到很「炫」的「歡呼」時（花費了很多的「小奇點」），有些直播主甚至會用吼叫來表現他的感謝。試想，如果直播主收到一個價值 1 萬「小奇點」的「歡呼」，就代表他得到了100 美金的小費！而且「訂閱」是每個月有固定的上限，但是小費是沒有的。所以在運氣好的狀況下，直播主一個晚上收到的小費，可能就比一個月的訂閱費來得多（同上）。

　　當付出的價格等於用戶與直播主互動體驗的價值，所有打賞送禮的當下表徵的符號性消費，充滿了非理性的「物化」。當所有溝通形式立基在對符號的生產及互動，在此，受眾在過程中真實花費了時間與金錢，而愉悅往往僅能在互動的過程中得到短暫的滿足（Baudrillard, 1998）。

(四) 內疚、寂寞下的甘願消費

　　對於自己喜歡的直播主（網紅），粉絲會因為一直看免費直播，覺得內疚，進而願意掏錢出來「斗內」。在直播平台上與主播互動，觀眾會有一種在與別人視訊聊天的感受，而這種「陪伴」的感覺，正是寂寞的現代人所需要的。比起養寵物需要花費的時間、金錢與心力，觀看直播就簡單多了，且直播最方便的地方就是你只要「看」就好，還可以邊看邊做其他的事情（蘇嘉薇，2019 年 3 月 31 日）。《遠見雜誌》在 2006 年針對臺灣三大都會進行的「寂寞指數大調查」中發現，臺灣有 12.3% 的民眾常有空虛寂寞感，即全臺有超過 107 萬的寂寞男女，其中最寂寞的年齡層位於 40 至 44 歲的中齡族群，男性比女性更容易感到寂寞。這也解釋了為什麼在直播頻道上「斗內」很

多錢的觀眾都被稱為「乾爹」，以男性為多，排行榜上的直播主又為何以女性居多的原因。有趣的是，這種黏著於直播臺上的關注，除了填補現代人常有的寂寞空虛感外，愛上這種快感與安慰是會「上癮」的，時間一久，就會產生依賴感，很難從中抽離。在周而復始的產生內疚、寂寞之下，心甘情願的把錢砸出去，且可能越砸越多（蘇嘉薇，2019 年 3 月 31 日）。

(五) 彈幕、連麥下共創文本的集體記憶

傳統電視直播受限於硬體與傳播方式，只能單向的一對多；網路平台直播可以藉由留言板、彈幕、連麥，做到即時雙向互動（蔡孟傑，2016）。

彈幕是網路平台直播最大的創新。所謂的彈幕，就是觀眾能在觀看直播的過程中，發表自己的意見或發送禮物，能讓所有觀眾在看該直播內容的同時看到。透過滑動顯示的字幕或圖案，增加了互動性，也解決了透過手機螢幕看直播時無法看到留言的資訊或送禮物的情形。

至於連麥功能則實現了多人同時上麥說話的需求，滿足直播主與網友互動、朋友合唱、聊天、多人會談等情境的需要。受邀請的人可直接被連麥，連麥成功後即可與其他連麥成員進行多人說話與互動。

不管彈幕或連麥，對於直播主與觀眾來說，都體現了「協力共創」直播文本的效果，過程中除了互動的滿足，更體現了當下「共創文本」集體記憶的價值。

(六) 因為回饋，就會情不自禁的持續

消費理論上指陳，當使用者認為使用某項產品時會得到某些幫助時，會持續使用該項產品。對於閱聽人來說，看直播主玩遊戲和看體育賽事相同，打籃球的人如果球技高超，看的人也會感到過癮。同

理，如果直播主遊戲玩得好，看的人除了過癮，透過觀賞直播，可以學習到破關的技巧，提升自己的遊戲技能，當然就會繼續使用該平台，並且持續支持同一位實況主。因直播可以即時討論與互動，通常實況直播主在直播遊戲時，會在劇情的分歧點或是選擇道具時詢問觀眾的意見，大幅提升了遊戲的同樂效果。某些遊戲連接上直播平台，觀眾只需在聊天室留言關鍵的字眼，就可決定實況主一個要挑戰的關卡，觀眾還可以投票幫實況主選擇技能或是關卡，大大提升了觀眾的參與感（轉引自蘇嘉薇，2019 年 3 月 31 日）。

(七) 流量經濟讓帶貨、導購盛行

很多廣告主為了推廣產品，選擇一些大流量的主播，然後透過在這些直播間展示／點擊／購買等方式來和主播或平台達成一種合作。有一些主播會在直播的過程中，透過一些東西去引導觀眾購買，並達成成交量。例如淘寶的直播就是給客戶展示自己的商品，然後引導客戶去購買以達成成交量。

有些直播平台和一些遊戲商達成合作，要求主播在直播過程中透過玩遊戲來增加遊戲用戶，而且直播時還可以相應的對遊戲周邊及道具進行引薦。一些遊戲或體育直播主會在直播過程中與觀眾進行有獎競猜，且有獎競猜是提前付費下注的，就會與彩票的性質差不多，成為一種賭博方式（中央社，2017 年 4 月 26 日；破繭網絡科技，2019 年 1 月 11 日）。

(八) 藝人與直播主（網紅）交融

隨著網紅的影響力不斷擴散，「藝人」和「網紅」之間也開始產生一些共同性：越來越多網紅漸漸走上大螢幕，當導演、當演員、當配音員。在眼球中央電視臺擔任主播的視網膜，今年受邀出席 54 屆金鐘獎串場嘉賓，就是最好的例子。一些藝人因傾注心力經營社群平

台,或透過遊戲直播,提升了影音網站點閱率,更延續了自身品牌的生命周期與跨界成為網紅／直播主。像是占星專家唐綺陽從電視節目出道十六年後,透過網路平台,成為無人不知的國師(唐子晴,2019 年 10 月 31 日)。

藝人與直播主(網紅)交融的界線越來越模糊,素人變網紅,網紅變明星,明星又再現網紅的場域價值,更加吸引懷抱著「有志者亦若是」的社會眾生。

(九)「蹭」網紅、「蹭」流量成為行銷新趨勢

為了「蹭」流量,個體、組織與企業會與知名網紅一起聯播,協作共創文本。「蹭」網紅成為行銷捷徑,可以創造話題,帶動網路討論的聲量,提升行銷效益。是以,不管是政治人物、明星藝人、素人、小孩或小貓、小狗等,只要手握一支手機,打開鏡頭、登入 Facebook、Instagram、YouTube,人人都有機會成為直播主(網紅)。在網路時代,直播主(網紅)讓人人都可以是「明星」。而比起過去的「大明星」,他們更親切,與任何人、組織與企業有更多可以互動合作的樣態,翻轉我們過去對媒體內容產製的框架,當然也產生一些新的社會問題(唐子晴,2019 年 10 月 31 日)。

肆、直播主(網紅)的社會反思

一、為了流量,煽色腥內容充斥

進入 2017 年,越來越多的主播感嘆,那些刷刷顏值、聊聊天、賣個萌、撒個嬌就能吸引用戶打賞的日子一去不復返了。一些開始於 PC 端視頻聊天的秀場直播,曾經養活了很多直播平台,比如悶聲成長的 9158、YY 等。隨著映客、花椒的崛起,尤其是 2016 年的千播大戰,移動端成為秀場直播主戰場,卻也加速了它的衰落。行業競爭

加劇，內容同質化日趨嚴重，用戶對顏值經濟開始審美疲勞。而基於對流量的追逐，秀場模式不可避免地產生了很多低俗內容，這使得監管驅嚴，發展空間受限。另一方面，秀場直播單靠用戶打賞的變現模式也並不具有持續性。2017 年以來，映客、花椒、陌陌等平台低調改版，開始向泛娛樂轉型，花椒、陌陌傾向視頻社交，映客、鬥魚則加碼綜藝，相比純直播平台，泛娛樂的發展空間和流量入口明顯更豐富（創業邦，2018 年 6 月 22 日）。

在直播市場呈現火熱發展的情況，我們也看到有些 YouTuber 和直播主因為敢怒敢言、敢譙敢酸，情緒反應比電視評論節目更加直接，深受時下年輕人歡迎。但也由於發言過於嗆辣而頻傳爭議，衍生砸店、鬥毆等社會事件，甚至惹禍上身，過程還赤裸裸地在直播節目上演（陳俊智、王長鼎、陳宏睿、邱奕能、賴郁薇，2019 年 9 月 21 日）。

二、為蹭流量，寵物、小孩皆利器

自從有直播、短影片行業開始，泛娛樂領域的洗牌就從未停止過，網紅、KOL 優勝劣汰的現象十分明顯。網紅／直播主場域洗牌效應快，置入商品太超過或不實，市場淘汰率快，故場域競爭激烈，要永續經營並不容易。如以冷靜直率風格走紅的知名 YouTuber「OO太太」，由於精準犀利的談吐，加上「面癱」風格獨特快速竄紅，但 2019 年 2 月尚有百萬觀看數，滑落到 2019 年 9 月只剩 1、20 萬。主因在於其因狂接業配、商業性色彩太重，導致點閱率下滑，頻道的特色漸漸變淡，變得與其他人的特色區隔不明顯（東森新聞，2019 年 1 月 10 日）。

大陸知名網紅 Papi 醬，就運用了被視為流量「神器」貓咪在其影片裡，甚至為牠們開闢了專門的微博號，並在短短的時間內成功吸粉高達 60 萬（創業邦，2018 年 6 月 22 日）。

　　貓、狗的爭議較小，但有不少網紅／直播主是未成年的兒少族，大賣「萌」經濟。7 歲的萊恩是「萊恩玩具頻道」的主角，全球有 1,700 萬人訂閱，超過 260 億人次看他介紹、玩玩具。美國財經雜誌《富比士》（Forbes）調查統計，萊恩在 2017 年各種收入有 2,200 萬美元，是 YouTube 網紅的第一名（今日新聞，2018 年 12 月 4 日；海外華文客戶端，2018 年 12 月 10 日）。

　　13 歲，來自俄羅斯、被稱作「全世界最美的小女孩」Kristina Pimennova，在臉書有 426 萬人、Instagram 有 240 萬人追蹤，每一張照片都吸引數十、上百人。14 歲的荷蘭小女孩 Amira Willighagen 歌藝精湛，9 歲時唱義大利文歌曲「喔，我親愛的爸爸」的影片，在 YouTube 已經有超過 4,000 萬人欣賞。臺灣也有小網紅。9 歲的妞妞在網路上分享生活、玩具、有趣的事，NyoNyo TV 頻道有 70 萬人訂閱，總點閱數達好幾億（黃敦晴，2019 年 1 月 28 日）。

　　大孩子掛在網路上已是眾所周知，但《大西洋月刊》引述網路安全軟體公司 Family Zone 的數據指出，8 歲以下的小孩，有 65% 的上網時間都在看 YouTube。用戶在網路上的時間越多，網路明星的訂閱、追蹤人數、觀賞人次也會越來越多，小網紅已經是普遍的社會現象。小網紅是一種新的娛樂和新經濟活動，就像過去的童星一樣，更不用說，有些網紅來自無心插柳。香港和日本的調查也都發現孩子長大想當直播主。在美國甚至還有教大人怎麼打造小網紅的書，也有直接教孩子怎麼當網紅的夏令營（黃敦晴，2019 年 1 月 28 日；親子天下，2019 年 9 月 14 日）。

　　2019 年臺灣 100 大網紅人氣票選，第一名：蔡桃貴（211,846 票），是第二名蔡阿嘎的小孩，父親綁小孩的 IP 方式，相互拉抬人氣，延續父親的 IP 品牌生命周期（戰報，2019 年 10 月 9 日）。

　　但長大的這些網紅（童星）的小孩們，可能會討厭當初當小網紅被觀看注目、討論的經驗史，但在紅運與商機無限下，又有誰來尊重他們「說不」的權力。

三、超真實的價值混淆與迷思

　　後現代主義論者認為，個人在商品消費過程中，並不是真的要去選擇、購買或使用商品，而是要藉由對商品影響得到想像式的樂趣，並滿足現實生活中無從遭遇到的經驗，是一種心靈式的享樂主義（Baudrillard, 1998）。過程中，消費者藉著符號消費，閃躲社會秩序或階級控制來產生愉悅感，是一種相當特殊的嘉年華經驗，可以從陳腐的習俗、主流規範與僵化的生活型態中解放出來。消費者甚至可以挪用原始的符碼意涵，將訊息轉化為多義的開放性文本。就直播主（網紅）透過互動、討論、協力共創的文本內容，對閱聽眾來說，透過點擊、訂閱、打賞、購物等消費，閱聽人並不是催眠式被動消費主義的受害者，他們藉著積極的多義性解讀策略，以庶民文本顛覆舊有的廣告文本。

　　在互動交融的過程中，也許雜亂、不連續、瑣碎、拼貼，但這種符號的擬像真實，對他們來說，或許比真實更真實。學者將此種現象稱為「超真實」（hyperreality）（Baudrillard, 1998）。當透過媒體平台，所再現真實的模型或符號已被視為是真實的本身，甚至反客為主地取代了真實的地位，則真假難辨，價值混亂；是非成為相對價值時，則可能會挑戰了人類的理性與倫理法制。

問題與討論

1. 你想當網紅或直播主？讀完本文，你覺得自己應有哪些心理上的準備？

2. 面對網紅／直播主的商業模式，對於閱聽人的愉悅性消費，你的想法與意見為何？

3. 全媒體下，當擬像真實比真實還真實的社會現象，你覺得對社會有哪些影響？

參考資料

一、中文部分

中央社網站（2017 年 4 月 26 日）。〈YouTuber 很好賺？知名 YouTuber 這樣說〉，《中央社》。取自 https://www.cna.com.tw/news/firstnews/201704265009.aspx

中商情報網（2018 年 10 月 19 日）。〈直播平台收入模式是什麼？直播平台產業鏈分析〉，《每日頭條》。取自 https://kknews.cc/tech/rxm6zyn.html。

今日新聞（2018 年 12 月 4 日）。〈全球最吸金 Youtuber 是他！7 歲童靠「玩具開箱」狂賺 6.7 億〉，《Yahoo 新聞》。取自 https://tw.news.yahoo.com/%E5%85%A8%E7%90%83%E6%9C%80%E5%90%B8%E9%8-7%91youtuber%E6%98%AF%E4%BB%96-7%E6%AD%B2%E7%AB%A5%E9%9D%A0-%E7%8E%A9%E5%85%B7%E9%96%8B%E7%AE%B1-%E7%8B%82%E8%B3%BA-7%E5%84%84-040055859.html

林富美（2017）。〈互動、直播下的危機與轉機：自媒體潮下音樂產業的樣貌〉，《105 年流行音樂產業調查》。臺北市：文化部。

東森新聞（2019 年 1 月 10 日）。〈僅花 87 天就爆紅！理科太太靠「面癱」風格成最狂網紅〉，《東森新聞》。取自 https://news.ebc.net.tw/News/entertainment/147663

破繭網絡科技（2019 年 1 月 11 日）。〈細談直播行業的盈利方式〉，《每日頭條》。取自 https://kknews.cc/zh-tw/news/8qvlm3l.html

唐子晴（2019 年 11 月 2 日）。〈2019 台灣百大網紅榜單公布！這些人你認識嗎？你跟上時代了嗎？〉，《經理人》。取自 https://www.managertoday.com.tw/articles/view/58616?fbclid=IwAR0HrHlvD74g6YKQgA6r0klooI6sX7qGu2bO_Lp076wSBPSmBT5ObLrr41s

海外華文客戶端（2018 年 12 月 10 日）。〈7 歲娃靠玩玩具年賺 2200 萬稱霸 YouTube〉，《每日頭條》。取自 https://kknews.cc/zh-tw/entertainment/ky8zgnb.html

黃敦晴（2019 年 1 月 25 日）。〈席捲全球、不可不懂的社會現象：你的孩子想當網紅、直播主嗎？〉。取自 https://kknews.cc/zh-tw/news/

oej88m5.html

陳書榕（2017 年 11 月 10 日）。〈天貓雙 11 購物節，網紅半小時內吸金破億！「網紅」到底紅什麼？〉，《經理人月刊》。取自 https://today.line.me/tw/pc/article/%E5%A4%A9%E8%B2%93%E9%9B%9911%E8%B3%BC%E7%89%A9%E7%AF%80%EF%BC%8C%E7%B6%B2%E7%B4%85%E5%8D%8A%E5%B0%8F%E6%99%82%E5%85%A7%E5%90%B8%E9%87%91%E7%A0%B4%E5%84%84%EF%BC%81%E3%80%8C%E7%B6%B2%E7%B4%85%E3%80%8D%E5%88%B0%E5%BA%95%E7%B4%85%E4%BB%80%E9%BA%BC%EF%BC%9F-91VR9V

陳順孝（2018 年 1 月 25 日）。〈從「新媒體」的五個創新談起〉，《Medium》。取自 https://medium.com/actionquarterly-pts/%E5%85%AC%E8%A6%96%E5%89%8D%E9%80%B2-%E5%85%A8%E5%AA%92%E9%AB%94-c219a725b102

陳俊智、王長鼎、陳宏睿、邱奕能、賴郁薇（2019 年 9 月 21 日）。〈引發街頭大亂鬥、累癱警察的直播主　通常都有這背景〉，《聯合報》。取自 https://theme.udn.com/theme/story/6773/4059801

張嘉祐（2019 年 7 月 4 日）。〈網紅時代崛起 - 如何運用網紅擴大行銷效益〉，《管理知識中心》。取自 https://mymkc.com/article/content/23170

創市際（2017 年 7 月 23 日）。〈台灣直播市場調查：網友直播看什麼？〉，《動腦新聞》。取自 http://www.brain.com.tw/news/articlecontent?ID=45124&sort=#OoD03pI4

戴羽（2019 年 6 月 12 日）。〈內疚，是最好的行銷手法！網路「直播主」4 種賺錢方法，也可運用在你我的產品〉，《創新拿鐵》。取自 https://startuplatte.com/2019/06/12/how-online-streamer-make-a-living/

創業邦（2018 年 6 月 22 日）。〈Papi 醬養貓吸粉？網紅經濟開始面臨內容流量危機〉，《創業小聚》。取自 https://meet.bnext.com.tw/articles/view/43167

楊伶雯（2018 年 12 月 26 日）。〈直播產業看到瓶頸各家急拚轉型〉，《經濟日報》，取自 https://money.udn.com/money/e404?nver

維基百科（2019）。2020 年 1 月 1 日下載於 https://zh.wikipedia.org/wiki/%

E7%B6%B2%E7%B5%A1%E7%B4%85%E4%BA%

維基百科（2020）。2020 年 1 月 1 日下載於 https://zh.wikipedia.org/wiki/%
E7%B6%B2%E8%B7%AF%E7%9B%B4%E6%92%AD

蕭閔云（2019 年 10 月 14 日）。〈2019 台灣 100 大網紅人氣票選 Top
15〉，《數位時代》。取自 https://www.bnext.com.tw/article/55025/100-
kol-election-battle-report

親子天下（2019 年 9 月 14 日）。〈孩子想當網紅、直播主，該有什麼準備？
先和孩子討論這四件事〉，《每日頭條》。取自 https://kknews.cc/zh-
tw/news/oej88m5.html

蔡孟傑（2016）。〈網紅經濟，直播大趨勢〉，《能力雜誌》。取自
https://www.inside.com.tw/article/7463-go-live-now

蘇嘉薇（2019 年 3 月 31 日）。〈大直播時代來臨　你準備好了嗎〉，《喀
報》。取自 https://castnet.nctu.edu.tw/castnet/article/13597?issueID=720

EBC 東森新聞影音（2019 年 9 月 21 日）。〈刷整排漢堡！全台直播主約 4
千人　年產值破百億〉。取自 https://today.line.me/tw/pc/article/%E5%8
8%B7%E6%95%B4%E6%8E%92%E6%BC%A2%E5%A0%A1%EF%BC
%81%E5%85%A8%E5%8F%B0%E7%9B%B4%E6%92%AD%E4%B8%
BB%E7%B4%844%E5%8D%83%E4%BA%BA+%E5%B9%B4%E7%94
%A2%E5%80%BC%E7%A0%B4%E7%99%BE%E5%84%84-2RPxDO

二、外文部分

Baudrillard, J. (1998). *The consumer society: Myths and structure*. London,
UK: Sage.

Part 5
公民實踐與參與

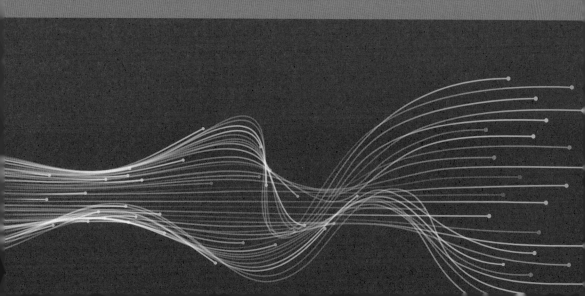

第十六章

臺灣也有好媒體：網路時代媒體素養教育的內涵與資源

陳順孝

🏛 壹、導論

　　我國教育部在 2002 年公布《媒體素養教育政策白皮書》，強調要培養公民五項能力：瞭解媒體訊息內容、思辨媒體再現、反思閱聽人意義、分析媒體組織、影響和近用媒體。白皮書界定的媒體是報紙、電視、廣播、雜誌等大眾媒體，對公民角色的界定偏重接收資訊的閱聽人，整份白皮書的內涵可以歸結為：批判性理解大眾媒體，培養耳聰目明閱聽人（教育部，2002）。

　　然而，就在白皮書公布的 2002 年底，臺灣網路社群「藝立協」開始推廣部落格（blog），之後，Twitter、YouTube、Facebook、Instagram、Line、Dcard、TikTok 先後普及，加上歷久不衰的 PTT，公民使用這些免費、簡單、強大的網路工具來發送訊息、自創媒體，已經從被動接收訊息的閱聽人（audience），蛻變成既能收訊也能發訊的創用者（prosumer、producer 和 consumer 之縮寫，又譯生產性消費者）（Tapscott & Williams, 2007／王怡文譯，2007）；而媒體型態，也從報紙、雜誌、廣播、電視等傳統大眾媒體，擴及網路上新興的社群平台、中小媒體、個人媒體等多樣型態。

　　換言之，在網路衝擊下，公民角色從閱聽人進化成創用者、媒體型態從大眾媒體擴及多樣媒體。這時，「批判性理解大眾媒體，培養耳聰目明閱聽人」的媒體素養教育內容，顯得狹隘、被動，有必要因應傳播生態的變化，擴大視野、反守為攻。

　　美國圖書館院校與研究學會（Association of College and Research Libraries，簡稱 ACRL）因此推廣資訊素養（Information Literacy）。它將資訊素養分為五級：第一級是確認所需資訊，第二級是尋獲所需資訊，第三級是評估資訊，並將資訊整合進自己的知識及價值系統，第四級是有效使用資訊，達成特定目的，第五級是合法且合乎倫理地接近和使用資訊（轉引自 Livingstone, et al., 2008）。

　　李文斯頓等人（Livingstone, et al., 2008）進一步結合媒體素養和資訊素養，倡議新媒體素養（New Literacy）。他們認為，媒體素養著重批判性理解、資訊素養著重接近使用，但當新傳播科技普及後，兩者界線已經逐漸模糊，而且不約而同開始關注「創造」，亦即主動創造資訊來參與社會。因此，新媒體素養兼顧批判理解、接近使用、創造資訊三者。

　　聯合國教科文組織也結合媒體素養和資訊素養，在 2013 年發表《全球媒體與資訊素養評估架構：國家狀況與能力》（UNESCO, 2013），提出「媒體與資訊素養」三要素：一是近用（access）：瞭解需求，從多種來源中搜尋、獲取、存儲資訊與媒體內容；二是評估（evaluation）：理解、評估、評價和組織資訊與媒體內容；三是創造（creation）：創作資訊、媒體內容或知識，與他人交流、溝通，實踐民主參與，並監督資訊、媒體內容和知識生產。

　　筆者認為，結合媒體與資訊素養，兼顧近用、評估、創造，才能因應創用者崛起、多樣媒體爭鳴的新傳播時代。因此，本文採用聯合國教科文組織的「媒體與資訊素養」概念，以近用、評估、創造三大要素，作為分析架構；但為行文方便，將聯合國教科文組織所稱的資訊、媒體內容、知識，統稱為訊息。以下分為近用訊息、評估訊息、創造訊息三節討論。

貳、近用訊息

　　聯合國教科文組織「媒體與資訊素養」評估架構的第一要素是近用，也就是能夠釐清自身需求，然後運用適當科技，從印刷、視聽和數位等多種來源中，篩選出有用的訊息來滿足需求的能力。以下分為釐清需求、擴增來源、篩選訊息三部分討論。

一、釐清需求

人們接收媒體內容，是為了滿足需求，但人們的需求是什麼？

1945 年夏天，紐約報紙派報員罷工兩個多星期，當時有學者柏羅森（Bernard Berelson）調查人們無報可讀的心情，從而推斷出讀報的八個動機：要明瞭關於公眾事務的消息和解釋、尋找日常生活的指導、為了消遣、為了增廣見識以提升社會聲望、獲知名人動態來和名人間接「交往」、閱讀本身被認為是一件好事情、要維護安全感、讀報已變成一種欲罷不能的儀式（徐佳士，1987，頁 56-59）。

這八個動機歸納起來，與學者提出的傳播四大功能若合符節（Schramm & Poter, 1982／余也魯譯，1990）：一是守望：探測環境中的威脅和機會，來瞭解公共事務、維護安全感，如颱風會不會登陸、股價會漲還是跌、美中貿易戰對臺灣是利是弊；二是決策：尋求生活、選舉等層面的指引，如因應 COVID-19（新冠肺炎）出門要不要戴口罩、總統大選應該投票給誰；三是教育：學習經驗和智慧，增廣見識，如 COVID-19 等傳染病為何會快速傳遍全世界、黑洞的真實樣貌為何；四是娛樂：取得休閒和聊天的話題，用來消遣、「結交」名人、享受閱讀，如阿根廷拾荒女選秀封后變名模、蔡英文喜歡自己開車。

基於上述，我們可以將人們近用媒體的需求歸結為四點：探測威脅和機會、尋求決策指引、學習經驗和智慧、獲取休閒和談資。釐清這四大需求之後，人們需要從多重來源中，找尋內容正確、建議明智、知識扎實、娛樂健康的新聞媒體來滿足需求。

二、擴增來源

什麼媒體能夠滿足人們正確探測威脅與機會、得到明智的決策指引、學到扎實的經驗和智慧、獲取健康的休閒和談資等四大需求？

臺灣的商業媒體大多難以勝任：守望環境，應該核實訊息，卻

競相報導未經查證的即時新聞，經常出錯；幫助公眾做抉擇，應當專業超然，卻經常接受政商資助，製播有利於出資者的新聞（也就是業配、置入性行銷），淪為政商宣傳工具；傳承經驗和智慧，理應傳遞人文正向知識，卻常炒作過瘦名模、母親節購物新聞，誤導健康、孝親觀念；提供娛樂，應該寓教於樂，卻常拿女性身材、原住民口音當笑料，助長物化、歧視。《天下雜誌》2003 年國情調查就發現，「媒體煽動、炒作新聞、誇大負面訊息」是僅次於政黨惡鬥的臺灣第二大危機。

　　所幸，臺灣還有公共電視，以及堅持新聞專業的商業媒體，如《天下雜誌》、《財訊》、《商業周刊》等。此外，隨著網路普及，也有越來越多拒絕政商干預、堅持專業報導的新聞人上網創辦獨立媒體、個人媒體，部分大眾媒體也啟動內部創業，創辦子網站來探索新可能，這些新創媒體不僅延續新聞專業傳統，而且還在報導題材、編寫手法、敘事形式上不斷創新突破，為新聞專業開拓新路，它們也可以滿足人們守望、決策、學習、娛樂的四大需求。

　　那麼，優質新創媒體有哪些？到哪裡去找？資深記者兼部落客關魚曾整理「另類媒體大全」（關魚，2014 年 1 月 13 日）、網路社群 g0v 列舉「獨立媒體清單」（g0v，年不詳）、筆者也曾條列「台灣『獨立媒體』群英榜」（陳順孝，2017 年 6 月 18 日）。以下即以這三份清單為基礎，增補更新，分類列舉臺灣仍在運作的優質網路新創媒體：

　　1. 議題綜合媒體：關注中、港、臺政治和社會議題的《端傳媒》；深耕環境、人權和政經議題的《報導者》；導讀公共議題的《關鍵評論網》；以二十張圖文解析一個複雜事件的《了概》；強調新聞專題和資訊視覺化的鏡傳媒集團《Readr》；深耕社會問題與對策的聯合報系《願景工程》；推動新聞策展和數位敘事的公視《P# 新聞實驗室》。

　　2. 社會議題類媒體：關注社會運動的《焦點事件》、《苦勞

網》、《公民行動影音紀錄資料庫》、公視《PNN公視新聞議題中心》；探討環境保護議題的《環境報導》、《環境資訊中心》、《低碳生活部落格》；深耕農業議題的《上下游》新聞市集；專攻食安議題的《食力》；監督立法院議事的《國會無雙》；探討技職教育和國家人力資源政策的《技職3.0》；倡導社會企業的《社企流》；引介非營利組織新知的《公益交流站》；改善動物在馬路上被撞死困境的《路殺社》；致力於動物保育的《台灣動物新聞網》。

3. 國際議題類媒體：發掘和翻譯國際主流媒體忽略的社會議題的《全球之聲》；專攻韓國政治議題的《韓半島新聞平台》；以中英文雙語展現臺灣及亞太基進觀點的《破土New Bloom》；分享土耳其資訊的《土女時代》；專注非洲國家和議題的《wowAfrica阿非卡》；報導臺灣人在全球各角落奉獻故事的《世界微光》；以及深度導讀國際要聞的聯合報系《轉角國際》、天下雜誌集團《換日線》、蕃薯藤《地球圖輯隊》。

4. 科技科普類媒體：推動科學知識普及的《泛科學》；以臺灣觀點分析科技商業策略的《科技島讀》；用「人話」介紹區塊鏈產業趨勢的《區塊勢》；以科技產業、管理、數位媒體出版為核心的《吐納商業評論》；關注社群媒體、行動網路、行銷、技術、創業的《Inside》；探索能源、金融科技、生物科技、物聯網、工業4.0的《泛科技》。

5. 生活風格類媒體：體育影音頻道《翊起運動》；剖析影視產業議題的《娛樂重擊》；專注臺灣、日本和亞太米食圈旅遊資訊的《旅飯》。

6. 性別媒體：推動性別平權的《網氏／罔市女性電子報》；討論女性權益、職涯、時尚等議題的《女人迷》；分享女性生命故事、推動特殊境遇族群生活及經濟改善計畫的《她渴望》。

7. 族群媒體：報導原住民議題的《Mata·Taiwan》；關懷移民移工的《移人》；以越南、泰國、印尼、菲律賓、日本語言和中文報

導外籍勞動者議題的《GWO Taiwan News》。

8. 社區媒體：基隆《雞籠霧雨》；新北市《SHOCK 三峽客》；桃園《夭夭》；新竹《貢丸湯》、《風起 Uprisings》；南投《大埔里＠報》、《大埔里生活網》；嘉義《Something》；高雄《阿公店溪社區雜誌》；《宜蘭新聞網》；以及立足南部的《透南風》；關注各地社區福利發展的《社區力點線面》；各地公民記者發聲的公視《PeoPo 公民新聞平台》；培訓在地獨立媒體人的《串樓口》。

9. 世代媒體：強調高齡創意生活的《安可人生》；中學生串聯發聲的《囧語》；讓小學生當記者的《報小子》。

10. 知識轉譯類媒體：是各領域專家將本行知識進行轉譯，與社會對話，並以本行觀點探討社會議題。例如《哲學哲學雞蛋糕》、《芭樂人類學》、《巷仔口社會學》，《菜市場政治學》、《白經濟》、《歷史學柑仔店》、《故事：寫給所有人的歷史》、《法律白話文運動》、《花惹法理學》、《科技農報》，以及轉譯臺灣史的《台灣吧》，倡議醫療公共性的《公醫時代》，關注媒體議題的《共誌》、《逆思》，普及地震知識的《震識》，以及中研院科普媒體《研之有物》。

這八十家優質網路媒體小而專業，分進合擊，可以填補臺灣大眾媒體在國際新聞、地方新聞、弱勢議題等等領域的不足。公民若能放寬視野，將小而多元的優質網路媒體納入新聞來源，從中挑選符合志趣的來閱讀，就能獲得獨立、可信、準確、廣泛的訊息，可以切合守望、決策、學習、娛樂的需求。

三、篩選訊息

然而，縱使我們知道在亂源媒體之外，還有八十家優質媒體，但要如何一次看完這麼多媒體？

可以使用 RSS 閱讀器，RSS 全名為 Really Simple Syndication，亦即簡易資訊聚合，可以把網頁文章標題、摘要、內文按照訂戶要

求，傳送到訂戶的電腦或手機上。常見的 RSS 閱讀器包括 Feedly、Inoreader、NewsBlur 等，筆者使用 Feedly 每天閱讀超過一百家媒體，包括上述八十家優質媒體中的大部分，以及其他國內外優質的傳統媒體和新創媒體。

1. 用 RSS 閱讀器訂閱網站很簡單：當我們看到一個好網站，例如《報導者》，可以將它的網址複製，貼到 RSS 閱讀器（如 Feedly）的「follow new sources」區，按下確定就完成訂閱；從此，不必再到《報導者》網站，只要打開 Feedly，《報導者》更新任何一則新聞，標題和摘要都會傳送到 Feedly。筆者用這個方法，最多曾訂閱三百多個網站，後來逐步精簡到一百多個。現在，筆者打開 Feedly，只需零點幾秒，就能立刻看到這一百多個網站最新文章標題，點擊標題就能閱讀內文，彷彿個人專屬時報。在群媒並起的網路時代，每個讀者都需要也可以輕鬆建立個人專屬時報。

RSS 閱讀器能夠幫我們一次訂閱大量網站，但有少部分網站不支援 RSS，而且在上述八十家優質媒體之外，有時也會出現好文，這時，我們可以利用好友分享、社團共享、關鍵字追蹤來補 RSS 的不足。

2. 好友篩選：可在 Facebook 等社群媒體、Twitter 等微網誌上尋找自己的師友、信賴的意見領袖，將他們加為好友，接收他們最新張貼的訊息。若 Facebook 好友太多，好文分享與社交資訊（如祝賀生日快樂、分享貓狗動態）混雜，可以另建優質資訊清單，做法為：點選 Facebook 右上方「首頁」、再點左下方「朋友名單」、再點中上方「建立新名單」，就可以將最言之有物的好友放進這個新名單，藉由他們得知許多值得注意的消息、文章、社會動態。以筆者為例，Facebook 好友達 5,000 人，但用此方法建立名為「情報網」的新名單，只精選 127 位放入「情報網」中，平日看 Facebook，先看「情報網」，有空再讀動態消息，就能更有效率地讀到好友分享的優質文章。

圖 16-1　將想訂閱的網站（如《報導者》）網址貼到 Feedly「follow new
　　　　sources」區，按確定完成訂閱（上圖）；從此，只要訂閱的網站（如
　　　　《報導者》）更新新聞，標題都會出現在 Feedly（中圖）；筆者用此
　　　　方法訂閱一百多個網站，建構成個人專屬時報（下圖）。

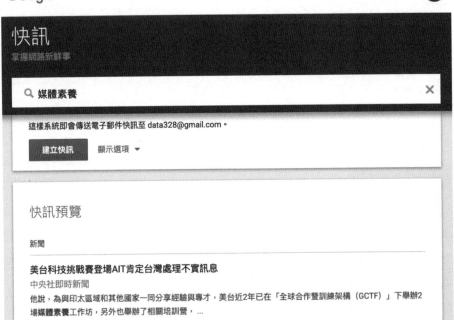

圖 16-2　在「Google 快訊」鍵入關鍵字，如媒體素養，此後，一旦 Google 能
　　　　　夠檢索到的任何文章提到這個關鍵字，Google 便會自動寄發電郵通
　　　　　知你。

　　3. 社團交流：我們還可以加入網路社群，與志同道合的朋友一起
採集、分享、討論訊息。例如筆者關心國內外新媒體的發展，但個人
能蒐集的訊息有限，就加入 Facebook 公開社團「新媒體研究所」，
與 24,000 多位同好共同交流新媒體動態。

　　4. 關鍵字追蹤：我們還可以用「Google 快訊」追蹤所需訊
息，做法為：在「Google 快訊」鍵入關鍵字，如「媒體素養」、
「NCC」、「蔡英文」，從此以後，一旦 Google 能夠檢索到的任何
文章提到這些關鍵字，Google 就會自動寄發電郵通知你去看。

　　總之，RSS 訂閱、好友篩選、社團交流、關鍵字追蹤，可以幫

助使用者建立個人情報網、個人專屬時報，從散居網路各處的眾多來源中，快速找到符合自己需求的訊息。一個訊息如果真的重要、真的切合需求，就會被關鍵字追蹤到、好友注意到、好站討論到，使用者只要打開電腦，開啟個人情報網、個人專屬時報，這些訊息就會自己找上門，不需使用者苦苦追尋。

參、評估訊息

　　聯合國教科文組織「媒體與資訊素養」評估架構的第二要素是評估，評估是對訊息以及訊息提供機構的職能和作用進行理解、分析和評價的能力，包括對各種事實的比較、從各種觀點中分辨事實、區辨新聞和舊聞、發現潛在的意識型態和價值、評估訊息的質量（如精確性、關聯性、時效性、完整性）；也包括瞭解媒體機構、媒體專業人員、訊息提供者的本質、功能和運作方式，以及媒體公司、訊息提供者所受到的政治、經濟、社會控制。這是傳統媒體素養教育的重心所在。本文限於篇幅，聚焦討論三點：評估真偽、評估立場、評估偏見。

一、評估真偽

　　用 RSS 訂閱優質網站，透過好友篩選、社團交流、關鍵字追蹤，以及從其他管道採集來的訊息，仍需進一步評估、查核，才能確保真實可信。

　　查核真偽要先區辨「錯誤報導」和「假訊息」。錯誤報導是內容有錯誤，但既非刻意、也沒惡意，例如將新聞主角的姓名寫錯、照片登錯，如 2003 年《蘋果日報》頭版刊出十大通緝要犯照片，沒想到登錯了一張，把無辜的前立委邱俊男當成逃亡的前國代謝東松，害邱俊男被接獲舉報的警方荷槍實彈圍捕（朱明、黃泊川，2003 年 11 月

20 日；唐秀麗、高年億，2003 年 11 月 21 日）。

假訊息（Disinformation）不僅是內容錯誤，而且是故意捏造、刻意散播，用來獲取政治或商業利益，有時更來自境外勢力。例如 2018 年，燕子颱風侵襲日本關西機場，包括臺灣、中國在內的多國旅客受困機場，這時，有人在中國大陸微博捏造假訊息，宣稱中國駐日機構派巴士優先接出中國公民，臺灣人「只要你覺得自己是中國人就可以上車跟祖國走」，結果引發輿論對臺灣駐日官員的誤解和攻擊，最後逼得駐日官員蘇啓誠自殺（台灣事實查核中心，2018 年 9 月 15 日）。

錯誤報導是新聞工作上難以完全避免的失誤，假訊息則是惡意捏造散播的新聞恐怖攻擊，必須嚴肅識別、防範。要識別假訊息，一來需要提升自己的識別力，二來可以善用網路群體智慧來破解。

在個人識別方面，國際圖書館協會聯盟提出八個判準：(1) 評估報導的媒體是否權威？(2) 查核作者是否可信賴？(3) 檢查發布日期是否是舊稿新用？(4) 摒除偏見，反思自己是否輕信和自己立場相符的訊息？(5) 詳細閱讀，看看是否有題文不符的狀況？(6) 檢視內容引述的資料來源是否可信？(7) 這是混充新聞的笑話嗎？(8) 向專家請教（IFLA, 2018, November 21）。Facebook 則建議十點：(1) 對標題持懷疑態度；(2) 仔細留意連結；(3) 調查新聞來源；(4) 注意不尋常的格式；(5) 檢查照片；(6) 檢查日期；(7) 查核證據；(8) 參考其他報導；(9) 真報導還是笑料網站；(10) 只分享可信的新聞（Facebook，2018 年 11 月 21 日）。我們可以藉助這些判準進行識別。

在群體識別方面，隨著假訊息議題日受重視，臺灣也出現多個事實查核組織：「台灣事實查核中心」是由台灣媒體觀察教育基金會與優質新聞發展協會共同募款成立，聘僱專人以專業程序進行查核，是臺灣最早獲得國際事實查核聯盟認證的團隊；「MyGoPen」是竹科工程師 Charles 創辦的查核網站，也獲得國際認證；「Cofacts 真的假的」是在 Line 上提供闢謠功能的聊天機器人團隊，由業餘的素人

集體協作，發掘可疑文章，查核後回應，讓使用者可以在 Line 上查用；「蘭姆酒吐司」則是拍攝闢謠影片的團隊。

當我們遇到可疑新聞時，可以到上述團隊的網站去查詢是否已經有人查出真偽；我們也可以安裝 AI 對話機器人「美玉姨」，在第一時間過濾假訊息。「美玉姨」是旅居香港的工程師徐曦開發的對話機器人，連結「Cofacts 真的假的」資料庫，只要邀請「美玉姨」加入 Line 群組，群組裡若有人貼出已被「Cofacts 真的假的」查核出的假訊息，「美玉姨」就會立即回應「這是謠言」，避免使用者上當（邱偉淳、鍾建剛，2019 年 3 月 25 日）。

我們可以藉助「美玉姨」來過濾假訊息，也可以加入「Cofacts 真的假的」當志工，一起查核訊息真偽。

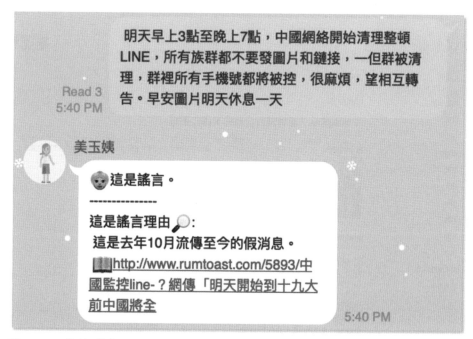

圖 16-3　邀請「美玉姨」加入 Line 群組，群組裡若有人貼出假訊息，「美玉姨」就會立即回應「這是謠言」……。

二、評估立場

查核眞僞之外，也要解析媒體訊息的立場。媒體很少故意造假，但經常只報導部分事實來反映老闆的立場。

2019 年 11 月 22 日，郭台銘到土城輔選自己推薦的立委候選人李縉穎，他透露曾告訴國民黨主席吳敦義，反正國民黨在同區提名的林金結不會贏；郭台銘隔天要幫另一區的國民黨候選人林國春站台，表示國民黨立委多選上幾席不是壞事。當天，《自由時報》標題說：「私會吳敦義　郭台銘：我跟他說『反正林金結也不會贏』」，凸顯郭台銘與國民黨分道揚鑣的一面（周湘芸，2019 年 11 月 22 日）；《聯合報》標題則是：「與藍還有聯絡　郭台銘：國民黨立委多選幾席不是壞事」，凸顯郭台銘與國民黨合作的一面（魏翊庭，2019 年 11

圖 16-4　用 Google News 看新聞，可以同時看到各家媒體對同一則新聞所下的不同標題、所做的不同詮釋。

月 22 日）。

2014 年 6 月 18 日，李登輝評論蔡英文「理性感性兼具」，但「第一缺的是幕僚，第二個是要有勇氣」。《自由時報》報導此事的標題說：「李登輝讚蔡『感性理性』兼具，另提二建議」，凸顯李登輝對蔡英文的肯定（自由時報，2014 年 6 月 18 日）；《聯合報》的標題則是：「李登輝：蔡英文缺幕僚與勇氣」，凸顯李登輝對蔡英文的質疑（鄭宏斌，2014 年 6 月 19 日）。

這樣的例子不勝枚舉，媒體只凸顯部分事實來反映其立場，讀者若只看一家媒體，就容易被媒體誤導認知，難以看見事件的全貌。要解決這個問題，以前需要同時購買立場不同的多家報紙來評比，費時費力，現在只需要上 Google News 就能快速綜覽各家媒體報導的異同，從中瞭解各家媒體的偏向，並且拼湊出比較完整的事實圖像。

三、評估偏見

媒體凸顯的部分事實，有時會對特定族群——特別是弱勢族群——貼標籤，形成偏見、歧視。

例如 1997 年綁架殺害白曉燕的要犯陳進興，逃亡期間潛入南非武官官邸挾持其家人，警方維安小組進入官邸埋伏，當時一家報紙報導：「在埋伏期間，維安小組看著侯友宜獨自將受傷人質救出。人質之一的小女兒克莉絲汀下樓如廁時，曾發現維安小組在屋中，但機警的克莉絲汀主動將食指放在嘴唇，做出噤聲的動作；四名原住民出身的維安隊員不會講英語，以手勢比比自己的 HKMP5 衝鋒槍，示意克莉絲汀打探陳進興擁有的火力……」這四位維安隊員確實是原住民，但刻意凸顯「原住民出身的維安隊員不會講英語」，反映作者對原住民的歧視。事實上，嫻熟英語的原住民大有人在。

又如報紙經常出現「驚悚女精神病患　強壓病友臉盆溺斃」、「重度精神病婦人　深夜持刀傷老母」、「精障男暴怒拿安全帽 K

社工」、「精異男抓狂　當街砍傷2外國人」、「精障男凌虐陸妻吊起來毒打」、「精障男酒醉路倒　追砍救護員」之類的標題，凸顯施暴者的精神障礙背景，讓人覺得精神障礙者比較有暴力傾向；可是當非精障者做出同樣行為時，媒體標題從來不會寫「非精障者」施暴。事實上，精障者比非精障者更溫和，前衛生署醫政處處長薛瑞元曾表示，精神醫學的統計顯示，心智障礙者攻擊他人的比例只有一般人的三分之一（孫一信，2007 年 9 月 19 日）。

國際新聞亦然，當偏激的穆斯林犯下惡行時，媒體經常以「回教恐怖份子」、「伊斯蘭恐怖份子」稱呼他們，凸顯他們的宗教背景；可是當一位挪威凶嫌屠殺 92 人，儘管他自稱是保守派基督教徒、痛恨伊斯蘭教和穆斯林，歐美和臺灣卻沒有媒體稱呼他「基督教恐怖份子」，而是稱之為「極右派凶嫌」，忽略他的宗教背景（公視新聞，2011 年 7 月 24 日）。這反映媒體對伊斯蘭教的偏見，教宗方濟各就明確表示，《古蘭經》是和平典籍，「把對恐怖主義的憤怒轉移到伊斯蘭教，真是大錯特錯」（簡嘉宏，2014 年 12 月 1 日）。

注意媒體凸顯哪一部分事實，是否會對特定族群構成歧視、誤解，也是評估訊息時的必要考量。

總之，我們閱聽訊息時，有必要評估真偽、評估立場、評估偏見，確保所有新聞和訊息正確、周延、公義。

肆、創造訊息

聯合國教科文組織「媒體與資訊素養」評估架構的第三要素是創造，也就是自行創建訊息，以此和他人進行有效的溝通，並且去參與和監督民主過程。如前所述，公民使用 Blog、Twitter、YouTube、Facebook、IG、Line、Dcard、抖音、PTT 等工具做媒體、報新聞，已經從閱聽人蛻變成創用者。創用者既能接收訊息，也能創作訊息，並且從創作訊息過程中，體會新聞產製的奧妙、補正大眾媒體的偏

失、參與民主社會的對話。以下分為體會產製、補正媒體、參與社會三部分討論。

一、體會產製

創造訊息的過程，可以幫助創用者體會新聞內容產製的幽微之處，增進他解讀新聞、瞭解媒體的能力。

筆者在大學新聞傳播學系任教，每年要求學生創辦自己的媒體。曾有一組學生半開玩笑說想創辦本系的《壹週刊》，筆者同意。期末，這組學生的創刊報告最長、最深、最嚴肅，因為他們作為本系《壹週刊》，想要抨擊系學會迎新晚會辦得爛、抨擊某某老師上課打混，可是執筆時卻不禁想到，系學會會長是我好友，這一罵以後如何相處？我罵某某老師，若他上網看到了，會不會當掉我？學生親身體會的其實是每個記者都會碰到的人情和權力，學生體會在人情、權力和報導真相之間的拉鋸，對他們解讀同樣處境記者的報導會大有幫助。

二、補正媒體

當公民具備創造訊息的能力，媒體報導若有疏漏或錯誤，公民可以自製報導來補充、導正媒體。

2016 年 9 月，強颱莫蘭蒂侵襲臺灣，花蓮連日豪雨，許多農田慘遭淹滅，損失慘重。暱稱「小劍劍」的青年農夫謝銘鍵用搞笑手法自製受災影片，他在雨中游泳進入水淹及胸的稻田，拔出一株泡水的稻子，說明當時正逢出穗期，稻子泡水會造成「空包彈」、沒收成，他配樂自嘲「我想哭，但是哭不出來」，希望相關單位能夠解決排水問題。影片放上他的 Facebook 粉絲專頁，超過百萬人次觀看，大眾媒體紛紛引用報導。謝銘鍵說：「我們受災，卻沒人報導，好，你們不報導，身為農民的我自己來報導。」（謝銘鍵，2016 年 9 月 15 日；

中廣新聞網，2016 年 9 月 16 日）

2007 年 10 月，某家報紙報導無家可歸的遊民靠舉廣告牌維生，一天工資只有三百元，還說遊民拿到工資「通常就買兩瓶米酒跟一個便當」。遊民阿貝、阿祝、阿隆等人看了又氣又怕，氣的是報紙把他們影射爲酗酒者，怕的是實際上一天八百元的工資，在報紙誤報爲三百元後，雇主會趁機壓低工資。阿貝、阿祝、阿隆和社工郭盈靖、志工戴瑜慧等人討論對策，決定在公視《PeoPo》公民新聞平台成立《漂泊新聞網》，他們借來攝影機、找人教導影音製作技巧，自行採訪、拍攝、剪輯、播報影音新聞「街友舉牌實錄」，呈現遊民冒風舉牌的辛苦、說明實際工資金額，結果吸引 28,000 多人次瀏覽，連公視都轉播這則報導。阿貝說：「很感動！我們可以做出來，讓社會聽見我們的聲音。」（戴瑜慧、郭盈靖，2012）

三、參與社會

公民創造訊息，也可以提出自己的主張，與他人溝通，參與社會革新。

2019 年大學學力測驗公布成績前夕，高雄中學和高雄女中等校學生聯合發表「終結放榜新聞：拒絕成功模板，停止製造神話」專文，質疑媒體每年炒作「哪間學校有多少個滿級分」，彷彿「成功」就只有那個樣子，學生的生命裡就只有這點可取。他們邀請高中校長連署，不主動提供學生成績給媒體報導，希望終結升學主義對成功的狹窄定義。這個行動得到多所高中校長連署，也贏得社會輿論支持，高中生的發聲行動，有效與社會溝通，改善了媒體的不當報導（張益勤，2019 年 2 月 23 日）。

總之，公民自行創造訊息，與他人溝通，可以體會新聞產製奧妙之處、補正媒體報導的偏失、參與社會的民主革新。

若需學習創造訊息的知識和能力，公共電視「PeoPo 教育資源

圖 16-5　「PeoPo 教育資源網」有豐富的教材，能夠幫助非新聞系所學生快速
　　　　　學會自製新聞的基本要領。

網」可供參考，這個網站提供包括「公民記者 123」、「公民記者經
驗分享」、「一分鐘影像說故事」、「拍片上手的技巧」、「地方議
題分享」、「公民新聞論壇」，以及彙整新聞專家演講的「PeoPo 講
堂」，可以幫助非新聞系所學生快速入門。

伍、結論

　　總之，媒體素養教育應該與時俱進。當媒體從大眾媒體獨大變成
多樣媒體並起、當公民從被動接收資訊的閱聽人變成既能接收也能發
送訊息的創用者，媒體素養教育的重心也應該從「批判性理解大眾媒
體」擴及「近用、評估和創造訊息」。

　　近用、評估和創造訊息的媒體素養，鼓勵公民反守為攻。不只接
收大眾媒體提供的一般性訊息，還可以上網從多種媒體、多樣來源中
尋求切合個人需求的獨特訊息；不只靠個人知能來評估訊息，還能藉
助網民集體力量和群體智慧一起來評估訊息的真偽、立場、偏見；不
只接收訊息瞭解世界動態，還能發送訊息來和他人溝通、參與社會革
新、導正媒體偏失。

　　換言之，在大眾媒體與網路媒體共存共榮、個人智能和群體智慧
互助互補、接收訊息和創造訊息相輔相成的新時代，媒體素養教育可

以更宏觀、更正向、更積極地引導公民掌控訊息、認識世界、實現自我、參與社會。

問題與討論

1. 請想一想過往媒體素養的概念與當今的媒體與資訊素養有何不同？
2. 要辨別網路上五花八門的假訊息，請問你覺得還有什麼好辦法？
3. 若要落實媒體與資訊素養中的創造內容能力，你覺得平常要怎麼培養自己？

參考資料

一、中文部分

中廣新聞網（2016 年 9 月 16 日）。〈青農自拍玉里稻作 KUSO 災情影片 籲重視農田排水〉，《Match 生活網》。取自 http://m.match.net.tw/pc/news/life/20160916/3726925

公視新聞（2011 年 7 月 24 日）。〈挪威屠殺案 92 死　極右派凶嫌被捕〉，《公視新聞網》。取自 http://web.pts.org.tw/php/news/pts_news/detail.php?NEENO=186331

王怡文譯（2007）。《維基經濟學：改變人類世界的集體協作模式》。臺北市：商智。（原書 Tapscott, D., & Williams, A. [2006]. *Wikinomics: How Mass Collaboration Change Everything.* New York : Portfolio.）

台灣事實查核中心（2018 年 9 月 15 日）。〈【錯誤】媒體報導：日本關西機場因燕子颱風重創而關閉後，中國優先派巴士前往關西機場營救受困之中國旅客？〉，《台灣事實查核中心》。取自 https://tfc-taiwan.org.tw/articles/150

朱明、黃泊川（2003 年 11 月 20 日）。〈懸賞 1 億元捉 10 大要

犯〉，《蘋果日報》。取自 https://tw.appledaily.com/headline/daily/20031120/510022/

自由時報（2014 年 6 月 18 日）。〈李登輝讚蔡「感性理性」兼具　另提二建議〉，《自由時報》。取自 https://news.ltn.com.tw/news/politics/breakingnews/1034524

余也魯譯（1990）。《傳學概論——傳媒、信息與人》。香港：海天書樓。（Schramm, W., & Poter, W. E., 1982. *Men, women, messages, and media: Understanding human communication.* New York: Harper & Row Publishers.）

周湘芸（2019 年 11 月 22 日）。〈私會吳敦義　郭台銘：我跟他說「反正林金結也不會贏」〉，《自由時報》。取自 https://udn.com/news/story/7548/4182032

邱偉淳、鍾建剛（2019 年 3 月 25 日）。〈助辨別假新聞　專訪「美玉姨」設計者〉，《公視新聞網》。取自 https://news.pts.org.tw/article/426650

唐秀麗、高年億（2003 年 11 月 21 日）。〈報紙登錯要犯照　害前立委遭圍捕〉，《UDN》。取自 http://city.udn.com/1249/241105

孫一信（2007 年 9 月 19 日）。〈媒體正在複製閱聽大眾對身心障礙者的歧視〉，《台灣媒體觀察教育基金會》。取自 https://www.mediawatch.org.tw/news/811

徐佳士（1987）。《大眾傳播理論》。臺北市：正中。

張益勤（2019 年 2 月 23 日）。〈拒絕成功模板，雄中雄女生號召「終結放榜新聞」！北一女校長：佩服〉。《親子天下》。取自 https://flipedu.parenting.com.tw/article/5244

教育部（2002）。《媒體素養教育政策白皮書》。臺北市：教育部。

陳順孝（2017 年 6 月 18 日）。〈台灣「獨立媒體」群英榜：網路原生媒體勇闖新聞新路〉，《阿孝札記》。取自 https://axiao.tw/media2016-2983b9e1d0ed

鄭宏斌（2014 年 6 月 19 日）。〈李登輝：蔡英文缺幕僚與勇氣〉，《聯合報》，A14 版。

戴瑜慧、郭盈靖（2012）。〈資訊社會與弱勢群體的文化公民權：以台灣遊民另類媒體的崛起為例〉，《新聞學研究》，113：123-166。

謝銘鍵（2016 年 9 月 15 日）。〈農業新聞快報〉，《小劍劍──務農夫婦 x 田園日記》。取自 https://www.facebook.com/70Farmer/videos/1437999602882569/

簡嘉宏（2014 年 12 月 1 日）。〈教宗方濟各：伊斯蘭教不等於暴力〉，《風傳媒》。取自 https://www.storm.mg/article/25269

魏翊庭（2019 年 11 月 22 日）。〈與藍還有聯絡？郭台銘：國民黨立委多選幾席不是壞事〉，《聯合新聞網》。取自 https://udn.com/news/story/7548/4182032

關魚（2014 年 1 月 13 日）。〈受不了腦殘新聞？另類媒體大全 4.0 版〉，《台灣好生活》。取自 http://www.taiwangoodlife.org/blog/about-fish/20140113/5477

二、外文部分

IFLA (2018, November 21). How to spot fake news. Retrieved from https://www.ifla.org/publications/node/11174

Livingstone, S. Van Couvering, E., & Thumim, N. (2008). Converging traditions of research on media and information literacies: Disciplinary, critical, and methodological issues. (pp.103-132). In J. Coiro, M. Knobel, C. Lankshear, & D. J. Leu (Eds.), *Handbook of research on new literacies*. New York, NY.: Lawrence Erlbaum.

UNESCO (2013). *Global Media and Information Literacy Assessment Framework: Country readiness and competencies*. 56-62. Retrieved from https://unesdoc.unesco.org/ark:/48223/pf0000224655

Facebook (2018 年 11 月 21 日)。〈不實報導的辨認訣竅〉，《Facebook》。取自 https://www.facebook.com/help/188118808357379?helpref=faq_content

G0v（年不詳）。〈獨立媒體清單〉，《g0v》。取自 https://g0v.hackpad.tw/ep/pad/static/LJGg80iJW7m

第十七章

未來科技的可能性

蔣旭政、張季桓、謝宜樺

壹、前言

通訊媒體的發展帶動了整個社會的革新，社會大眾彼此聯繫，獲得資訊的方式也跟著多元化與便利，隨之而來的社群媒體更是改變了舊有的社交型態，藉由虛擬世界中的社群媒體打破了現實空間中，時間與地理位置的限制，讓更多的人可以依照各自不同的立場、興趣、喜好、專長而組合成不同的群體，讓每個人可以參與的社群都更加多元且便利。

雖然社交型態與選擇都更加多元了，但是這樣多元分眾的社群媒體究竟是能夠凝聚社會共識、深化民主發展，還是造成社會分裂、增強極端主義，這個問題目前沒有一個明確的答案，這也讓社群媒體對於整體社會而言就像是一把雙面刃，一方面它確實能夠凝聚起更多元化的社群，但是在不同意見立場的社群之間卻無法相互溝通交流。

除了改變舊有的社交型態，社群媒體的興起也影響了傳統的主流媒體。在社群媒體中，所有的參與者同時也都是訊息的產製者，而且形成了一種去中心化的訊息產製模式，並且隨著社群媒體的壯大，現在社群媒體中各種資訊的觸及率、瀏覽量以及聲量，甚至已經超過了主流媒體產製的訊息內容，這也讓主流媒體開始去收編社群媒體中產製的訊息，甚至導致後來出現了許多對於媒體記者「網路抄新聞」的批評，這也表示社群媒體的聲量與影響力都已經不亞於主流媒體了。但是由於社群媒體是去中心化的內容產製，並沒有嚴格的審查機制來控管內容，進而導致了更多的假資訊在社群媒體中發酵後，再透過主流媒體更加廣泛快速的傳播，使其破壞力更加強大，也更加真假難辨。

社群媒體雖然改善了社會大眾的社交型態，使其能夠更加多元廣泛的連結，但是同時也產生了分眾化對立、假資訊橫行的隱憂。想要解決這些問題，需要的絕不只是他人協助或是科技的力量，更多的反

而是在社群媒體之中的參與者，自身能夠具有更理性的思考分析，以及在面對各種媒體時都能夠具備足夠的媒體素養，才可能解決這些問題，並且不管未來面對什麼樣的新科技媒體時，都能夠更善加利用其優點與特性，減少其可能造成的破壞與隱憂。

貳、載體的改變

隨著數位化媒體的興起、通訊技術的革新與普及，開始改變了大眾傳統的通訊方式（電話、書信）。由於數位媒體便利、即時、跨區域等特性，各式各樣的媒體平台與應用程式也應運而生，原有的通訊管道開始邁入數位化網路時代。

相較於十年前，行動裝置（手機、平板）已經不再是成年人的專屬品，現今連幼稚園的孩童幾乎都已人手一機。因此，各種通訊媒體與現代人的生活中緊密結合，大至國際新聞、重大訊息、國家政策的傳遞，小至家庭間聯絡感情的閒聊，都會藉由數位網路，散布在各種通訊媒體、行動裝置之中（Campbell, Martin, & Fabos）。

伴隨著通訊媒體的普及，隨之而來的還有各種社群媒體也開始活躍，從最一開始的 ICQ、MSN 等最簡單的一對一通訊媒體，漸漸發展為一對多或是多對多，並開始形成了各種「虛擬社群」（Rheingold, 1993），像是 Twitter、Facebook、Instagram、PTT 等。現今十分普及的社群媒體，都是由虛擬社群的概念開始逐漸發展出來的，這些藉由通訊媒體發展成形的社群媒體，也開始改變了普羅大眾的社交運作與聯繫模式。

參、網路新媒體的光與暗

相對於舊媒體轉型，新媒體誕生的因素除了各類科技產品的發展，更重要的是，產製出的內容已經無法滿足各種面向的受眾。求新

求快的趨勢,將媒體環境推向下一個未知的領域。

新媒體的核心主要以「交流」為主,包括超文本性/連結性、互動性、多媒體等特性,透過網路上各種不同的平台,不同立場以及看法的群眾可以輕鬆地在平台上與他人交流,過去一元的產製已不復見,取而代之的是多元訊息的交流碰撞。也可以說,新媒體作為過去大眾傳播媒體的延伸,加強了過去欠缺的互動交流(Wojdynski & Golan, 2016)。

媒體數位化後,除了原生網路媒體的興起,閱聽人本身產製內容的能力亦不能忽略。過去,大眾傳播理論著重在於媒介效果,關注媒體對閱聽眾的影響力,但是隨著時代與科技的改變,閱聽人以積極尋找並篩選資訊的姿態被理解,透過社會學家 Bauer(1964)提出的「頑固閱聽人」概念來解釋,現代閱聽人不再是被動的接受資訊,而是更加的主動選擇和產製內容,而後更有可能形成一種交流的模式。

數位化之後的媒體,並不是將資料與平台數位化即是成功,除了點擊率,廣告曝光量這些商業的考量,面對假新聞與內容農場的威脅更是日益加重。內容農場透過剽竊原文的內容加以修改,輔以聳動標題與熱門網路關鍵字,可以輕易地獲得廣告量,賺取大量資本。

假新聞的成因更是複雜,除了不同立場的論述攻堅,也夾雜了境外敵對勢力的影響。面對假新聞的威脅,臺灣已經切身感受到假新聞所帶來的傷害,不管是實際的人身安全,抑或是隨之而來的社會動盪。現在我們能夠使用來避免假新聞的方式,多半是人工闢謠或是提升媒體素養,但是闢謠所需花費的社會成本已經造成社會的不信任感大量提升,而媒體素養也不是短時間內可以快速成長(Beckett, 2017)。

回到最初的開頭,現今社會對於記者的不信任,除了商業媒體的立場,更因為訊息的流通快速、平台的混雜,以致無法準確的判別。是否能夠在媒體與閱聽眾的中間重建「信任感」,會是接下來新科技的發展重心,也是媒體數位化與整體環境進步成功與否的關鍵。

肆、媒體轉型大不易

　　大眾傳播媒體以「內容」為中心導向，在過去的時代，內容的產製必須經過一連串專業編輯的過濾與篩選，這樣一個過程稱之為「守門」。而過去因為獲取資訊的不容易，這些守門人（gate keeper）成為普羅大眾獲取資訊的權威，在獲取資訊來源較為單一的情況下，大眾對於媒體的信任度呈現較高的比例，普遍來說，民眾都會認為媒體報導真實，維護公共利益，內容具有高度的客觀性。

　　以報業來說，根據「尼爾森媒體研究」的結果顯示，臺灣的閱報人口比率從 1991 年的 76% 降到 2006 年的 44%。依數據來看，在臺灣已經將近一半的人口沒有閱報的習慣。最直接的影響，除了發行量的降低，更讓過去擁有話語權的報業媒體失去了作為民眾獲取新知的管道。再以另一個層面來審視，過去媒體所形塑的各種權威因為多元化而產生裂解，守門過程中的意義已然式微，媒體希冀傳達給大眾的意念，已然無法單純使用文字傳達給受眾。此外，廣告為媒體最大宗的收入，也在近年來幾乎將資源轉移至網路平台投放，臺灣的傳統報業無不思考轉型的良方。

　　在美國，以商業主義為導向的社會，很早就嗅到網路將為傳統大眾媒體帶來強烈的衝擊。媒體產業數位化上的試探很多，包括《紐約時報》在推出新聞 App 之後，開啟了訂閱服務，將網路上的內容轉化為需要付費才能獲得，而不是單純免費的內容，試圖將專業的內容產製移植到網路平台上。除此之外，也為不同的受眾開啟不一樣的內容管道，NYT Now 將新聞以大綱的形式推播到手持裝置上，試圖將年輕一代不喜好閱讀文字的習慣，以圖片、圖表代替，帶來全新的閱讀模式。

　　英國《衛報》則在數位化的過程中發現，網路使用者的數量大量增加，而實體報紙的發行量已經成為拖累整體集團財政的負擔。這樣

的結果讓《衛報》認為網路是報紙未來的可能，因此決定成為「數位唯一」的媒體公司。

不過，在成為「數位唯一」的媒體路上也並非一帆風順，因為《衛報》並沒有採取訂閱服務，因此，財源依舊大量依賴廣告內容及其他業務，其他業務包含了「衛報書城」、「衛報電子書銷售平台」、「衛報人力銀行」、「衛報交友網站」等，依據不同主題來投放廣告。這樣的策略確實吸引到了閱聽眾，不過也帶來了廣告內容與實際內容重疊，又或是大量惱人的跳動式廣告影響閱讀經驗，而其他業務所帶來的經營壓力是否又會重新回到本業之上，依舊考驗著經營者。

現今的媒體數位化依然是在嘗試的階段，至於嘗試的結果多半是不盡理想。臺灣四大報中，發行量最大的《蘋果日報》，在數位化的過程中，嘗試了許多方式，不過依然無法成功將網路新聞上的點擊率、曝光率，有效地轉化為實體報紙的發行量，甚至集團的獲利依舊呈現衰退的狀態。上述所提到《紐約時報》的 NYT Now 也因為沒有足夠的訂閱戶，遭到關閉。

《蘋果日報》在 2019 年嘗試啟動訂閱，將新聞回歸編輯室的專業，減少廣告業務的影響，但是過程依舊曲折，舊有的受眾因為開始收費，選擇轉向其他網路媒體，訂閱制在臺灣是否能夠成為媒體數位化的轉機，仍有待觀察。當媒體向數位化轉的同時，如何在「數位唯一」和實體產品中做出平衡或妥協，又或者如何重新建立與閱聽眾的信任，成為生存與否的重要因素。

媒體數位化的嘗試，不會因為失利而停下，媒體每日都有新的發展，時代的巨手推擠著既有的舊媒體前往一個更未知的領域。舊的媒體典範已不通用，而新的典範尚未被定義出來，現在的樣貌都不會是最後的樣子。而目前所可以觀察到的趨勢，大致上可以分成三類：創新的敘事方法、發行通路的改變、經營組織的轉型。

創新的敘事方式，不只是包含現代閱讀習慣的改變，也包含了

媒體從業人員的技術革新。新聞內容的產製依舊以優質為主，只是必須與更多的平台相互兼容，動靜態圖像、圖表、文字、甚至動畫等素材缺一不可，技能上的提升，使新聞從業人員面臨更高的門檻。這些技術上的改變，依舊是以敘事為核心，只是看新聞的方式已被徹底改變，媒體必須在人才招募上具備新思維（Nunes, Oakley, & Nisi, 2017）。

伍、新舊媒體共同的問題：假訊息

　　近年來社群媒體所面臨的最大問題，並不是造成意見極化與否，畢竟每個個體都有自身的價值觀與立場，就算在現實空間中也是存在著各種群體與同溫層，社群媒體也只是提供一個管道將這些相同立場的人聯繫在一起，因此被放大與重視。而當前社群媒體面臨到的最大問題則是假資訊在各同溫層中快速流竄，導致許多人被錯誤資訊誤導而造成社會分裂、族群對立的問題。

　　假資訊的種類很多、內容非常廣泛，大到國際政治、小到醫療健康等，都有相關的假資訊在流竄著，其背後的目的也各不相同，政治利益或是商業、個人利益都有。除此之外，假資訊的來源更是廣泛，除了各種網路行銷公司或內容農場刻意操作的假資訊以外，因為在社群媒體之中，每個人都是一個自媒體（self-media），都擁有著產製訊息的能力，因此，每個社群媒體的使用者也都可能成為假資訊的產製者（Jang & Kim, 2018）。

　　社群媒體的特性提供了假資訊一個非常好的傳播管道，因為在社群媒體上的社交行為中，點讚與分享是非常重要的。簡單的一個點讚或是按下分享按鈕，只要不到一分鐘的時間，就可以讓假資訊的觸及率有倍數的成長，並且因為同溫層有共同意見立場的特點，只要是意見立場相同的假資訊，在同溫層中的說服力就提高了許多。除此之外，社群媒體後臺的演算法邏輯，被廣泛點讚分享的假資訊也會被系

統推薦給其他的社群使用者，由此可以看出，社群媒體與同溫層就是假資訊醞釀發酵最好的溫室，而且在社群媒體中發酵的假資訊，也很有可能會被主流的新聞媒體挪用作為新聞報導，導致假資訊的傳遞更加廣泛、破壞更加劇烈（Taylor, Pickering, Grace, Boniface, Bakir, Boyd, & Fisher, 2018）。

　　如何解決假資訊在社群媒體中的活躍，是當前許多媒體人與學者所關心的議題，像是依靠專業媒體的查證與報導、利用新科技的幫助去避免假資訊的傳遞等方式，但是其中最關鍵的一點還是在於使用者，因為目前各種主流的社群媒體自身的量體太龐大，再加上被商業模式與演算法邏輯控制，可以說是無力解決假資訊、同溫層等問題，因此必須要借助外界力量，其中包括主流新聞媒體、使用者的集體協作，甚至是新科技的輔助，才有可能對抗假資訊橫行的現象（Törnberg, 2018）。

陸、未來新科技的延伸

　　本文根據 Horizon Report（2019）整理，未來三至五年將有以下科技推進至應用層面，特別於以下介紹：

一、混合實境（Mixed Reality）

　　混合實境（MR）是一種將虛擬實境（VR）與擴增實境（AR）的技術結合的合成品。混合實境可以說是介於虛擬與現實之間，現實與虛擬並存的科技，一種利用虛擬的數位物體與真實世界的實際物體結合的視覺化技術，可以創造出一個虛擬與現實共存並且能提供即時互動的環境。這樣的新科技在傳播方面的運用目前才剛要起步，但是已經對未來的發展趨勢製造了許多的想像（Nakevska, van der Sanden, Funk, Hu, & Rauterberg, 2017）。

　　混合實境產品雖然早在 2013 年的時候就已有雛型，但是礙於可搭載裝置不夠普及，只有少部分的人能夠發展混合實境相關應用。但是近年來隨著科技的愈發進步，混合實境的軟硬體發展也更加的完善，於是混合實境也開始走入了一般大眾的市場。2016 年時，微軟就在「微軟 2016 WinHEC 大會（硬體工程大會）」上宣布將要推出混合實境頭戴式裝置，2017 年時更特別為新一代的 MR 眼鏡設計 AI 專用晶片，而且與三星合作開發的頭戴式裝置更在當年度推出，雖然價格仍有一定的近用門檻，但是對於多數的消費者與廠商而言，這道坎已不再是難以跨越的鴻溝，這也代表著混合實境的普及化即將到來。

　　但是混合實境的發展也並不是沒有隱憂的，在 2019 年的時候，微軟推出了新一代的混合實境眼鏡，但是卻遭到自家員工抗議，微軟將該產品賣給軍方，作為軍事訓練用途，將使得這項科技變成了戰爭的輔具。而這次的抗議，也讓大眾開始關注到這個新科技發展背後的隱憂，這些員工的擔憂並不是沒有道理的，著名的科學家諾貝爾就曾說過：「人類從新發現中得到的好處總要比壞處多。」愛因斯坦也對自己研究出的核能量公式與促進核武器的研發而感到後悔不已。這些歷史上的教訓，都時刻提醒著人們不要忘記科技發展可能帶來的危害。新科技的好與壞，全看使用者如何去利用它，就如「水能載舟，亦能覆舟」（Fairfield, 2018）。

　　雖然混合實境的發展存在著隱憂，但是新科技能帶來的好處仍舊十分可期。將混合實境的技術運用在廣告行銷上，讓傳統的廣告手法有了跨時代的變革。2016 年時，臺灣的「梅林鬍子實驗室」就運用混合實境的技術，為 BMW 打造出革命性的賞車方式。藉由混合實境，體驗者只要戴上頭戴裝置坐著，就可以模擬自己正開著這輛車在戶外奔馳，同行者也可以坐在一旁，透過螢幕看見駕駛員在車子裡的模樣，讓駕駛與乘客都能充分體驗。這也是臺灣第一個運用混合實境的行銷活動，這樣的互動式行銷能夠創造出「五感」的體驗，比起傳

統的展場女郎介紹、送贈品或是試吃試喝等行銷手法，混合實境的互動廣告手法更能提供新奇有趣的體驗，以及引起消費者內心的共鳴，大大增加了廣告行銷的效果。除了在廣告行銷上的運用以外，現在許多領域的學者也正在積極的嘗試利用混合實境的科技，來協助學界或是產業能有更進一步的發展，只要能夠利用得當，這項新科技就能成為大眾的福音（Sung & Jo, 2016）。

二、人工智慧（Artificial Intelligence）

人工智慧，顧名思義即是由電腦的計算系統對各種數據進行分析，並且完成以往需要倚靠人類認知才完成的任務。簡言之，就是利用電腦程式來呈現人類智慧的技術。近年來人工智慧的技術也已經漸趨成熟，配合著許多不斷蒐集著資料的大數據資料庫，不管在傳播、醫療、教育、管理、行銷等方面都已經有許多人工智慧協助作業的例子，人工智慧不管在各行各業的發展潛力都是十分巨大的（Momoh & El-Hawary, 2018）。

人工智慧能夠在各方面帶來許多的助益，尤其是最近幾年在全世界各地，各種假新聞、假資訊瘋狂的流竄並造成傷害，因此，所有先進國家不管是產業、學界、包括政府都不得不重視這個問題。但是由於假資訊透過網路、社群媒體等管道，傳播的速度極快且人工查證困難，而 AI 科技此時的功用就體現出來了。比起傳統用人工的方式去判別假新聞，讓人工智慧來判別將更有效率，人工查核事實要花上好幾個小時，但人工智慧只要幾秒鐘（Goksu & Cavus, 2019）。

而高效率的特點反映在即時性上，在消息發布的當下直接辨識真偽，可以直接阻斷假新聞的產出，不讓錯誤訊息被製成新聞傳遞。而且人工智慧的辨識系統，可以將查核的過程精簡化，變得更簡單便利，讓查核假資訊的近用門檻降第，可以增加查核系統的普及推廣、增加閱聽人辨識假新聞的意願。除此之外，假資訊的判別中，最重要

的一點就是判別的標準是否公正客觀。如果是由人力判別，每個人可能會因爲自身的立場偏好而標準不一；但是由 AI 來辨識假新聞，機器沒有任何的立場、興趣、偏好等因素影響，能夠藉由設定好的標準，客觀且直接的判別資訊的眞僞。雖然目前由人工智慧來協助判別假資訊的系統還不夠完整，但是已經有不少的嘗試應用，未來當辨識系統更加完善後，就能夠成爲各界對抗假資訊的一大助力。

　　雖然人工智慧協助辨識假新聞是一大助力，但是其背後仍存在著隱憂。人工智慧既然能夠辨識假新聞，那麼相對來說，如果反過來利用的話，人工智慧也能夠產製出難以被辨別的假資訊，而且也早已經有這樣利用的例子了。現在許多活躍於各大網站、社群媒體中的內容農場，就有許多都是利用人工智慧在幫忙產製假資訊，畢竟假資訊的產製容易、查證困難，要設計出一個產製假新聞的系統遠比設計辨識的系統要容易，就算將來辨識系統更加完善了，也難以保證不會被反過來利用成爲更加強大的假資訊產製器。我們始終不能小看在新科技帶給我們便利的同時，其背後存在的隱憂。只有謹愼小心的防範，才能夠最大化新科技所帶來的利益（Kucharski, 2016）。

三、區塊鏈（Blockchain）

　　從 2017 年開始，「區塊鏈」開始成爲科技產業與金融產業的熱門關鍵詞。區塊鏈最初開始應用於加密貨幣的應用，其中又以「比特幣」最爲著名。起初，加密貨幣因爲流通不廣泛以及諸多神祕色彩的因素，一度被認爲是許多金融騙局的可能，但同時也有許多人開始發展其他的可能性，包括了媒體產業（Tapscott & Tapscott, 2017）。

　　區塊鏈是由許多不同的節點或是電腦所成形的共同數據，裡面所有的交易都有所連結，資料爲公開透明，每一個節點上的交易都會被標注，在區塊鏈內的用戶變動都可以被查詢。區塊鏈的優勢在於高度透明，防止資料被修改，同時也提供了用戶相當的安全性（Kosba,

Miller, Shi, Wen, & Papamanthou, 2016）。

　　網路的原生媒體受制於平台的演算法（如 Facebook、Google 等），以及廣告投放和點閱率等因素，內容的產製必須符合上述的條件，才有被閱聽眾廣傳的可能。於此狀態之下，媒體所發布的內容往往必須求新求快，隨之而來的效應，即是我們所看見的，錯誤與假訊息的大量流竄，閱聽眾必須花上更多的成本來獲得真實可靠的消息。

　　網路新創公司 Civil 面對現今的媒體亂象，結合區塊鏈的技術，試圖發展一種區別於現今主流媒體的內容產製模式。基於區塊鏈的運行邏輯，虛擬貨幣的加密特性，可以取代過去舊有金融體系下的交易模式，讓內容產製者以及閱聽眾免去複雜的手續和抽成，同時解決跨界的匯兌問題（Hughes, 2017）。2018 年，Civil 宣布將以區塊鏈的技術資助十四家媒體，提供資金以及技術的提升。

　　當區塊鏈與媒體產業產生交集時，根據上述區塊鏈的機制，有助於記者與閱聽眾之間交換訊息，這中間可以牽涉到金錢或是利益的交換，也創造了一種大眾皆可參與的開放空間。其次，因為開放空間的關係，閱聽人較能夠打破同溫層，以及避免暴露在假訊息的散播之中。而去中心化的概念，平台、廣告商以及媒體所掌握的「守門」，也將轉移至內容產製者與閱聽眾的手上（Dutra, Tumasjan, & Welpe, 2018）。

　　同時，波蘭的新創公司 Userfeeds 也利用區塊鏈打擊假新聞，同樣是利用虛擬貨幣的概念，用數位代幣（Token）作為排名指標。一般的平台因為有分享連結、點讚或是投票等機制，再加上不透明的演算法，容易使第三方來操控內容推播的結果，這也是為什麼假訊息及內容農場的內容往往在平台上處於搜尋結果的高位。Userfeeds 試圖以數位代幣來取代上述的機制，避免有意製造群體對立的內容、垃圾郵件和虛假內容來進行數量的堆疊（Al-Saqaf & Picha Edwardsson, 2019）。

　　不過，對於區塊鏈這樣嶄新的科技來說，還有許多待觀察的部

分。第一，因為技術含量高，目前還無法普及於一般的大眾媒體，多以網路的原生媒體為主。另一方面，既有的媒體也並不希望舊有的體系，如點閱率、收視率以及分潤等參考條件快速的面臨挑戰。第二，在推廣的過程中，因為手續及步驟的繁瑣，有極大的可能遭到現今閱聽眾的棄用。除此之外，使用虛擬貨幣來獲取內容依然挑戰著閱聽眾的訂閱習慣，目前大部分的民眾還是習慣於接收免費的訊息。

　　而虛擬貨幣的熱潮也同時成為使用者的疑慮，在快速發展的過程中，多數閱聽眾依然還在觀望。

四、語音助理／虛擬助理（Virtual Assistants）

　　語音助理在近年來發展迅速。硬體方面，智慧型手機的普及以及智慧音箱的問世，使語音助理成為了驅動功能的輔助要件；而軟體方面，人工智慧與演算法的精進，也讓語音助理可以更為人性化的提供相關服務。

　　語音助理仰賴一套複雜的 AI 演算系統，其中包含了自通語音辨識的功能，將所接受到的聲波轉換為單詞來下達指令，最後再以自然語言理解，將涵義解釋出來。這類型的功能多半伴隨著硬體設備驅動，由於功能相對單純，像是播放音樂、查詢天氣、行事曆與交通狀況等，加上大數據分析與機器建置學習，大量累積數據之後，隨著修正，更能夠準確地接收指示（Lugano, 2017）。

　　大量的機器訓練之後的準確度，讓使用者更能夠無摩擦、直接的使用相關功能。對於使用者來說，只需要簡單的聲音指令即可，不需要打字，碰觸螢幕，無侵入式的體驗可以讓使用者更加快速的接受。對於銀髮族群來說，也可以減少使用科技產品的恐懼。語音助理可以說是演算法與大數據的終端設備，一道語音指令即可驅動背後的演算，在各領域中都可能會有相關配合的發展。

　　除了簡單的資料查詢之外，語音助理目前其實在商業發展上也有

其他的功能。在品牌互動、電子商務、客戶關係上，都有可能因為語音助理而可以有更近一步的突破。在醫療服務上，醫病大數據分析與機器學習後，語音助理或許在未來可以作為第一線的診斷工作，初步判斷之後再交由專業的醫師進行後續診療工作，在資源上可以做更合理的分配。互動對話的系統逐漸深入消費者的生活空間之後，透過人機互動可以得到更完善、即時的服務，對於產製方來說，也更有可能提升工作效率（Boczar, Restrepo, Sisti, Huayllani, Oliver, Helmi, & Forte, 2019）。

媒體內容數位化的轉型，在語音助理的部分已經開始進行嘗試，目前主要是以歐美市場開始有初步的試探。英國公共媒體 BBC 在近年開始開發屬於英國本土的語音助理「Beeb」，開發的原因有兩個面向：第一，英國本地的英語腔調，造成部分區域無法順利地使用目前市面上的語音助理，期望自身所開發的語音助理可以滿足國內的使用者。其次，基於公共媒體的特性，語音助理的出現可以使更多視障及其他群體有效的近用媒體內容。

BBC 認為他們的老牌公共媒體形象為大多數群眾所信任，內容具有公信力且沒有過多的商業廣告，而他們也希望能夠跟上新一波的數位化契機，提供更多與民眾的互動。

語音助理與過去廣播媒體最大的不同在於，打破了時效性與地域性。過去節目必須要在固定的時間收聽，而廣播有其極限接收範圍，過了收訊區段即無法收聽。而美國已經試圖將此趨勢商業化，Google Assistant 為語音助理的巨頭之一，在 2019 年稍早宣布將 AI 技術導入 Google Assistant，藉此將 Google 的演算法延伸至理解新聞內容，分析與內容的相關條件，針對用戶喜好提供內容（Kepuska & Bohouta, 2018）。

節目內容包括了 50 秒至 2 分鐘的短新聞，也有 15 分鐘左右的深度報導，目前這項計畫以美國市場為主，已經有多家媒體加入這項計畫，包括美聯社、《紐約時報》等老牌媒體。同時，《紐約時報》也

和 Amazon 旗下的語音助理 Alexa 合作，上架自家的 20 分鐘每日新聞廣播節目。

不過，這些合作並非完全沒有疑點。根據比利時媒體（VRT）的報導，Google 的語音助理功能正在有系統地蒐集客戶的語音，而蒐集的原因很有可能是爲了改進語音辨識的準確率，但是在此一過程中，確實很有可能造成個資外流，因爲這些流出的語音中，包含了許多人名與地址等個人資訊。語音助理造成的疑慮也包含了其他的平台，Facebook 也曾經發生人工聽取語音訊息的問題。

上述的合作以及發展皆是極新的媒體數位化嘗試，成功與否還很難下定論，也包括了個資流出的疑慮，這些問題很有可能會是造成此一技術能否爲大眾所接受的關鍵。我們可以看到，媒體在數位化的腳步無法停止，一旦有新科技就必須勇於嘗試，但是「信任」依舊是左右成功與否的關鍵，這是不可避免且必須關注的。

五、機器傳播

雖然新興傳播科技沒有被納入，但最近五年美國傳播學界確實被機器傳播風潮所席捲，不論新增的師資、課程或教育，都大力投注在機器傳播的未來性與發展上。當然，機器傳播的受到重視，也是因爲人工智慧使機器傳播成爲可能，也已經在生活中被逐步應用，機器與程式應用事實上已經開始大量被用來進行傳播行爲與傳播工作。相關的重要領域包括人工智慧的深度學習（DNN）、大數據的分析與運算（Big Data）、自然語言的處理（NLP），皆讓人類與機器的傳播變得相對更加容易。

過往的深度學習在設計上只有輸入與輸出層，無法學習出互斥或是其他運算的函數結果。近年來透過多層的隱藏層，機器可以逐層的學出函數的對應，多層神經網路展現出其廣泛的應用能力。加入隱藏層之後，深度學習在機器傳播中的應用角色，是可以進行更多樣化的

應用。2017 年，Vaswani 等人提出了 transformer 編解碼器的深度學習架構，自然語言的處理也進入到了飛速進步的狀態。

自然語言處理的起始步驟是斷詞、理解詞；接著則是分析句子，包含語法及語義的自動解析。自然語言處理透過上述的步驟，將複雜的語言轉化為電腦容易處理、計算的形式。自然語言處理一直是機器學習中棘手的問題，在深度學習技術出現之前的方式是基於一套詞彙資料庫，用程式語言寫好人工訂定的規則，再讓電腦依指令進行反應。這樣的做法有其極限，人類的語言不管在書寫或是口說上，都會隨著時代不斷進行改變，更多的時候會產生許多機器無法辨識的未知詞、複合詞，新聞或網路文章新創的專有詞，都會造成辨識的困難。

近年來蓬勃發展的深度學習，提出了另一種方法來教電腦表達詞彙。早期是人工訂定規則，現在則是讓機器自己學習。深度學習的方式是將詞彙轉換為「詞向量」，也就是 Word Vector，或稱 Word Embedding，最核心的做法是讓機器大量的閱讀文章，利用前後文的特性，統計出每一個詞彙的詞向量，藉由這樣的方式不必讓機器學習語言學或其他理論，也可以快速地進行詞彙的分辨。

目前在機器傳播方面，已經有許多研究著手進行讓機器學習與人類語言相同的書寫邏輯來產出文章。與過往的文章產生器不同的是，過去的產生器只能抽換固定欄位的詞語，並用既定的格式產出，但現在的機器書寫在經過訓練之後，因為文字判別的特性，已經可以人類書寫的方式產出在閱讀上順暢的文字，即使在內容上並非完全正確，人類已經很難辨識出到底是機器還是人類所書寫的文章（曾元顯、林郁綺，2020）。另一方面，除了能夠讓機器進行書寫之外，透過自然語言處理的特性，我們也能拆解文章，透過對文章中詞性權重的衡量，用書寫風格的方式進行新聞內容的判別。

這部分在未來的應用上相當廣泛，舉凡垃圾郵件的偵測、情緒分析、搜尋引擎的優化、機器翻譯、語音辨識或是文章的句法分析，都能夠看到其中的應用。綜合來說，不論是語意分析或是聊天機器人等

熱門的運用，其基礎都是要先讓機器瞭解人類所使用的語言。其次，掌握其中的語法結構並分析內文及段落間的情緒，才能分析出語言傳播的目的，或是讓機器人給出適當的回應。

柒、結語：媒體新科技與媒體素養

　　新科技的發展，爲人類的社會帶來了便捷，媒體也不例外，更加流通的資訊，參與媒體的門檻不再像過去如此的巨大，任何人只要有基本的科技應用能力，都可以透過平台去展演及發表自己。

　　但伴隨著進步而來的負面，我們也不能忽視。上述段落所提到的假新聞橫行，即是很好的例子。假新聞的定義極爲複雜，一般來說，書寫者的無心誤植以及具有意圖的惡意散布，都可以被視爲假新聞的傳播行爲。而正因爲如此，我們更不應該果斷地界定或是交由公權力來決斷假新聞，因爲這與我們所信奉的言論及新聞自由將會有所牴觸。

　　媒體素養被視爲解決此一現象的良方，藉由閱聽人對於傳播知識的擴充，提升訊息的判別能力，不再盲目地相信所有的訊息。從教育的角度來看，藉由專家學者的帶領，確實可以增加提升的機會，但我們必須考慮到在現實層面上，並不是所有的閱聽人都能夠在忙碌的生活中，再面對媒體素養的廣大課題。因此，藉由人工智慧（AI）的快速進展，國內外的研究紛紛投入其中，希望藉由大數據（Big Data）的運算，以及人工智慧的深度學習（DNN），創建出一套可以辨識假新聞的系統，期待能夠快速地辨識出訊息。在系統的建構上，除了對於程式語言以及硬體的瞭解，媒體素養的先備知識更是不能缺席。

　　以華盛頓大學所開發假新聞辨識系統 Grover 來看，它能夠有效辨識假新聞的前提，即是開發者將假新聞的特徵進行標記，組建以大量新聞爲內容的資料庫，並利用深度學習的方式來建構出系統。在這其中，對於假新聞特徵的理解，必須是透過瞭解新聞學以及新聞寫作

的專家提出建議，才能從大量的數據中整理出假新聞與一般新聞書寫的不同之處。此一系統與研究方式的建立，更是體現了媒體素養與新科技的交融。

　　來自大眾媒體的教訓讓閱聽人深刻體認到，若是無法穿越媒體這面鏡子，就非常有可能成為無法判別訊息內容真偽且無力反擊的閱聽人商品，於是在這樣的挑戰之下，人們發展了「媒體素養」作為自保的武器，再加上新興科技的發展，勢必能夠為現代的閱聽人建構一套具有新時代特色的媒體素養能力。

　　此外，除了假新聞的挑戰之外，因為各式社群平台與 App 軟體，使用者在隱私上的挑戰也越趨巨大。因為大數據運算需要相當多的資料作為憑據，這些資料的來源即是使用者在這些平台與軟體上所留下來的數位足跡。當我們在享受著網路購物車的推薦清單、影音平台上的推薦內容，以及越來越相似意見的同溫層而不自知時，我們已經掉入了這些有能力掌握你我個人資訊的陷阱之中。也因為如此，在同溫層中的大眾，越來越無法和意見相左的團體或是個人對話，在立場集中的前提之下，閱聽人往往在不自覺的情況下建立了有利假新聞的散播環境。

　　透過上述的討論，我們可以發現，伴隨著科技進步而來的負面影響其實離大眾並不遠，更可以說是息息相關，媒體素養的培養刻不容緩，但在新時代的挑戰之下，必須要結合其他的相關知識。在可以預見的將來，資訊能力與媒體素養的配合，會更頻繁地出現在所有的閱聽眾面前，一旦有新科技的誕生，就可以預視到伴隨而來的負面影響。因此，未來的媒體素養教育或是推廣，在不影響核心概念的前提之下，更應該與新科技相互配合，在每個時代以符合當代需求的形式出現在閱聽眾面前。

問題與討論

1. 除了上述所整理的傳播與新科技之外，未來還有哪些發展的方向或應用？

2. 面對人工智慧（AI）的發展，許多演算法並不透明，法律與制度應該站在什麼角度？規範？還是有其他可能性？

3. 大數據的資料庫仰賴海量的使用習慣與個資，閱聽眾應該怎麼看待自身與平台之間的關係？在使用平台上，我們自身能夠注意什麼？

4. 媒體素養普遍被大眾認為是解決媒體亂象的解方，但近期科技發展的程度超乎想像，媒體素養應該如何調整來面對快速變遷的社會？

參考資料

一、中文部分

曾元顯、林郁綺（2021）。〈電腦生成的新聞有多真？──文字自動生成技術運用於經濟新聞的評估〉，《圖書資訊學刊》，19(1)：43-65。

二、外文部分

Al-Saqaf, W., & Picha Edwardsson, M. (2019). Could blockchain save journalism?: An explorative study of blockchain's potential to make journalism a more sustainable business. In Ragnedda, M., & Destefanis, G., *Blockchain and Web 3.0: Social, Economic, and Technological Challenges*.

Bauer, R. A. (1964). The obstinate audience: The influence process from the point of view of social communication. *American Psychologist, 19*(5), 319.

Beckett, C. (2017). 'Fake news': the best thing that's happened to journalism. POLIS: *Journalism and Society at the LSE*.

Boczar, D., Restrepo, D. J., Sisti, A., Huayllani, M. T., Oliver, J. D., Helmi, H. (et al.) (2019). Feasibility of a Virtual Assistant for Patients' Frequently

Asked Questions: An Unexplored Artificial Intelligence Application in Plastic Surgery. *Plastic and Reconstructive Surgery Global Open, 7*(4 Suppl).

Campbell, R., Martin, C., & Fabos, B. (2014). *Media & Culture: Mass communication in a digital age.* Bedford/St. Martin's.

Dutra, A., Tumasjan, A., & Welpe, I. M. (2018). Blockchain is changing how media and entertainment companies compete. *MIT Sloan Management Review, 60*(1), 39-45.

Fairfield, J. A. (2018). Mixed reality: How the laws of virtual worlds govern everyday life. In Research Handbook on the Law of Virtual and Augmented Reality. Edward Elgar Publishing.

Goksu, M., & Cavus, N. (2019). Fake News Detection on Social Networks with Artificial Intelligence Tools: Systematic Literature Review. In International Conference on Theory and Application of Soft Computing, Computing with Words and Perceptions (pp.47-53). Springer, Cham.

Horizon report (2019)。https://library.educause.edu/-/media/files/library/2019/4/2019horizonreport.pdf

Hughes, K. (2017). Blockchain, the greater good, and human and civil rights. *Metaphilosophy, 48*(5), 654-665.

Jang, S. M., & Kim, J. K. (2018). Third person effects of fake news: Fake news regulation and media literacy interventions. *Computers in Human Behavior, 80*, 295-302.

Kepuska, V., & Bohouta, G. (2018, January). Next-generation of virtual personal assistants (microsoft cortana, apple siri, amazon alexa and google home). In 2018 IEEE 8th Annual Computing and Communication Workshop and Conference (CCWC) (pp.99-103). IEEE.

Kosba, A., Miller, A., Shi, E., Wen, Z., & Papamanthou, C. (2016, May). Hawk: The blockchain model of cryptography and privacy-preserving smart contracts. In 2016 IEEE symposium on security and privacy (SP) (pp.839-858). IEEE.

Kucharski, A. (2016). Post-truth: Study epidemiology of fake news. *Nature,*

540(7634), 525.

Lugano, G. (2017, May). Virtual assistants and self-driving cars. In 2017 15th International Conference on ITS Telecommunications (ITST) (pp.1-5). IEEE.

Momoh, J. A., & El-Hawary, M. E. (2018). *Electric systems, dynamics, and stability with artificial intelligence applications*. CRC Press.

Nakevska, M., van der Sanden, A., Funk, M., Hu, J., & Rauterberg, M. (2017). Interactive storytelling in a mixed reality environment: the effects of interactivity on user experiences. *Entertainment Computing, 21*, 97-104.

Nunes, N., Oakley, I., & Nisi, V. (Eds.). (2017). Interactive Storytelling: 10th International Conference on Interactive Digital Storytelling, ICIDS 2017 Funchal, Madeira, Portugal, November 14-17, 2017, *Proceedings* (Vol. 10690). Springer.

Rheingold, H. (1993). *The Virtual Community: Homesteading on the Electronic Frontier*. Boston, MA: Addison Wesley.

Sung, J., & Jo, J. W. (2016). An Exploratory Study on User Experience of Augmented Reality Advertising. *Journal of Digital Convergence, 14*(8), 177-183.

Tapscott, A., & Tapscott, D. (2017). How blockchain is changing finance. *Harvard Business Review, 1*(9), 2-5.

Taylor, S., Pickering, B., Grace, P., Boniface, M., Bakir, V., Boyd, D.(et al.). Opinion forming in the digital age: Fake news, echo chambers and populism-Key themes, concerns & recommendations for European research and innovation.

Törnberg, P. (2018). Echo chambers and viral misinformation: Modeling fake news as complex contagion. *PloS one, 13*(9), e0203958.

Wojdynski, B. W., & Golan, G. J. (2016). Native advertising and the future of mass communication. *American Behavioral Scientist, 60*(12), 1403-1407.

終於　我們到了這裡

林玉鵬、王俐容、王維菁

2018 年「關西機場」事件後，臺灣社會似乎受到了震撼教育，逐步捲進全球假訊息、假新聞、網軍、社群媒體、帶風向、資訊戰等等風暴之中。睜眼看世界各國，美國選舉發生的「劍橋分析」案例、英國的「脫歐之戰」、烏克蘭與俄羅斯的「克里米亞之戰」，顯示出人工智慧與新興傳播科技對於當代人類生活、個人資訊與隱私安全、公眾溝通與參與、商業行銷模式、國際地緣政治等等面向，都將有劇烈影響。在這樣的科技背景下，我們著手邀請跨領域學者專家，包括傳播、法律、演算法、行銷專業、資訊安全等等人才，共同規劃並寫作本書，明確針對臺灣的社會文化脈絡背景，提出臺灣的案例與政策建議，希望提升每個個人的網路傳播素養與相關知識和覺知，對於新傳播科技素養的理論與實務進行貢獻，並進一步形成對政府部門的政策與制度建議。

因此在本書的最後，我們再次統整本書章節重點並強調：

壹、對媒體素養理論與知識進行再思考

1992 年在美國所舉辦的媒體素養領袖會議，齊聚各專家學者、政策制定者、相關團體，共同討論媒體素養的框架和藍圖，並定義媒體素養為：「公民能近用、分析、評估和產製媒體訊息。」（Aufderheide, 1993）之後學者 Hobbs（1998）則指出「媒體素養是以思辨態度分析媒體文本的產製過程」。在此之後的學術定義大部分都沒有脫離這個定義範圍（陳世敏、吳翠珍，2014）。「思辨態度」即是不斷提問、質疑媒體生產（例如媒體勞動權、媒體所有權）、媒體語言與再現（例如歧視與刻板印象）和閱聽人解讀方式，以及不同弱勢群體是否具備公平的傳播的平等權利等議題。

然而，新媒體的出現和人工智慧的應用，人和科技間的關係需要被重新審視，傳播素養相關理論也勢必需要有更多的拓展與詮釋，例如演算法、數據分析、社群媒體的科技技術、精準行銷的倫理、個人

隱私與資訊安全、數位足跡的處理、具備事實查核的能力以避免被操控等等，都成爲每個閱聽人需要具備的覺知，以及自我保護與保護社會之道。

貳、媒體素養教育的政策規劃需更完善

自 2002 年教育部公布《媒體素養教育政策白皮書》，主張媒體素養教育培養解放（liberating）和賦權（empowerment）的能力後（教育部，2002），很長一段時間，政府未曾再制定或更新全面性的媒體素養教育政策。隨著國中小學媒體素養推廣教學與 108 課綱媒體素養之推動，相應教材之編寫、師資之培育等，仍欠缺整體規劃，同時也無法因應數位時代的變遷與人工智慧的發展速度。因此，除了本書中所提到的議題，都是未來可以著重參考的部分外，學者也提出五個方向作爲媒體素養教育政策的新可能性：(1) 重新思考「媒體素養」概念，解析新媒體環境生態；(2) 建立以「創用者」（prosumer）爲主的媒體素養概念；(3) 建構數位網路時代的資訊判斷能力；(4) 著手思考人工智慧、演算法、大數據與傳播知能的關聯；(5) 建立一貫體系，培養完整師資與持續性的媒體素養教育支持系統（林玉鵬、王維菁、陳炳宏，2020），希望以上建議可以逐步落實到臺灣的傳播素養教育中。

參、民間媒體素養運動的實踐與研究

世界各國民間團體在媒體素養的關注與投入上，經常顯現進步且靈活的發展。例如西班牙 2011 年的反樽節運動即善用社群媒體特性，成功取得運動的媒體話語權，團體成員憑藉對於演算法的知識，密集觀察推特的運作，例如 Hashtag 的戰略運用和熱門話題（Trending Topics）的方式，最終獲得主流媒體關注，也順利得到國際媒

體報導（Treré, 2019）。在臺灣，2019 年成立的「台灣事實查核中心」，則是另一股因應「不實資訊潮流」的民間力量，其至 2021 年 3 月為止，共查核了近 1,000 則新聞（資訊），除了定期查核「不實訊息」外，也提供實作練習並至臺灣各地舉辦講座。

在虛假資訊氾濫的年代，人人都有責任維護媒體社會環境。就數位工具和人工智慧技術發展逐漸普及的現在，公共與民間組織可以研發運用更多工具與方式，來面對各種虛假訊息的運作與科技的監控霸權，而相關經驗之分享、研究與實踐也更值得傳播學界關注。

再次感謝大家一路陪伴，一起走到這裡。最終，想要感謝永遠的好朋友，李士傑先生，他自 2018 年起，書寫、研究與分享許多國內外資訊戰的經驗與觀察給臺灣的學界與媒體界。雖然他已經離開了，但士傑在這個領域的貢獻是難以被忘懷的。我們也謹以此書再次表達對他的感謝！

參考資料

一、中文部分

林玉鵬、王維菁、陳炳宏（2020）。數位網路時代下媒體素養教育政策再思考。《教育科學研究期刊》，65(1)，115-136。

陳世敏、吳翠珍（2014）。〈傳播教育通識化的途徑〉，陳炳宏、柯舜智、黃聿清（主編），《教學與學教──高等教育媒體素養教學參考手冊》，頁 41-83。臺北市：國立臺灣師範大學。

教育部（2002）。《媒體素養教育政策白皮書》。臺北市：作者。

二、外文部分

Aufderheide, P. (1993). *Media literacy: A report of the national leadership conference on media literacy*. Washington, DC: Aspen Institute.

Hobbs, R. (1998). "Building citizenship skills through media literacy education," In M. Salvador & P. Sias (eds.), *The public voice in a democracy at risk* (pp.57-76). Westport, CT: Praeger.

Treré, E. (2019). *Hybrid Media Activism-Ecologies, Imaginaries, Algorithms.* London, UK: Routledge.

國家圖書館出版品預行編目資料

AI時代的數位傳播素養教育/王維菁、林玉
鵬、王俐容、劉慧雯、黃俊儒、曹家榮、林富
美、戴昀、胡元輝、鄭宇君、劉雅雯、葉子
揚、傅思凱、周昆璋、傅文成、羅世宏、蔡蕙
如、蔡柏宏、張玉佩、陳維平、陳順孝、蔣旭
政、張季桓、謝宜樺著 ; 王維菁、林玉鵬、
王俐容主編.--二版.--臺北市：五南圖書出版
股份有限公司,2023.02
　　面；　公分
　ISBN 978-626-343-700-5(平裝)

1.CST：數位傳播 2.CST：人工智慧
3.CST：文集

541.8307　　　　　　　　　111022002

1ZOV

AI時代的數位傳播素養教育

主　　編 ― 王維菁　林玉鵬　王俐容

作　　者 ― 王維菁　林玉鵬　王俐容　劉慧雯　黃俊儒

　　　　　曹家榮　林富美　戴　昀　胡元輝　鄭宇君

　　　　　劉雅雯　葉子揚　傅思凱　周昆璋　傅文成

　　　　　羅世宏　蔡蕙如　蔡柏宏　張玉佩　陳維平

　　　　　陳順孝　蔣旭政　張季桓　謝宜樺

企劃主編 ― 李貴年

責任編輯 ― 李敏華、何富珊

文字校對 ― 劉芸蓁

封面設計 ― 王麗娟、封怡彤

出 版 者 ― 五南圖書出版股份有限公司

發 行 人 ― 楊榮川

總 經 理 ― 楊士清

總 編 輯 ― 楊秀麗

地　　址：106臺北市大安區和平東路二段339號4樓

電　　話：(02)2705-5066　　傳　　真：(02)2706-6100

網　　址：https://www.wunan.com.tw

電子郵件：wunan@wunan.com.tw

劃撥帳號：01068953

戶　　名：五南圖書出版股份有限公司

法律顧問　林勝安律師

出版日期　2022年1月初版一刷（共二刷）

　　　　　2023年2月二版一刷

　　　　　2024年10月二版三刷

定　　價　新臺幣550元

經典永恆・名著常在

五十週年的獻禮 —— 經典名著文庫

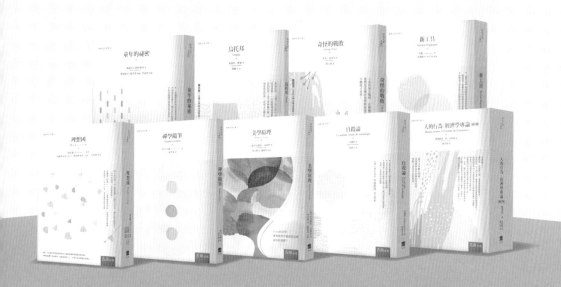

五南，五十年了，半個世紀，人生旅程的一大半，走過來了。

思索著，邁向百年的未來歷程，能為知識界、文化學術界作些什麼？

在速食文化的生態下，有什麼值得讓人雋永品味的？

歷代經典・當今名著，經過時間的洗禮，千錘百鍊，流傳至今，光芒耀人；

不僅使我們能領悟前人的智慧，同時也增深加廣我們思考的深度與視野。

我們決心投入巨資，有計畫的系統梳選，成立「經典名著文庫」，

希望收入古今中外思想性的、充滿睿智與獨見的經典、名著。

這是一項理想性的、永續性的巨大出版工程。

不在意讀者的眾寡，只考慮它的學術價值，力求完整展現先哲思想的軌跡；

為知識界開啟一片智慧之窗，營造一座百花綻放的世界文明公園，

任君遨遊、取菁吸蜜、嘉惠學子！